주님과 하나가 되어 신답게 살기 원하는 분의 책

신의 세계를 보고 하나되야 신답게 산다.

강요셉지음

"성경은 폐하지 못하나니 하나님의 말씀을
받은 사람들을 신이라 하셨거든"(요10:35)
"…아버지의 이름으로 그들을 보전하사 우리
와 같이 그들도 하나가 되게 하옵소서"(요17:11)

성령

신의 세계를 보고
하나되야 신답게 산다.

성령

들어가는 말

"신의 세계를 보고 하나되야 신답게 산다." 라고 하니까, 조금 이상하게 생각할 분들이 계실 것입니다. 조금 이상하다는 것은 이단이 아닌가 하는 생각을 하실 수가 있다는 말입니다. 귀신만 쫓아낸다고 해도 이단이라고 하는 사람들이 있기 때문입니다. 귀신은 예수님께서 제일 먼저 쫓아내셨습니다. 예수님은 분명하게 "내가 하나님의 성령을 힘입어 귀신을 쫓아내는 것이면 하나님의 나라가 이미 너희에게 임하였느니라"(마12:28). 말씀하셨습니다. 예수님께서는 분명하게 "성경은 폐하지 못하나니 하나님의 말씀을 받은 사람들을 신이라 하셨거든"(요10:35). 이라고 말씀하셨습니다. 이 말씀은 필자가 한 말씀이 아니고 예수님께서 하신 말씀입니다. 이 말씀을 설명하면 분명하게 하나님의 말씀을 받은 사람들이라고 하셨습니다. 어떤 다른 신의 말씀을 받은 것이 아니고 하나님의 말씀을 받은 사람들이라고 했습니다. 하나님의 말씀은 받는 사람들은 예수님을 믿고 죽고 예수님으로 살아서 성령으로 세례를 받고 예수님의 인생을 사는 사람들입니다. 바울은 갈라디아서 2장 20절 "내가 그리스도와 함께 십자가에 못 박혔나니 그런즉 이제는 내가 사는 것이 아니요 오직 내 안에 그리스도께서 사시는 것이라 이제 내가 육체 가운데 사는 것은 나를 사랑하사 나를 위하여 자기 자신을 버리신 하나님의 아들을 믿는 믿음 안에서 사는 것이라" 우리는 자신을 버리신 독생자 구주 예수그리스도를 내 안에 모시고 사는 삶, 나는 죽고 예수님이 내 안에 거하시는 삶이 바로 믿음입니다.

베드로후서 1:20-21절에서 "먼저 알 것은 경의 모든 예언은 사사로이 풀 것이 아니니 예언은 언제든지 사람의 뜻으로 낸 것이 아니요 오직 성령의 감동하심을 입은 사람들이 하나님께 받아 말한 것임이니라."라고 말씀했습니다. 고로 성경 말씀은 사람의 지식이나 머리로 깨달아 알 수가 없습니다. 반드시 성령으로 깨달아 알아야 합니다. 그래서 성경 말씀을 받아 알고 깨달은 사람들은 하나님과 같은 신적인 사람이라는 말입니다. 왜요, 성경의 저자가 신이신 성령 하나님이시기 때문입니다. 그로 예수님 안에서 성령으로 성경 말씀을 받은 사람들은 하나님과 같은 신이라고 하는 것입니다. 사람이 거듭나지 않으면 하나님의 나라를 볼 수가 없기 때문입니다. 반드시 예수님 안에서 성령으로 말씀을 받는 사람을 말하는 것입니다. 예수님은 요한복음6:63절 "살리는 것은 영이니 육은 무익하니라 내가 너희에게 이른 말이 영이요 생명이라" 성경을 성령으로 잘 보아야 합니다. 예수님께서 살리는 것은 영이니 육은 무익하다고 말씀하십니다. 여러분이 예배드리는 것, 기도하는 것, 율법의 의를 지키는 것 이런 모든 것은 여러분의 몸으로 하는 것입니다. 그것을 영이라고 착각하는 것은 정말 어리석은 사람입니다. 영은 우리 몸이 아닙니다. 물론 영과 육을 완전히 분리해서는 안 되겠지만, 그럴지라도 내 몸으로 하는 모든 것은 육이라는 것을 바로 알아야 하는 것입니다. 하나님의 말씀은 영이요 생명이라고 했습니다. 반드시 성령으로 거듭나야 밝히 깨달아 알 수가 있는 것입니다. 예배도 영과 진리로 드려야 하는 것입니다(요4:24). 그래서 예수님께서 "하나님의 말씀을 받은 사람들을 신이라 하셨거든"(요10:35)이라고 하시는 것입니다.

사랑하는 독자들이여 이 책을 통하여 예수를 믿고 죽고 예수님으로 다시 살아 성령으로 세례를 받고 성령의 인도를 받으며 예수님의 인생을 사는 사람답게 예수님께서 "하나님의 말씀을 받은 사람들을 신이라 하셨거든"(요10:35)을 바르게 깨닫고 사람 의식하며 움츠리지 말고 신의 세계를 보고 대처하여 이단 들이 신이라고 해서 이단이 되었다고 거부하거나 무시하지 말고 하나님의 자녀인 신답게 살아가시기를 바랍니다.

하나님은 영이시기 때문에 신이십니다. 고로 하나님의 자녀도 신인 것입니다. 단 예수님 안에서 신인 것입니다. 예수님을 떠나서는 아무리 말씀을 많이 알아도 하나님의 말씀을 받은 신이 아니고, 귀신입니다. 사람의 눈에 안 보이는 신이시기 때문에 찾고 부르짖어야 응답하십니다. 찾고 찾으면 응답하시는 이유는 안보이지만 살아계시며 천지에 초자연적으로 역사하신다는 것을 믿는 사람이 부르짖고 찾기 때문에 찾아오시고 응답하시는 것입니다.

주후 2025년 6월 20일
충만한 교회 성전에서
저자 강요셉목사

세부적인목차

들어가는 말 -3

1부 신의 세계를 이해하고 보아야 한다.

1장 신의 세계가 인간 세계를 지배한다. -9

2장 말씀을 받는 자들은 신이라 하였다. -24

3장 신의 성품에 참여하는 자가 되라 -38

4장 보이지 않는 신적 실체를 보려고 하라 -49

5장 하나님을 찾도록 광야훈련 시키신다. -62

2부 신의 세계에는 이런 신들로 어우러져 있다.

6장 성도 통해 통치하시는 삼위 하나님이 계신다. -75

7장 타락한 천사 사단 마귀 귀신이 있다.-89

8장 구원받은 후사를 섬기는 천사들이 있다. -99

9장 신이 사람에게 침입 활동하는 법칙이 있다. -114

3부 하나님의 나라는 이렇게 형성 되어있다.

10장 신의 세계는 삼위 하나님께서 성도 통해 통치하신다 -127

11장 하나님의 꿈을 이루신 예수님이 계신다. -141

12장 깨닫고 알게 하시는 성령 하나님이 계신다. -152

13장 선한 천사들이 운행하며 성도들을 돕고 있다. -163

4부 사단의 세계는 이렇게 어우러져 있다.

14장 사단 마귀 귀신은 어떤 존재들인가 -174

15장 귀신에 대하여 꼭 알아야 할 것은 -186

16장 귀신의 능력의 정도는 어떠한가요? -196

17장 마귀 귀신이 자기와 가정을 장악하는 술책 -207

5부 신의 세계에 영향을 잘 받는 사람 유형

18장 신들은 감성이 풍성한 사람을 좋아한다. -218

19장 신들은 신적으로 민감한 사람을 좋아한다. -228

20장 귀신들은 불안 두려움이 많은 사람을 좋아한다. -235

21장 점치고 예언을 좋아하는 사람은 신들에게 취약하다. -243

22장 신들은 마음의 상처가 있는 사람을 좋아한다. -250

6부 신의 세계를 모르면 이러한 고통을 당한다.

23장 문제의 배후에는 신의 세계가 있다. -257

24장 신의 세계를 모르고 당하는 고통 -267

25장 신적인 질병으로 고통을 당한다. -277

26장 정신적인 질병으로 고통을 당한다. -287

27장 육체적인 질병으로 고통을 당한다 -299

28장 환경적인 문제로 고통을 당한다. -308

7부 신의 세계를 지배하는 권능을 가지라.

29장 예수 믿고 성령세례 충만해야 한다. -318

30장 성령으로 깊은 기도를 하라. -329

31장 하나님의 눈으로 자신과 세상을 보라. -341

32장 자신에게 위임한 권능을 사용하라. -355

1부 신의 세계를 이해하고 보아야 한다.

1장 신의 세계가 인간 세계를 지배한다.

　우리가 신의 세계를 보고 하나되야 신답게 사는 것은 "하나님 말씀을 받은 자를 신이라 하지 않느냐" "예수님도 하나가 되기" 원하셨기 때문입니다. 하나님은 예수를 믿고 성령으로 거듭난 하나님과 같은 신적인 사람을 통하여 세상에 하나님의 살아계심을 나타내면서 하나님의 나라를 건설하십니다. 여기서 확실하게 깨달아야 하는 것은 "하나님 말씀을 받은 자를 신이라 하지 않느냐"는 반드시 예수님을 믿고 죽고 예수님으로 때어나 성령의 지배와 인도를 받으며 예수님의 인생을 살면서 성령으로 말씀을 깨달아 알고 순종하는 사람을 일컬어 "하나님 말씀을 받은 자를 신이라 하지 않느냐"라고 말씀하신 것이라고 알고 믿어야 합니다. 분명하게 예수 믿고 죽고 다시 사신 예수님으로 태어나 하나님 안에서 성령의 인도를 받으며 성령으로 말씀을 깨닫는 자들이 "하나님 말씀을 받은 자를 신이라 하지 않느냐"라는 말씀이 응하는 것입니다. 예수님 안에서 성령의 역사없이 예수를 믿고 죽지 않고 아담으로 사는 사람은 아무리 하나님의 말씀을 많이 알아도 "하나님 말씀을 받은 자를 신이라 하지 않느냐"는 신이 아니라 귀신의 종자들임을 명심해야 합니다.

　너희를 '신'이라고 하셨다는 말씀을 토대로 자신의 단체의 교주를 신으로 섬기는 사람들이 있습니다. 역사상 자신을 신이라고 주장한 사람들 누가 있습니까? 특히 현시대에는 누가 있습니까? 안상홍·장길자, 이만희, 문선명, 박태선, 정명석 등과 같이 자신이 자칭 재림 예수라고 하며 신격화하여 하나님의 영광을 가로채고 싶은 인간들은 사단이고 이단입니다.

우리는 이들이 "하나님 말씀을 받은 자를 신이라 하지 않느냐"로 인하여 이단이 되었다고 예수님께서 분명하게 말씀하신 "하나님 말씀을 받은 자를 신이라 하지 않느냐"의 말씀을 무시하고 건너뛰고 성도들에게 바르게 알려주지 않고 사장 시키면 예수를 믿고 예배당에 다니는 성도들 중에 진리를 사모하는 분들이 이단들의 속삭임에 쉽게 넘어갈 수도 있다는 것을 명심하고 바르게 해석하여 전해야 합니다. 우리 성도님들이 바르게 진리를 깨달아 알도록 전해야 한다는 것입니다. 더 중요한 것은 성도들을 아담의 수준에서 율법적인 초등학생 수준에서 자라지 못하게 하려는 사단의 전략에 미혹 당하는 일이라고 생각하지 않을 수가 없습니다.

예수님이 말씀하시는 "하나님 말씀을 받은 자를 신이라 하지 않느냐"라는 진리는 분명하게 예수 믿고 죽고 다시 사신 예수님으로 태어나 성령 하나님 안에서 성령의 인도를 받으며 예수님의 인생을 살면서 성령으로 말씀을 깨닫는 자들인 것입니다.

하나님은 신적인 존재인 동시에 육체의 존재인 크리스천들이 신적인 세계를 밝히 보고 대처하기를 원하십니다. 크리스천이 신적 세계를 모르고 생활하는 것은 시각장애인이 서울 시내를 걸어

다니는 것과 같습니다. 생각해 보시기를 바랍니다. 시각장애인이 서울 시내를 혼자 다닌다면 얼마나 불안하고 답답하겠습니까? 크리스천은 먼저 신적 세계를 보는 식견이 열려야 합니다.

하나님은 예수를 믿고 성령으로 거듭난 성도가 영안이 열려 신적인 세계를 알고 영적 전쟁을 하여 이 땅에 하나님의 나라를 이루기를 원하십니다. 신적인 세계에는 성령이 계시고, 마귀가 있고, 하나님을 시중드는 천사가 있고, 성령으로 거듭난 성도가 거합니다. 성령은 예수를 영접한 사람의 영 안에만 주인으로 임재하여 거하십니다. 그러나 마귀는 들어오라고 초청하지 않아도 혈과 육을 통하여 들어와 좌정하고 있습니다. 그것은 아담의 죄악으로 옛 사람, 육체는 마귀의 종이기 때문입니다. 그래서 마귀는 저같이 나름대로 성령으로 충만하고 능력이 있다는 사람도 생각이 세상으로 향하다가 육체적으로 행동을 하게 되면 가차 없이 들어옵니다. 그러므로 신적인 세계는 한 마디로 영적 투쟁의 세계입니다. 그래서 우리는 신적인 세계를 알고 대비하여 자신의 귀중한 영을 지켜야 하는 것입니다.

크리스천에게 하나님께서 주신 텍스트 성경은 신적 존재와 신적 세계에 대해 적나라하게 설명하는 책입니다. 세상에 그 많은 책들 중에 보이지 않는 신적 존재와 신적 세계를 체계적으로 다루는 책은 성경뿐입니다. 하나님은 보이지 않는 분이시나, 그가 보내신 예수 그리스도를 통해 하나님의 실존을 보여주셨고, 천사는 눈에 보이지 않으나, 그들의 활동을 통해 천사의 위치와 그 사역을 보여주셨습니다. 또한 인간의 영혼은 눈에 보이지 않으나 성령의 감동을 혼에 전달하여 순종하게 하는 일들을 통하여 그 실존을 알게 하셨습니다. 이 모든 것을 때로는 비유로 때로는 실상으로 우리에게 그 영적 실상들을 보여주는 것이 성경입니다.

성경은 우리에게 하나님, 천사, 인간, 이 세 신적 존재의 위치와 역할 및 상호관계를 말해줍니다. 사람들은 하나님과 하늘을 동일시하여 하늘을 바라보며 막연히 머릿속에 어떤 신을 떠올리기도 합니다. 또 흰옷을 입고 날개 짓을 하고 있는 아름다운 아기 천사를 떠올리기도 합니다. 그러면서도 하나님이나 천사에 대해 영적 존재라고는 생각지 않습니다. 아직도 많은 그리스도인들이 여전히 하나님을 관념적 존재로 여기고 있고, 천사를 숭배할 대상으로 생각하고 있는 것입니다. 결국 신적으로 분명해야 할 하나님과의 관계가 불분명하고, 적극적으로 부리고 사용해야 할 종인 천사들의 도움을 받지 못하다 보니, 신앙생활 자체가 관념적이고 무능력할 수밖에 없습니다. 하나님의 자녀가 마귀 귀신에게 당하면서 살아가는데 정작 자신은 이유를 알지 못한다는 것입니다.

신적 세계를 모르면 눈은 떠 있으나 소경이나 마찬가지입니다. 예배당도 마찬가지 이지만 성도들의 가정도 마찬가지입니다. 살아계신 하나님의 역사가 일어나야 가정이 천국을 누리며 영육의 축복을 받으면서 살아갈 수가 있는 것입니다. 가정에 살아계신 하나님의 역사가 일어나지 않으니 가정에 우환과 환란과 풍파와 부부불화가 일어나는 것입니다. 크리스천은 무엇보다도 생명의 말씀과 성령으로 신적 세계를 보고 지배하는 눈이 열려야 합니다.

영원하신 하나님은 우리가 성령으로 영안을 열어 신적인 세계에 대하여 바르게 알고 분별하여 대처하기를 소원하십니다. 유일하신 하나님은 우리가 신적 세계를 알고 실제로 체험하고 5차원의 성령의 권능으로 4차원 이상의 신적인 세계와 3차원의 인간세계와 물질세계를 지배하기를 원하십니다. 5차원의 영적 세계에는 두 가지 형태의 신이 존재합니다. 하나님의 성령과 성령으로 거듭난 사람입니다. 4차원의 세계에는 타락한 마귀 귀신이 거합니다. 하나님의 일반 은총으로 누구나 사용하면서 살아가는 인간세계, 물질세계는 3차원에 속합니다. 3차원은 보이는 세계입니다. 인간계 물질계입니다. 그렇다면 3차원의 인간세계와 물질세계를 지배하는 것은 무엇입니까?

5차원의 성령의 세계와 4차원에 속한 영의 세계입니다. 저는 이 책에서 편의상 물질세계와 인간세계를 3차원이라고 지정하여 부르고, 신적인 세계를 5차원의 성령의 세계와 4차원의 마귀 귀신의 세계라고 지정하여 부르겠습니다.

필자가 지정한 1차원, 2차원, 3차원, 4차원, 5차원을 좀 더 세부적으로 자세하게 설명하겠습니다. 1차원은 식물 세계를 말합니다. 2차원은 동물 세계를 말합니다. 3차원을 인간세계와 물질세계를 말합니다. 신적인 세계는 보이지 않는 세계로서 4차원인 마귀의 세계와 5차원인 성령의 초자연적인 세계를 말하는 것입니다. 다른 표현으로는 사람(3차원)입니다. 마귀와 귀신인 초인적인(4차원) 존재가 있습니다. 하나님=성령님은 초자연적인(5차원) 입니다. 이렇게 두 가지로 이해하시고 책을 읽어 가시기를 바랍니다. 그래서 1차원인 식물은 2차원인 동물이 지배하고 살아갑니다. 2차원인 동물 세계는 3차원인 인간이 지배하고 다스리며 살아갑니다. 그리고 3차원의 인간세계와 물질세계는 4차원인 타락한 마귀 귀신의 세계에 지배를 당하고 살아가는 것입니다.

 4차원의 타락한 마귀 귀신의 세계는 5차원인 성령님과 성령으로 거듭난 크리스천에게 지배당하고 살아가는 것입니다. 그래서 3차원의 세계에 속한 성령으로 거듭나지 못한 인간(자연인)이 4차원의 마귀 귀신의 세계를 지배할 수가 없는 것입니다. 왜 그렇습니까, 아담이 마귀의 미혹에 속아서 선악과를 먹음으로 사람의 신적인 지위가 마귀 아래로 내려갔기 때문입니다. 그래서 예수를 믿지 않는 인간은 4차원에 속한 마귀를 이길 수가 없고, 마귀의 종이 되어 마귀의 지배를 당하며 살아가는 것입니다. 그래서 예수를 믿지 않는 세상 사람들은 모두 마귀 귀신의 종으로 살아가는 것입니다. 세상 사람들은 마치 이스라엘 백성들이 애굽에서 바로 왕의 수하에 속해서 종살이를 하면서 살아가는 것같이 마귀 귀신의 종으로 살아가는 것입니다. 그래서 세상 사람들이 환란과 풍파를 당하면 인간 스스로 해결할 수가 없다는 것을 알고 무당이나 신접한 잡신들을 찾아가는 것입니다. 그래서 그들에게 무엇을 얻어서 환란과 풍파를 면해보려고 하지만 할 수가 없고 물질을 **빼앗**기면서 고통만 더 당하면서 살아가는 것을 신문 지면과 매스컴을 통하여 우리는 잘 알 수가 있는 것입니다.

그러나 인간이 예수를 믿고 성령으로 세례 받으면 신적인 권위가 5차원으로 상승되는 것입니다. 그래서 성령으로 거듭난 크리스천이 4차원의 마귀 귀신을 지배하고 살아갈 수가 있는 것입니다. 우리 크리스천이 마귀와 귀신으로부터 자유 함을 누리려면 성령으로 세례를 받아야 합니다. 그리고 성령의 인도와 지배를 받아야 합니다. 그래야 영적 정신적 육체의 자유 함을 누리며 살아갈 수가 있는 것입니다.

그러면 신의 세계는 어떤 세계입니까? 보이지 않는 신의 세계입니다. 그러나 실존하는 세계입니다. 살아서 역사하는 세계입니다. 신적 세계가 인간세계(3차원)를 지배합니다. 하나님의 성령과 마귀와 성령으로 거듭난 사람의 영이 거하는 보이지 않는 신적인 세계입니다. 이 보이지 않는 영의 세계가 보이는 인간 세계와 물질세계를 지배하는 것입니다. 인간이 신적인 세계가 열리려면 예수를 믿고 죽고 예수님으로 다시 태어나 성령의 인도를 받으며 예수님의 인생을 살면서 성령으로 세례를 받아야 신적인 세계를 보는 눈이 열리는 것입니다. 좀 더 깊이 있게 설명하면 우리가 성령을 요청할 때 어떻게 기도합니까? 성령이여 임하소서라고 기도합니다. 이는 성령이 임해야 보이는 세계가 지배되기 때문입니다. 다시 말해서 인간세계의 문제나 환란과 풍파가 성령에게 장악을 당해야 해결되는 것입니다. 왜냐하면 보이는 세계에 일어나는 악의 문제의 배후에는 4차원의 영적존재인 마귀 귀신이 있기 때문입니다.

그래서 마귀보다 강한 5차원의 성령이 임하여 장악해야 성령의 역사로 문제나 환란과 풍파가 떠나가고 사람의 눈에 보이는 하나님의 창조물이 생겨나는 것입니다. 이것은 성경에 잘 기록되어 있습니다. 창세기 1장 2절부터 3절만 읽어보면 이해가 되는 것입니다. "땅이 혼돈하고 공허하며 흑암이 깊음 위에 있고 하나님의 영은 수면 위에 운행하시니라. 하나님이 이르시되 빛이 있으라 하시니 빛이 있었고(창1:2-3)" 땅이 공허하며 흑암이 깊음 위에 있었는데 하나님의 영(성령)은 수면에 운행을 했다고 했습니다. 이는 하나님의 영(성령)이 공허하고 흑암이 깊은 곳을 장악하니 하나님의 말씀대로 빛이 있으라 하시니 빛이 생겨났다고 말씀하고 있습니다.

이는 성령이 혼동하고 공허한 세상을 장악하고 하나님의 말씀이 떨어지면 하나님의 말씀대로 창조물이 생겨난다는 것입니다. 신의 세계는 말로서 보이는 형상이 나타나는 것입니다. 그러므로 성도는 말을 잘해야 합니다. 말이 씨가 되는 것입니다. 성령으로 거듭난 성도가 말한 그대로 이루어지는 것입니다. 그래서 하나님이 천지를 창조하실 때 성령으로 천지를 장악하시고 말씀으로 천지를 창조하신 것입니다. 그리고 성령으로 거듭난 성도가 아니더라도 마귀 귀신의 세계의 지배을 받아 우상을 숭배하는 신비 종교들도 말로서 보이는 형상을 이루어 내는 것입니다. 이들은 하나님을 대적하는 잡신들인 것입니다.

이는 애굽의 현인들과 마술사들을 보면 잘 알 수가 있는 것입니다. "모세와 아론이 바로에게 가서 여호와께서 명령하신 대로 행하여 아론이 바로와 그의 신하 앞에 지팡이를 던지니 뱀이 된지라. 바로도 현인들과 마술사들을 부르매 그 애굽 요술사들도 그들의 요술로 그와 같이 행하되 각 사람이 지팡이를 던지매 뱀이 되었으나 아론의 지팡이가 그들의 지팡이를 삼키니라(출7:10-12)" 이렇게 마술사들도 지팡이로 뱀을 만듭니다. 그러나 아론의 지팡이가 그들의 지팡이를 삼켰다고 했습니다. 그러므로 마술사들이 만들어 내는 형상은 미혹하는 허구에 불과한 것입니다. 그러므로 우리는 성령으로 세례를 받아 말씀으로 영안을 열어 신적인 세계를 분별해야 합니다.

그럼 원래 사람이 마귀의 지배 아래 있었습니까? 아닙니다. 하나님은 아담보고 에덴동산을 지키고 가꾸라고 했는데 아담이 에덴동산을 지키지 아니했었습니다. 왜냐하면 마귀가 마음대로 출입하도록 내버려 두었습니다. 마귀는 에덴동산에 조그마한 제재도 없이 마음대로 들락날락 했습니다. 하나님이 아담에게 에덴동산을 지키라고 했는데 안 지켰습니다. "여호와 하나님이 그 사람을 이끌어 에덴동산에 두어 그것을 경작하며 지키게 하시고(창2:15)" 분명히 하나님이 지키라고 하셨습니다. 우리들도 성령의 임재 가운데 하나님의 축복을 지켜야 합니다. 그런데 안 지킨 것은 아담의 잘못인 것입니다. 그리고 마귀의 유혹에 찬 말에 귀를 기울였습니다. 마귀가 나쁜 것을 알면서도 마귀와 대화하고 마귀의 유혹에 귀를 기울였다는 이 자체가 대단히 잘못된 것입니다.

창세기 3장 4절로 5절에 "뱀이 여자에게 이르되 너희가 결코 죽지 아니하리라. 너희가 그것을 먹는 날에는 너희 눈이 밝아져 하나님과 같이 되어 선악을 알 줄 하나님이 아심이니라"고 선악과를 따먹으라고 유혹해서 하와가 따먹고 아담에게도 주어서 아담도 먹고 하나님을 반역하고 그들은 마귀의 종이 돼 버리고 만 것입니다. 그러므로 사람은 성령 하나님을 힘입지 않고는 4차원의 마귀를 지배할 수가 없습니다. 그리고 마귀는 하나님으로부터 창조된 피조물이므로 초자연적으로 역사하는 5차원인 성령하나님을 지배할 수가 없습니다. 왜 그렇습니까? 성령은 하나님이십니다. 성령은 세상에 초자연적으로 역사하는 삼위일체 하나님이십니다. 고로 성령 하나님이 이 천지 만물을 지배합니다.

창세기 1장 2절에 "땅이 혼돈하고 공허하며 흑암이 깊음 위에 있고 하나님의 영은 수면 위에 운행하시니라."고 말씀하시므로 성령께서 보이는 세계를 장악하시는 것으로 묘사되어 있습니다. 그러므로 성령께서는 하나님의 모든 능력을 실제로 행하시고 역사하시는 영원한 차원의 세계에 속한 분입니다. 그러나 성령은 예수를 영접한 사람에게만 내주 하십니다. 절대로 강압적으로 인간의 영을 지배하지 않습니다. 반드시 예수를 영접한 사람의 영 안에 내주하십니다. 그러나 마귀는 그렇지 않습니다. 옛 사람(예수를 영접하지 않은 아담 안에 있는 사람)은 마귀의 종이였기 때문에 마음대로 인간을 점령하는 것입니다. 그리고 사탄에 의해 지배되는 악령의 세계인 흑암도 사람보다 강한 초인적인 힘으로 신적인 세계에 능력을 행사하지만, 그것은 진정한 의미의 신적인 세계가 아닙니다. 이는 성령의 세계와는 전적으로 다른 것입니다.

그래서 5차원인 성령의 역사가 일어나면 떠나가야 하는 것입니다. 그러나 애굽의 마술사들이 하나님의 능력을 모방한 것과 같이 악령의 세계에도 일시적이고 허위 적인 치료와 기적들이 일어나기도 합니다. 사탄은 이러한 허위적이고 특이한 기적의 사건들을 일으키면서 이에 속아 현혹되고 미혹된 사람들을 끌어들입니다. 사탄은 예수 그리스도 안에서 성령으로 거듭나지 않더라도 신적인 체험을 할 수 있다고 사람들을 속이고 미혹합니다.

그러나 우리가 여기서 똑바로 기억해야 할 점은 사탄이 사람들을 미혹하기 위해 아무리 하나님의 능력을 모방한다 하더라도, 그 능력은 역시 하나님의 권세 아래 제한되어 있다는 점입니다. 사람을 변화시키고 살리는 진정한 능력과 권세는 전능하신 하나님께 속한 것입니다. 영원한 삶의 변화를 일으키는 성령의 영원한 세계에 사탄의 제한된 능력이 절대로 관여할 수 없습니다.

첫째, 성령으로 영안을 열어 신적인 세계를 보라. 그래서 우리는 성령의 능력을 받아 영안을 열어 신적인 세계를 보고 마귀와 신적인 전쟁을 하여 지금까지 **빼앗겼던** 것을 되 찾아와야 합니다. 그래서 베드로가 요엘 선지자의 글을 인용하여 설교한 것입니다. "이는 곧 선지자 요엘을 통하여 말씀하신 것이니 일렀으되 하나님이 말씀하시기를 말세에 내가 내 영을 모든 육체에 부어 주리니 너희의 자녀들은 예언할 것이요 너희의 젊은이들은 환상을 보고 너희의 늙은이들은 꿈을 꾸리라 (행2:16-17)" '너희의 자녀들은 예언할 것이요.'란 성령으로 하나님 말씀을 읽고 알아듣는 것을 말합니다. 너희의 젊은이들은 환상을 보고란 하나님이 자신에게 예비해 놓은 축복을 성령이 열어준 환상으로 바라보니 마귀가 가지고 있습니다.

그래서 성령의 권세를 가지고 마귀를 대적하여 몰아내고 지금까지 마귀에게 빼앗겼던 것을 마귀에게 빼앗아 오는 것을 말합니다. 성령으로 환상이 열린 성도는 마귀와 신적인 전쟁을 해서 지금까지 마귀에게 빼앗겼던 모든 것을 되 찾아와야 되는 것입니다. 너희의 늙은이들은 꿈을 꾸리라는 말씀의 신적인 뜻은 믿음으로 하나님이 나에게 주시기로 작정한 축복, 즉, 아브라함, 야곱, 요셉 등이 꿈에 본 것이 이루어지는 것을 보고 마음으로 누리는 것을 말하는 것입니다. 하나님이 보여주신 것이 이루어진 것을 보고 달려가는 믿음입니다. 그래서 성령으로 열린 환상으로 마귀와 신적인 전쟁을 해서 승리해야 평안한 하나님의 나라가 이루어지는 것입니다. 그러나 성령으로 환상이 열린 성도는 마귀와 수많은 신적인 전쟁을 해야 되는 것입니다. 이것은 누구나 피할 수 없는 일전입니다. 그러나 우리는 성령님이 도우시면서 함께하시기 때문에 승리하는 것입니다. 여러분 성령으로 환상으로 열어 마귀와의 신적인 전쟁에서 승리하여 지금까지 마귀에게 빼앗겼던 모든 것을 되찾아 회복하시기를 바랍니다.

여기서 마귀와의 신적인 전쟁에 대하여 우리가 바로 알아야 할 것은 사단은 아담으로부터 물질세계에 대한 권리를 넘겨받았습니다. 사단은 세상의 부귀와 권세를 가지고 있습니다. 그러기 때문에 성령의 권세로 빼앗아 와야 한다는 것입니다. "이르되 이 모든 권위와 그 영광을 내가 네게 주리라 이것은 내게 넘겨 준 것이므로 내가 원하는 자에게 주노라(눅 4:6)" "또 아는 것은 우리는 하나님께 속하고 온 세상은 악한 자 안에 처한 것이며(요일 5:19)" 그러므로 성도들의 이 세상의 삶은 신적인 전쟁터인 것입니다.

그래서 우리가 성령으로 신적인 세계를 알고 확실하게 대처해야 하나님께서 원하시는 인생을 살아가며 성공한다는 것입니다. 그런데 우리 성도가 세상을 살아가면서 마귀와 전쟁을 끝없이 해야 하는데 우리 인간의 힘으로는 마귀를 이길 수가 없으므로 항상 성령으로 충만하고 깨어있어야 하는 것입니다. "술 취하지 말라 이는 방탕한 것이니 오직 성령으로 충만함을 받으라(엡 5:18)"

둘째, 신적인 세계는 인간영역과 밀접한 관계가 있다. 아담이 죄를 짓자, 죄는 인간 영역에서 발생했지만, 죄의 파급은 신적인 세계와 연결되어, 하나님과의 관계, 계약이 파괴되고, 인간 세계와 신적 세계와의 질서가 파괴됩니다. 원래 인간은 자연계와 신계의 지배 권한을 가지고 있었으나, 타락으로 인하여 영성을 소멸함으로 신적 세계의 지배권을 마귀에게 양도 당하게 되었습니다. 그래서 우리는 문제를 해결할 때 한 차원 더 깊은 수준으로 신적인 배후를 분별하여 문제의 원인을 찾아 해결해 하는 것입니다.

그러므로 우리가 문제를 해결하려면 성령하나님의 권능이 와야 문제의 배후에 역사하는 마귀를 이길 수가 있는 것입니다. 이는 모세가 손을 들고 기도할 때, 아말렉 군대와의 전쟁에서 승리했습니다. 하나님의 힘을 받으니 이스라엘이 이긴 것입니다. "여호수아가 모세의 말대로 행하여 아말렉과 싸우고 모세와 아론과 훌은 산꼭대기에 올라가서 모세가 손을 들면 이스라엘이 이기고 손을 내리면 아말렉이 이기더니 모세의 팔이 피곤하매 그들이 돌을 가져다가 모세의 아래에 놓아 그가 그 위에 앉게 하고 아론과 훌이 한 사람은 이쪽에서, 한 사람은 저쪽에서 모세의 손을 붙들어 올렸더니 그 손이 해가 지도록 내려오지 아니한지라. 여호수아가 칼날로 아말렉과 그 백성을 쳐서 무찌르니라(출17:10-13)" 하나님이 도와야 우리가 마귀 귀신과 싸워 이길 수가 있습니다. 하나님과 인격적인 관계가 되시기를 바랍니다.

성경에 보면 이스라엘의 불순종이 전쟁과 기근과 온 역으로 연결되었습니다. "여호와께서 네 재앙과 네 자손의 재앙을 극렬하게 하시리니 그 재앙이 크고 오래고 그 질병이 중하고 오랠 것이라. 여호와께서 네가 두려워하던 애굽의 모든 질병을 네게로 가져다가 네 몸에 들어붙게 하실 것이며(신28:59-60)" 사울이 하나님께 불순종하자 사울에게 악귀가 들어왔습니다. "사울이 그 말에 불쾌하여 심히 노하여 이르되 다윗에게는 만만을 돌리고 내게는 천천만 돌리니 그가 더 얻을 것이 나라 말고 무엇이냐 하고 그 날 후로 사울이 다윗을 주목하였더라. 그 이튿날 하나님께서 부리시는 악령이 사울에게 힘 있게 내리매 그가 집 안에서 정신없이 떠들어대므로 다윗이 평일과 같이 손으로 수금을 타는데 그 때에 사울의 손에 창이 있는지라. 그가 스스로 이르기를 내가 다윗을 벽에 박으리라 하고 사울이 그 창을 던졌으나 다윗이 그의 앞에서 두 번 피하였더라. 여호와께서 사울을 떠나 다윗과 함께 계시므로 사울이 그를 두려워한지라(삼상 18:8-12)" 무엇이든지 땅에서 풀면 하늘에서 풀리며, 땅에서 묶으면 하늘에서도 묶입니다. "진실로 너희에게 이르노니 무엇이든지 너희가 땅에서 매면 하늘에서도 매일 것이요 무엇이든지 땅에서 풀면 하늘에서도 풀리리라(마 18:18)" 우리는 하나님을 의지해야 합니다. 하나님의 도움이 없이는 문제를 해결할 장사가 없고 문제에 눌려서 마귀 귀신의 종으로 살아가게 되는 것입니다. 성령으로 기도합시다. 신적인 세계가 열리게 해달라고 기도합시다. 하나님은 우리의 기도에 응답하십니다. "진실로 다시 너희에게 이르노니 너희 중의 두 사람이 땅에서 합심하여 무엇이든지 구하면 하늘에 계신 내 아버지께서 그들을 위하여 이루게 하시리라(마18:19)" "우리 하나님 여호와께서 우리가 그에게 기도할 때마다 우리에게 가까이 하심과 같이 그 신이 가까이 함을 얻은 큰 나라가 어디 있느냐(신 4:7)"

신적인 세계를 보고 알아서 마귀 귀신에게 속지 말아야 합니다. 마귀 귀신의 미혹에 속지 말고 하나님의 축복을 보존하는 크리스천이 되어야 합니다. 성령으로 신적인 권세를 회복하여 예수님의 이름으로 마귀 귀신을 나와 나의 가정 교회 세상에서 몰아냅시다.

2장 말씀을 받는 자들은 신이라 하였다.

우리가 신의 세계를 보고 예수님으로 하나되야 신답게 사는 것은 "하나님 말씀을 받은 자를 신이라 하지 않느냐" "예수님도 하나가 되기"를 원하셨기 때문입니다. 분명하게 하나님의 말씀을 받은 자들은 신이라고 하셨습니다. 사람의 말씀을 받은 자라고 하시지 않았습니다. 분명하게 하나님의 말씀을 받은 자들은 신이라고 하셨습니다. 하나님의 말씀을 받는 사람은 예수를 믿고 죽고 예수님으로 다시 살아나 성령으로 세례를 받고 성령의 인도를 받으면서 예수님의 인생을 사는 사람들이 하나님의 말씀을 받는 것입니다. 예수를 믿고 성령으로 거듭나 교회 예배당에 와서 예배를 드리는 자들입니다.

여기서 확실하게 깨달아야 하는 것은 "하나님 말씀을 받은 자를 신이라 하지 않느냐"는 반드시 예수님을 믿고 죽고 예수님으로 때어나 성령의 지배와 인도를 받으며 예수님의 인생을 살면서 성령으로 말씀을 깨달아 알고 순종하는 사람을 일컬어 "하나님 말씀을 받은 자를 신이라 하지 않느냐"라고 말씀하셨다는 것을 깨달아 알아야 합니다. 분명하게 예수 믿고 죽고 다시 사신 예수님으로 태어나 성령으로 세례를 받고 성령의 인도를 받으며 성령으로 말씀을 깨닫는 자들이 "하나님 말씀을 받은 자를 신이라 하지 않느냐"라는 말씀이 응하는 것입니다. 예수를 믿고 죽지 않고 아담으로 사는 사람은 아무리 하나님의 말씀을 많이 알아도 "하나님 말씀을 받은 자를 신이라 하지 않느냐"는 신이 아니라 귀신의 종자들 하나님의 자리에 앉은 사단 임을 명심해야 합니다.

　분명하게 행 14:7~15절 바울과 바나바가 복음을 전하다가 기적을 베풀자 사람들이 '신들이 사람의 형상으로 우리 가운데 내려오셨다'고 합니다. 제사까지 드리려 하자 바울이 소리 지릅니다. "여러분이여 어찌하여 이러한 일을 하느냐 우리도 여러분과 같은 성정을 가진 사람이라 여러분에게 복음을 전하는 것은 이런 헛된 일을 버리고 천지와 바다와 그 가운데 만물을 지으시고 살아 계신 하나님께로 돌아오게 함이라."(15절). 사도 바울을 신의 형상으로 온 사람을 믿고 경배하려 하자 그것을 중단시키는 바울의 모습입니다. 그리고 사람을 신으로 믿는 것은 '헛된 일', 곧 우상숭배와 똑같은 일이고 천지를 지으신 살아계신 하나님께로 돌아오라고 외칩니다. 이렇게 모든 영광을 하나님께 돌리는 사람이 "하나님 말씀을 받은 자를 신이라 하지 않느냐"는 신이 아니라고 칭함을 받을 수 있습니다.

　신이라고 함은 귀신도 신이기 때문에 어떤 신이 하나님께서 인정하시는 정확한 신인지 분별해야 하기 때문에 예수님을 믿고 성령으로 거듭나 성령으로 말씀을 깨달으며 성령의 인도를 받는 성도는 두말 할 것 없이 신들의 세계를 밝히 알고 보고 대처해야 세상에서 성령 하나님을 따라갈 수가 있는 것입니다. 그래야 하나님의 세상에서 하나님의 살아 계심을 증명하면서 하나님의 나라 사람답게 살아갈 수가 있는 것입니다. 무엇보다도 성령으로 거듭난 성도들은 신의 세계를 알고 보려고 해야 합니다, 우리 성도들은 육체적이면서 신적인 존재이기 때문입니다.

"하나님 말씀을 받은 자를 신이라 하지 않느냐"는 말씀은 예수님께서 요한복음 10장 34절에서 인용하신 구절로, 구약 성경 시편 82편 6절을 바탕으로 하신 말씀입니다. 원문은 다음과 같습니다. 요한복음 10:34 35 "예수께서 이르시되 "너희 율법에 '내가 너희를 신이라 하였노라' 하지 아니하였느냐? 성경은 폐하지 못하나니 하나님의 말씀을 받은 사람들을 신이라 하였거든…"

시편 82편 6절에 "내가 말하기를 너희는 신들이며 다 지존자의 아들들이라 하였으나" 이 구절에서 예수님은 자신을 하나님의 아들이라 했다고 해서 신성모독이라 비난받는 상황 속에서, 이미 성경에 하나님의 말씀을 받은 자들을 '신들'(elohim)이라고 불렀다는 점을 들어 변론하십니다. 여기서 "신"이란 표현은 하나님의 뜻을 맡아 전하는 자들(예: 재판관, 선지자 등) 하나님께 권위를 위임받은 자들에게 상징적으로 사용된 것입니다. 예수님의 논점은 그들이 신이라 불렸다면, 하나님께서 거룩히 구별하여 세상에 보내신 자(곧 자신) 사신이 하나님의 아들이라 말하는 것이 어찌 신성모독이냐는 것입니다. 즉, 이 구절은 예수님이 자신의 정체성을 드러내기 위해 성경 안에 이미 있는 표현을 이용하여 그들의 이중적 태도를 지적하신 장면입니다.

그렇다면 세상 지식을 받아 그것이 진리인 양 받아들인 현대인들은 귀신이라 할 수 있는 것입니다. 이는 성령께서 깨닫게 하신 아주 날카로운 통찰입니다. 예수님의 말씀을 본다면, "하나님의 말씀을 받은 자"를 신이라 하셨다면, 반대로 하나님의 말씀이 아닌 세상의 지식이나 거짓을 받아들여 그것을 따르는 자들은 어떤 존재로 불릴 수 있을지 생각해 보게 됩니다. 직설적으로 표현한다면 하나님과 무관하거나 하나님을 대적하는 이념, 철학, 과학, 논리 등을 절대적인 것으로 받아들이고 그것에 의해 사고하고 살아가는 자들은 성경적으로 본다면 "귀신에게 미혹된 자"요, 더 나아가 그들 자체가 귀신 같은 존재로 평가될 수 있습니다.

성경적으로 본다면, 세상의 거짓과 사람을 미혹하는 지식을 받아들이는 것은 단순히 "무지"를 넘어서 영적인 속성을 반영하는 행위입니다. 예수께서 유대인들에게 하신 말씀이 떠오릅니다. "너희는 너희 아비 마귀에게서 났으니… 그는 거짓말쟁이요 거짓의 아비가 되었음이라"(요한복음 8:44). 이 구절에서 예수님은 거짓을 따르는 자들의 근원을 "마귀"라고 말씀하십니다. 다시 말해, 진리를 따르는 자는 하나님께 속했고, 거짓을 따르는 자는 마귀(혹은 귀신)의 속성을 드러내는 것입니다.

그래서 예수님의 표현대로, 세상 지식, 즉 하나님과 무관하거나 하나님을 대적하는 이념, 철학, 과학, 논리 등을 절대적인 것으로 받아들이고 그것에 의해 사고하고 살아가는 자들은 성경적으로 본다면 "귀신에게 미혹된 자"요, 더 나아가 그들 자체가 귀신 같은 존재로 평가될 수 있습니다. 더 나아가 "하나님의 말씀을 받았다고 할지라도 자신을 신격화하거나 우상시하면 사단이요, 이단입니다. 예수님 안에서 예수님을 주인으로 모시고 살면서 예수님께 영광을 돌리는 자라야 "하나님 말씀을 받은 자를 신이라 하지 않느냐"의 말씀이 응하는 것입니다. 디모데전서 4:1도 이에 대해 이렇게 경고합니다. "후일에 어떤 사람들이 믿음에서 떠나 미혹하는 영과 귀신의 가르침을 따르리라" 결국 기준은 말씀을 받았느냐, 말씀 아닌 것을 받았느냐에 있습니다. 예수님을 믿고 성령으로 거듭난 성도가 하나님의 말씀 진리를 받아들인 자는 '신'이라 불릴 수 있지만, 거짓을 받아들인 자는 성경적으로 귀신의 자식들, 미혹된 자, 어둠의 자녀라 불릴 수 있습니다. "하나님 말씀을 받은 자를 신이라 하신다면, 세상의 헛된 지식과 미혹을 진리로 믿는 자는 귀신이라 하지 않겠느냐"는 통찰은 성경적 맥락에서도 정당한 논리라 할 수 있습니다. 유대인들은 유대교 지도자들의 거짓 가르침을 받아들였으므로 그로 인해 살인을 일삼았으니 마귀가 맞습니다. 예수님께서 유대인 지도자들에게 "너희 아비는 마귀"라고 단언하신 이유가 바로 거기에 있습니다. 그들은 율법을 가지고 있었지만, 그 율법의 정신과 본뜻을 외면하고, 자신들의 전통과 권위, 해석을 하나님보다 앞세웠습니다. 그리고 결국 생명의 주이신 예수님을 죽이는 데 앞장섰습니다.

예수님께서 이렇게 말씀하셨습니다 "나는 하나님께 들은 진리를 말하는데, 너희는 나를 죽이려 한다… 너희 아비는 마귀니 그는 처음부터 살인한 자요…"(요한복음 8:40 44). 예수님의 이 말씀은 단순한 비유가 아닙니다. 거짓을 받아들이는 자는, 살인을 일삼는 자요, 결국 마귀의 자식이라는 선언입니다.

그들은 하나님을 믿는다고 했지만, 실상은 자기 영광, 자기 권세, 자기 율법 해석을 신처럼 섬겼고, 그래서 하나님이 보내신 자를 거부하고 죽였습니다. 이는 단지 그 시대 유대인들만의 문제가 아니라, 오늘날에도 "하나님의 이름을 말하면서도" 실상은 사람의 전통, 제도, 철학, 권세를 따르는 모든 이들에게 해당 되는 말씀입니다. 하나님의 말씀 아닌 것을 따르는 자는 마귀의 자식 살인을 옹호하거나 정당화하는 자, 마귀의 본성을 따르는 자는 마귀 귀신입니다. 이 기준은 단호하고 명확합니다. 예수님은 겉모습이 아니라 무엇을 따르고, 무엇을 믿고, 어떤 열매를 맺는지를 보셨습니다. 오늘날 우리도 스스로를 깊이 돌아보게 합니다. 나는 진짜 하나님의 말씀을 복음을 받고 있는가? 아니면 거짓을 진리인 줄 알고 따르고 있는가? 이는 모든 이 책을 읽는 이에게 던져지는 매우 날카로운 질문입니다. 바울도 그 중 하나 이었으며, 기독교도 자기들의 교리와 다르다고 하여 이단 취급하며 잔인하게 살인했으며, 망령되이 하나님의 이름을 걸고 십자군을 조직하여 전쟁을 했으며, 지금도 국가를 위한다고 하면서 전쟁을 하여 많은 생명이 죽어 갑니다. 그 핵심은 이것입니다. "하나님의 이름을 앞세우지만, 실제로는 하나님과 아무 상관 없는 일들을 자행하는 것" 바로 그것이 가장 무서운 신성모독입니다.

바울은 회심 이전, 즉 사울이었을 때, 하나님의 율법을 지킨다는 명분으로 예수 믿는 자들을 잡아들이고 죽였습니다. 자신은 "하나님을 위한다"고 믿었지만, 예수님의 관점에서는 그는 분명히 마귀의 일을 하고 있었던 자입니다. 다만 그는 담대히 자신이 죄인 중의 괴수였음을 인정하고, 그 길에서 돌아서 예수 그리스도를 전하는 길로 완전히 방향을 틀었습니다. 그의 회심 이전의 모습은 오늘날 수많은 종교적 위선자들의 거울이기도 합니다.

기독교 역사 안의 폭력과 위선을 생각해 보아야 합니다. 예수 이단이라는 이유로 화형에 처하고, 고문하고, 죽인 것, 십자군 전쟁이라는 이름으로 대량 학살을 저지른 것, 식민 지배를 하나님의 사명이라고 주장하며 원주민을 죽이고 강탈한 것, 현대에는 국가와 체제를 위한다는 이유로 '기독교 정신'을 정치에 도구화하여 전쟁을 정당화하는 것, 이 모든 것은 예수님의 본성과는 아무 상관없는 일들입니다. 직설적으로 말한다면 마귀 귀신들입니다.

예수님은 단 한 번도 누군가를 죽이거나, 권력을 동원해 복종시키거나, 전쟁을 하신 적이 없습니다. 그분은 오히려 자신이 죽임을 당하셨고, 원수를 사랑하라고 명하셨으며, 검을 쓰는 자는 검으로 망한다고 하셨습니다. 앞에서 언급한 이 전쟁 또한, 정치, 민족주의, 지정학적 야망이 얽혀 있으며 그 배경에는 종교의 이름으로 정당화를 시도하는 움직임도 존재합니다. 하지만 예수님은 결단코 그런 피 흘림의 편에 서지 않으십니다. 그 어떤 국가도, 어떤 종교 조직도 생명을 죽이는 일에 하나님을 끌어들일 권리는 없습니다.

이처럼, 이름은 "기독교"지만, 실제로는 마귀 귀신의 열매를 맺는 구조가 너무 많습니다. 그것은 거짓된 신앙이고, 귀신의 가르침을 따른 종교적 껍데기일 뿐입니다.

진리는 단순합니다. "그들의 열매로 그들을 알지니"(마태복음 7:16). 예수님의 이름을 부르면서 살인을 하고, 전쟁을 정당화하고, 권력을 탐하며, 거짓 교리를 유지하기 위해 사람을 이단이라 몰아 죽이는 자들은 예수님과 무관하며, 예수님은 그들을 결코 인정하지 않으십니다. "내가 너희를 도무지 알지 못하니 내게서 떠나가라. 불법을 행하는 자들아"(마태복음 7:23). 우리의 통찰은 예리

하며 거짓을 벗겨내고 진짜 예수님의 길을 찾고자 하는 사람들에게 필요한 경종입니다. 귀신은 이 땅에 살아 있는 자들 중에 수도 없이 많이 있습니다. 인정해야 합니다.

"너는 신이라 불리 웠다." 세상이 너를 보잘것없는 존재라 말할지라도 하나님은 네게 '신'이라 불러주셨습니다. 믿으셔야 합니다. 그런데 어떤 분들은 이렇게 성경을 해석하라고 말하는 분들이 있습니다. 요한복음 10:34 35 "예수께서 이르시되 "너희 율법에 '내가 너희를 신이라 하였노라' 하지 아니하였느냐? 성경은 폐하지 못하나니 하나님의 말씀을 받은 사람들을 신이라 하였거든…" 시편 82:6 "내가 말하기를 너희는 신들이며 다 지존자의 아들들이라 하였으나"를 "우리 모두 신이 될 수 있다는 말씀이 아닙니다. 만일 사람이 신이 될 수 있다면 성경이 다신교를 주장하는 결과가 되기 때문에 그렇게 해석하면 안 됩니다."라고 말하는 분들도 있습니다. 필자가 성령으로 말씀을 깨달은 바와 전적으로 다른 표현입니다.

예수님께서는 분명하게 "성경은 폐하지 못하나니 하나님의 말씀을 받은 사람들을 신이라 하셨거든"(요10:35). 이라고 말씀하셨습니다. 이 말씀은 필자가 한 말씀이 아니고 예수님께서 하신 말씀입니다. 이 말씀을 설명하면 분명하게 하나님의 말씀을 받은 사람들이라고 하셨습니다. 어떤 다른 신의 말씀을 받은 것이 아니고 하나님의 말씀을 받은 사람들이라고 했습니다. 하나님의 말씀은 받는 사람들은 예수님을 믿고 죽고 예수님으로 살아서 성령으로 세례를 받고 예수님의 인생을 사는 사람들입니다. 바울은 갈라디아서 2장 20절 "내가 그리스도와 함께 십자가에 못 박혔나니 그런즉 이제는 내가 사는 것이 아니요 오직 내 안에 그리스도께서 사시는 것이라 이제 내가 육체 가운데 사는 것은 나를 사랑하사 나를 위하여 자기 자신을 버리신 하나님의 아들을 믿는 믿음 안에서 사는 것이라" 우리는 자신을 버리신 독생자 구주 예수 그리스도를 내 안에 주인으로 모시고 사는 삶, 나는 죽고 예수님이 내 안에 거하시는 삶을 산다고 믿는 것이 믿음입니다.

너희를 '신'이라고 하셨다는 말씀을 토대로 자신의 단체의 교주를 신으로 섬기는 사람들이 있습니다. 역사상 자신을 신이라고 주장한 사람들 누가 있습니까? 특히 현시대에는 누가 있습니까? 안상홍·장길자, 이만희, 문선명, 박태선, 정명석 등과 같이 자신이 자칭 재림 예수라고 하며 신격화하여 하나님의 영광을 가로채고 싶은 인간들은 사단이고 이단입니다.

우리는 이들이 "하나님 말씀을 받은 자를 신이라 하지 않느냐"로 인하여 이단이 되었다고 예수님께서 분명하게 말씀하신 "하나님 말씀을 받은 자를 신이라 하지 않느냐"의 말씀을 무시하고 건너뛰고, 성도들에게 바르게 알려주지 않고 숨기고 사장 시키면 예수를 믿고 예배당에 다니는 성도들 중에 진리를 사모하는 분들이 이단들의 속삭임에 쉽게 넘어갈 수도 있다는 것을 명심하고 바르게 해석하여 전해야 합니다. 우리 성도님들이 바르게 진리를 깨달아 알도록 전해야 한다는 것입니다. 더 중요한 것은 성도들을 아담의 수준에서 율법적인 초등학생 수준에서 자라지 못하게 하여 사람이나 귀신의 종으로 살아가게 하려는 사단의 전략에 미혹 당하는 일이라고 생각하지 않을 수가 없습니다.

예수님이 말씀하시는 "하나님 말씀을 받은 자를 신이라 하지 않느냐" 라는 진리는 분명하게 예수 믿고 죽고 다시 사신 예수님으로 태어나 성령 하나님 안에서 성령의 인도를 받으며 예수님의 인생을 살면서 성령으로 말씀을 깨닫는 자들인 것입니다.

베드로후서 1:20-21절에서 "먼저 알 것은 경의 모든 예언은 사사로이 풀 것이 아니니 예언은 언제든지 사람의 뜻으로 낸 것이 아니요 오직 성령의 감동하심을 입은 사람들이 하나님께 받아 말한 것임이니라."라고 말씀했습니다. 고로 성경 말씀은 사람의 지식이나 머리로 깨달아 알 수가 없습니다. 반드시 성령으로 깨달아 알아야 합니다. 그래서 성경 말씀을 받아 알고 깨달은 사람들은 하나님과 같은 신적인 사람이라는 말입니다. 왜요, 성경의 저자가 신이신 성령 하나님이시기 때문입니다. 그러므로 예수님 안에서 성령으로 성경 말씀을 받은 사람들은 하나님과 같은 신이라고 하는 것입니다. 사람이 거듭나지 않으면 하나님의 나라를 볼 수가 없기 때문입니다. 반드시 예수님 안에서 성령으로 말씀을 받는 사람을 말하는 것입니다.

우리는 이단들이 "하나님 말씀을 받은 자를 신이라 하지 않느냐"로 인하여 이단이 되었다고 예수님께서 분명하게 말씀하신 "하나님 말씀을 받은 자를 신이라 하지 않느냐"의 말씀을 무시하고 건너뛰고 성도들에게 바르게 알려주지 않고 사장 시키면 예수를 믿고 예배당에 다니는 성도들 중에 진리를 사모하는 분들이 이단들의 속삭임에 쉽게 넘어갈 수도 있다는 것을 명심하고 바르게 해석하여 전해야 합니다. 우리 성도님들이 바르게 진리를 깨달아 알도록 전해야 한다는 것입니다. 더 중요한 것은 성도들을 아담의 수준에서 율법적인 초등학생 수준에서 자라지 못하게 하려는 사단의 전략에 미혹 당하는 일이라고 생각하지 않을 수가 없습니다. 무조건 이단이 되었다고 하나님의 말씀을 건너 뛰거나 숨기면 안 됩니다. 심지어 일부 목회자나 성도들이 조금 이상하다는 것은 이단이 아닌가 하는 생각을 하실 수가 있다는 말입니다. 귀신만 쫓아낸다고 해도 이단이라고 하는 사람들이 있기 때문입니다. 귀신은 예수님께서 제일 먼저 쫓아내셨습니다. 예수님은 분명하게 "내가 하나님의 성령을 힘입어 귀신을 쫓아내는 것이면 하나님의 나라가 이미 너희에게 임하였느니라"(마12:28). 말씀하셨습니다.

예수님이 말씀하시는 "하나님 말씀을 받은 자를 신이라 하지 않느냐" 라는 진리는 분명하게 예수 믿고 죽고 다시 사신 예수님으로 태어나 성령 하나님 안에서 성령의 인도를 받으며 예수님의 인생을 살면서 성령으로 말씀을 깨닫는 자들인 것입니다.

분명하게 행 14:7~15절 바울과 바나바가 복음을 전하다가 기적을 베풀자 사람들이 "신들이 사람의 형상으로 우리 가운데 내려 오셨다"고 합니다. 제사까지 드리려 하자 바울이 소리 지릅니다. "여러분이여 어찌하여 이러한 일을 하느냐 우리도 여러분과 같은 성정을 가진 사람이라 여러분에게 복음을 전하는 것은 이런 헛된 일을 버리고 천지와 바다와 그 가운데 만물을 지으시고 살아 계신 하나님께로 돌아오게 함이라."(행14:15절). 사도 바울을 신의 형상으로 온 사람을 믿고 경배하려 하자 그것을 중단시키는 바울의 모습입니다. 그리고 사람을 신으로 믿는 것은 '헛된 일', 곧 우상숭배와 똑같은 일이고 천지를 지으신 살아계신 하나님께로 돌아오라고 외칩니다. 이렇게 모든 영광을 하나님께 돌리는 사람이 바로 "하나님 말씀을 받은 자를 신이라 하지 않느냐"라고 하신 하나님과 같은 신이라는 칭호를 받을 수 있는 사람입니다. 모든 영광 하나님께 돌려드립시다….

하나님은 신적인 존재인 동시에 육체의 존재인 크리스천들이 신적인 세계를 밝히 보고 대처하기를 원하십니다. 그분은 너를 자신의 형상으로 지으셨고 하늘에 속한 모든 신령한 복을 너 안에 담으셨습니다. 네가 믿음으로 반응하기만 한다면 하나님이 심으신 가능성은 현실이 됩니다. 하지만 기억하라. 그 권위는 책임을 동반하며, 그 영광은 순종 안에서만 자라게 됩니다.

넘어짐이 있어도 괜찮습니다. 하나님은 네 연약함도 아십니다. 그러나 오늘, 그분은 다시 너를 일으켜 "너는 지존자의 아들이다"라고 말씀하십니다. "내가 말하기를 너희는 신들이며 다 지존자의 아들들이라 하였으나, 그러나 너희는 사람처럼 죽으며 고관의 하나같이 넘어지리로다."(시편 82:6 7).

하나님의 말씀을 받은 자들은 신이라 불리운 인간입니다. 헬라어와 히브리어 관점을 살펴봅니다. 여기서 "신들"(엘로힘)은 하나님을 대리하여 정의와 공의를 시행해야 할 자들을 가리킵니다. 이는 단지 왕이나 재판관 같은 지도자들뿐 아니라, 하나님의 형상대로 지음 받은 모든 인간이 하나님 나라를 구현할 책임이 있다는 선언입니다. 히브리어 원문에서 "엘로힘"은 복수형으로 쓰였지만 문맥상 권위를 위임받은 인간들을 지칭합니다. 예수님도 요한복음 10장에서 이 구절을 인용하며, 하나님이 보내신 자의 권위를 강조하셨습니다.

찰스 스펄전의 주석 중 발췌 "하나님은 인간에게 신의 형상을 입혀주셨고, 하늘의 권세를 맡기셨다. 하지만 권세는 책임 없이는 존속되지 않는다. 하나님의 형상을 파괴한 자는 결국 그 권위도 잃고, 먼지로 돌아갈 것이다."

하나님께서는 에베소서 1:3에서 "하늘에 속한 모든 신령한 복을 우리에게 주셨다"고 선포하십니다. 이는 단지 위로가 아닌 권능의 선언입니다. 우리가 '신들'이라 불리우는 이유는, 단지 지위나 위엄 때문이 아니라, 하나님의 능력이 그 안에 깃들어 있기 때문입니다. 그러나 이 권위는 하나님의 뜻 안에서 행할 때만 유지되며, 자의로 사용될 때는 오히려 멸망의 도구가 됩니다. 가능성은 믿음의 크기만큼 열립니다. 왜냐하면 하나님께서 우리 안에 창조하신 형상은, 믿음으로 반응할 때 활성화되기 때문입니다.

여러분은 하나님의 '형상'과 '자녀 됨'을 어떻게 이해하고 있습니까? 많은 이들은 자신을 단지 '연약한 인간'으로 인식합니다. 하지만 하나님은 "너희는 신들"이라 선포하셨다는 것을 알고 믿어야 합니다. 이 말은, 인간이 단지 죄인일 뿐이라는 정체성에 머물지 않도록 존귀한 자리로 초대하신 말씀입니다. 당신은 하늘의 권세를 담은 존재입니다.

예수를 믿고 성령으로 거듭나 예수님의 인생을 사시는 여러분은 하늘에 속한 신령한 복을 지금 어떻게 누리고 있습니까?

하늘의 복은 실제적입니다. 우리가 주님의 말씀에 반응할 때, 그 말씀은 실제가 되어 내 삶에 생명과 능력으로 나타납니다. 에베소서 1:19 20절에 따르면, 하나님의 능력은 믿는 자 안에서 역사하시는 능력이며, 죽은 자를 살리신 부활의 힘과 같습니다.

"그의 힘의 위력으로 역사하심을 따라 믿는 우리에게 베푸신 능력의 지극히 크심이 어떠한 것을 너희로 알게 하시기를 구하노라, (20) 그의 능력이 그리스도 안에서 역사하사 죽은 자들 가운데서 다시 살리시고 하늘에서 자기의 오른편에 앉히사"(엡1:19-20). 지금 여러분은 그 능력 안에 살고 있습니까?

여러분은 하나님이 지으신 목적에 맞게 사용되고 있습니까? 우리 시편 139편 14절에 "내가 주께 감사하오옴은 나를 지으심이 심히 기묘하심이라 주께서 하시는 일이 기이함을 내 영혼이 잘아나이다." '신묘막측'하다는 말은 헤아릴 수 없이 정밀하며, 오묘하며, 목적이 있는 지음을 의미합니다. 하나님은 우연히 우리를 만드신 게 아닙니다. 그리고 그 '기묘한 설계'는 지금도 우리 안에서 활성화되기를 기다리고 있습니다. 우리는 기이하게 지어진 자이며, 하늘의 능력을 지닌 자이고, 하나님 나라의 회복을 위해 선택된 자입니다. 예수님께서 우리를 '신'이라 부르시며 그 신분을 허락하신 이유는, 하늘의 뜻을 이 땅에 이루게 하시려는 하나님의 계획입니다. 우리가 사람처럼 죽는 존재가 아니라, 하나님의 자녀로서 이 땅을 살고 있음을 잊지 않아야 합니다. 세상에 하나님의 살아계심을 증명하는 존재입니다. 그 신묘막측한 목적 안에 걸맞은 삶을 살아가야 합니다.

3장 신의 성품에 참여하는 자가 되라

하나님께서는 신의 성품에 참여하는 자가 되라고 하십니다(벧후1:1-4). 신의 성품에 참여하지 않고는 신의 세계를 보고 예수님으로 하나 되어 신답게 살 수가 없기 때문입니다. 하나님의 신성한 성품은 예수님 안에서 성령으로 하나 되는 것입니다. 예수님과 모든 면에서 같아야 한다는 말로 이해해야 합니다. 고로 가정과 교회의 목적과 본질은 하나로써 행복보다 '하나 됨'입니다. 하나님의 신성한 성품은 하나가 되는 것이기 때문입니다. 예수님은 이성적인 분이 아니고 온몸이 하나님의 나라가 되신 감성적인 분이기 온몸이 하늘나라가 되어야 합니다. "말씀이 육신이 되어 우리 가운데 거하시매 우리가 그 영광을 보니 아버지의 독생자의 영광이요 은혜와 진리가 충만하더라."(요 1:14). 그렇기 때문에 예수님을 믿음으로 하나님에게서 공짜로 모든 좋은 것을 다 받을 수 있게 되고 이래시 결국에는 하나님과 나와 하나 되는 예수 그리스도의 형상을 닮아가는 신의 속성에 참여하는 이런 우리가 되어지니까 신의 성품에 참여하는 평강이 이루어지게 됩니다. 하나님과 같은 속성을 가졌으니 하나님을 멸하지 않고는 우리를 멸할 수 없고, 하나님과 같은 속성의 사람이니 하나님이 우리를 멸하지 않고 멸할 수 없는 하나님이 존재하는 한 우리도 존재하게 되어지는 이런 평강이 이런 영생이 여기에서 이루어지는 것입니다. 이렇게 되어지는 것은 어떻게 그런 일이 생겨 질 수 있느냐 신기한 능력으로 이루어진 것입니다.

38-신의 세계를 보고 하나되야 신답게 산다.

하나님과 연결이 되어서 하나님의 것이 하나님에게 있는 것이 우리에게 건너와서 내 영에게 건너오고 마음의 건너고 몸에 건너옴으로 말미암아 하나님의 것이 영감으로 진리로 피로 이렇게 우리에게 건너옵니다. 이것이 깨달음으로 나타난 것입니다. 이것을 자신이 생각하고 또한 버리는 것이 아니고 요대로 생각하고 요대로 살려고 할 때에 자기에게 믿음이 만들어지니 믿음을 받은 것이요. 그로 인해서 자기는 그 깨달음을 잡고 고대로 지켜 사니까 신의 속성에 이르게 된다 하나님의 형상을 이룰 수 있게 되는 이 귀한 구원 결실을 이루게 되는 것입니다.

모든 말씀을 마치신 예수님은 하늘을 우러러 보시며 아버지께 기도하십니다. 예수님이 이 땅에 오신 것은 모든 사람을 구원하여 영생을 주고 당신의 희생을 통해 아버지의 이름을 영화롭게 하시기 위함 임을 고백하십니다. 그리고 예수님은 아버지께서 당신에게 주신 제자들이 아버지의 것임을 고백하시며, 예수님이 그들로 말미암아 영광을 받으셨으니 아버지와 아들이 하나 됨과 같이 그들도 하나가 되게 하시기를 구합니다(요17:20-23).

우리는 하나님을 믿는 자들입니다. "주는 그리스도시오, 살아계신 하나님의 아들이심"을 믿는 자들입니다. 이 믿음은 너무나도 귀한 것입니다. 이 세상의 모든 것을 가진 자도 이 믿음이 없다면 저주받은 것입니다. 구원도 오직 믿음으로 얻게 됩니다. 믿음으로써 비로소 하나님과 관계를 맺게 됩니다. 하나님과 관계가 있는 사람이 됩니다. 요 1:12절 "영접하는 자 곧 그 이름을 믿는 자들에게는 하나님의 자녀가 되는 권세를 주셨으니" 하나님의 자녀가 되는 권세, 이것은 정말 굉장한 것입니다. 하나님 아래 천사가 있고, 그 제일 밑바닥에는 마귀 귀신이 있습니다. 우리가 예수님을 믿기 전에는 저주받은 인간으로서 천사보다 못한 귀신의 종으로 살던 존재였습니다. 그러나 예수 그리스도를 믿음으로 하나님의 자녀가 되는 순간 우리는 천군 천사들이 부러워하는 존재로서 그들로부터 섬김을 받는 자가 되었습니다. 이는 하나님 나라의 상속자요, 하나님과 함께 세상을 심판할 자가 된 것을 말합니다. 또한 하나님과 더불어 영원히 복락을 누리는 자가 될 것을 말합니다. 이 모든 축복은 믿음을 가짐으로써 얻게 됩니다. 그래서 벧후 1:1절에 보면 '보배로운 믿음'이라고 했습니다. 믿음은 보배 중의 보배입니다. 믿음 장이라는 히 11장에 보면 믿음의 조상, 곧 에녹, 노아, 아브라함, 이삭, 야곱 등이 소개되어 있는데, 이들에게 가장 소중한 것은 믿음인 것을 알 수 있습니다. 이들 믿음의 선진들은 그 인물의 잘남을 자랑하지 않습니다. 학벌이나 재산, 건강, 힘 등을 자랑했다는 말이 없습니다. 그들은 세상 것이 아니라 오직 하나님의 나라 믿음을 자랑하고 있습니다. 여기서 우리는 얼마나 믿음이 소중한가를 깨닫게 됩니다.

그런데 우리가 믿음으로 구원받고, 하나님의 자녀가 되는 중생의 과정을 거치는 것도 중요하지만, 이 중생의 과정을 거친 다음에 계속해서 성화의 과정을 밟아야 한다는 것을 기억해야 합니다. 물과 생명으로 거듭나는 것은 순간적이고 단회적인 사건입니다. 그러나 성화는 점진적이며 연속적입니다. 성화는 한마디로 말해 본문의 말씀대로 신의 성품에 참여하는 것, 곧 신의 성품을 닮아가는 것입니다. 어떤 사람은 예수를 믿는다고 하지만 그 성품에 아직도 마귀의 성품을 많이 가지고 있습니다. 또 어떤 사람은 하나님의 성품을 많이 가지고 있는 것을 봅니다. 구원은 똑같이 받을지 모르나 장차 하나님 앞에 설 때 받을 상급과 영광이 다른 것입니다. 그러면 우리가 신의 성품에 참여하려고 하면 어떻게 힘써야겠습니까? 성경에 보면 "이러므로 너희가 더욱 힘써 너희 믿음에 덕을, 덕에 지식을, 지식에 절제를, 절제에 인내를, 인내에 경건을, 경건에 형제 우애를, 형제 우애에 사랑을 공급하라."(벧후 1:5-6). 말씀하십니다. 이는 예수님의 성품에 참여하게 되면 자연스럽게 이루어지는 것입니다. 그럼 어떻게 해야 신의 성품에 참여하는 자가 될 수 있습니까? 예수님은 말씀이 육신 되어 우리 가운데 거하시는 분입니다. 그렇기 때문에 말씀만이 아니고 실제 체험적으로 신의 성품에 참여하는 자가 되어야 합니다.

첫째, 성령으로 세례를 받아야 합니다. 예수를 믿을 때 성령님이 믿게 하셨으므로 성령세례를 받았다는 것이 아니고 실제적이고 체험적인 성령 세례를 받아야 합니다. 성령으로 세례를 받을 때 보편적으로 이러한 현상이 온몸으로 나타납니다. 우리가 바르게 알아야 할 것은 성령의 세례는 말이 아닙니다. 성령으로 세례를 받으면 영적으로 이성적으로 육적으로 본인이 느끼게 됩니다. 성령으로 세례를 받을 때 보편적으로 일어나는 현상은 이렇습니다. 잘 이해하고 거부하거나 두려워하지 않도록 하시고 이러한 성령세례를 받으시기 바랍니다. ① 호흡이 깊어지거나 빨라지고 손이 찌릿찌릿 하기도 합니다. 이는 세상 신과 성령의 대립 현상이나 상처를 풀어주는 현상이기도 합니다. ② 주체 못하게 울음이 터지거나, 웃음이 터지는 경우도 있습니다. 방언이 나오게 됩니다. ③ 가슴을 찌르고 무엇이 빠져나오는 아픔을 느낄 수 있습니다. ④ 위장이나 아랫배 부근에서 어떤 뭉치 같은 것이 움직이는 것을 느낄 수도 있습니다. ⑤ 큰소리가 속에서 터져 나오기도 하고 온 몸에 불이 붙은 것 같이 뜨겁기도 합니다. ⑥ 가슴이 답답하고 기침이 나오고 손과 입에서 불이 나오는 것을 느끼기도 합니다. ⑦ 기침, 하품, 트림이 나오고, 토하기도 하고 메스꺼움을 느끼기도 합니다. ⑧ 멀미하는 것처럼 속이 울렁거리며 아랫배가 심히 아프기도 합니다. ⑨ 머리가 아프고 어지럽고 몸이 감당하지 못하게 흔들리기도 합니다. ⑩ 때로는 얼굴이나 몸 전체가 뒤틀리다가 풀어져 평안해지기도 합니다. ⑪ 때로는 상당한 시간 동안 심신의 괴로움으로 머리가 어지럽고, 머리가 아프고, 몸이 떨리고, 몸에서 열이 나는 등 몸살의 현상이 일어날 수 있습니다. 이것은 일종의 성령의 지배로 하나님의 나라가 되는 치유의 현상이니 두려워 말고 조금 있으면 없어집니다. 귀신과 성령님이 영적 대결할 때 일어나는 보편적인 현상입니다. 많은 분들이 이런 체험이 있은 후 영안이 열리고 능력이 나타납니다. 이러한 현상이 일어나는 것은 자신 안에 있던 세상 신과 성령님과 영적인 전투를 할 때 일어납니다. 그러니까, 성령님이 완전하게 지배하실 때까지 일어나는 것이 보통입니다. 참고 인내해야 온전하게 하나님의 나라가 되는 것입니다. 절대로 한번 체험했다고 온전하게 하나님의 나라가 되는 것이 아니라는 것을 알아야 합니다. 지속적으로 예배에 참석하고 성령으로 온몸 기도를 지속해서 성령충만으로 나가야 합니다. 많은 분들이 깊은 기도 치유를 하면 몸이 나른해지고 졸린다고 말을 많이 합니다. 이는 성령의 역사로 교감신경이 강화되게 했던 요소들이 성령의 역사로 제거되고 안정이 되니 부교감신경이 강화됨으로 평안한 상태가 되어 짐으로 나타나는 현상입니다. 쉽게 말하면 성령의 지배로 불안전 요소들이 정리되어 마음이 하나님의 나라로 안정이 되었기 때문에 일어나는 현상입니다. 쉽게 말하면 신적인 상태가 된 것입니다. 이때 귀신이 떠나가고 내면의 상처의 치유가 일어납니다. 질병이 치유됩니다. 그러면서 전인적으로 하나님의 나라가 되는 것입니다.

둘째, 깊은 기도를 오래 숙달하여 예수님과 같은 깊은 신적인 상태에 들어가야 합니다. 깊은 기도를 하는 방법에 대해서는 "깊은 영의기도 숙달하는 비결"과 "성령으로 온몸 기도하는 법" 책을 참고하시기를 바랍니다. 깊은 기도를 하면 이러한 상태에 들어가게 됩니다. 호흡하며 깊은 기도에 들어가면 가장 많이 나타나는 증상들로부터 언급하면 이렇습니다.

1)몸이 이완됩니다. 근육이 풀리면서 나른해집니다. 주의할 점은 잠들지 않는 것이 좋습니다. 잠들면 그 다음으로 이어지는 성령님의 은혜를 인식할 수 없게 됩니다. 그러나 초기에는 깊이 잠드는 경우가 많습니다. 이는 육체를 치유하시는 은혜이므로 너무 아쉬워할 것까지는 없습니다. 다음에 다시 하면 됩니다. 우리의 몸으로 행한 죄의 찌꺼기를 배출하는 과정입니다. 우리 몸속에 있는 나쁜 영의 잔재들을 성령님이 제거하시는 것입니다.

2)몸이 뜨겁거나 전류가 흐르는 것 같습니다. 깊은 호흡을 하면 10여분 쯤 지나서 몸이 뜨거워지는 것을 느낍니다. 그리고 몸속으로 약한 전류가 흐르는 듯합니다. 강하게 느껴지면 가만히 있을 수 없을 정도로 찌릿찌릿함을 느낍니다. 몸이 뜨거워짐으로써 우리 몸이 활동력을 얻게 됩니다. 영적인 능력이 임하게 되는 것입니다. 이 능력은 세상을 이기는 담대함과 마귀의 세력을 이길 수 있는 5차원의 초자연적인 성령님의 권능 힘입니다.

3)몸이 무척 아픕니다. 근육에 통증이 옵니다. 심하면 도무지 견딜 수 없을 지경으로 온 몸에 통증이 와서 더 이상 호흡을 계속할 수 없습니다. 평소 몸이 아픈 곳이나 약한 부분이 아픕니다. 이는 치유의 과정입니다. 우리 몸의 약한 곳을 성령님이 치유하시는 것입니다. 치유는 성령님의 일입니다. 성령님이 지배하시면 우리의 몸이 병들었거나 약한 부분을 주님은 고치십니다. 너무 고통이 심해서 견디기 어렵더라도 지속해야 합니다. 얼마가지 않아 평안해질 것입니다. 치유는 단번에 이루어지는 경우는 적습니다. 우리 몸은 서서히 치유되며 회복되는 것이기 때문에 너무 조급해 할 필요가 없습니다. 마음으로 예수님을 찾는 기도를 할 때마다 통증이 온다고 해서 중단하지 마십시오. 치유하는데 여러 달이 걸리는 경우도 있습니다. 너무 통증이 심하면 전문적인 치유사역자의 도움을 받으십시오.

4)몸속에 이물감을 느낍니다. 뱃속이 더부룩해지고 몸속에 벌레가 기어가는 것 같은 느낌을 받습니다. 마음으로 예수님을 찾는 기도 전에는 아무렇지도 않던 뱃속이 갑자기 더부룩하고, 소화가

안 되는 것 같은 느낌을 받는 것은 뱃속에 악한 영이 들어있기 때문입니다. 몸에 이물감을 느끼는 것도 그렇습니다. 성령의 강한 지배로 인하여 악한 영이 피할 곳을 찾아 돌아다니는 것입니다. 속된 표현으로 귀신의 집이라고 하는 것입니다. 우리 몸속에 들어온 악한 영이 자리를 잡고 눌러 앉으려고 만들어놓은 그들의 영역이 파괴되는 것입니다. 머리가 심하게 어지러운 현상도 마찬가지입니다. 머릿속을 점유하고 있는 악한 영이 요동치는 것입니다. 이 악한 영이 견디지 못하고 떠날 때까지 계속하십시오. 인내해야 합니다. 악한 영이 몸에서 나가면 그러한 현상이 사라지고 평안해집니다. 그렇지 않고 계속 심하고 구토가 나고 정신이 혼미해지는 등의 현상이 계속되면 축귀가 필요합니다. 심한 경우는 악령의 음성이 들리는데 매우 위협적이어서 겁이 납니다. 호흡을 중단하지 마십시오. 계속하면 죽여 버릴 거야, 라고 협박합니다. 그래서 무서워 더 이상 마음으로 예수님을 찾는 기도를 하지 못하고 두려움에 사로잡힙니다. 이런 경우 자기 축귀를 하십시오. 그런데도 잘 되지 않으면 능력 있는 성령치유 전문사역자에게 도움을 구하십시오.

5) 서늘한 기운을 느낍니다. 서늘한 청량감이 온몸을 감쌉니다. 심하면 한기를 느낄 정도입니다. 여름인데도 온 몸이 서늘하고 만져보면 차가움을 느낍니다. 때로는 부분적으로 그러한 현상을 느끼기도 합니다. 악한 영이 드러나서 나타나는 증상입니다. 머리가 맑아지고 정신이 상쾌해집니다. 이는 몸이 정상으로 돌아왔음을 알려주는 것입니다.

6) 평안하고 몸이 가벼워집니다. 이 현상은 사실 가장 많이 느끼

는 부분입니다. 그런데 왜 나중에 언급하였느냐면, 앞의 현상들을 경험한 뒤에 오는 현상이기 때문입니다. 우리의 몸의 병과 죄와 악령의 영향 등의 불순한 것들이 성령의 은혜로 치유된 후에 찾아오는 평안함입니다. 마음으로 예수님을 찾는 기도는 이 평안함이 계속 유지되어야 바람직한 것입니다. 성령으로 충만하고 주의 임재가 강할수록 평안하고 고요한 기분이 계속 됩니다. 주님의 위로하심이 임하는 것입니다. 그 밖에도 개인에 따라 독특한 증상들을 경험하게 되지만 그 모든 현상은 치유와 회복이라는 과정에서 나타나는 증상입니다. 상처가 치유되고 스트레스가 정화되니 성령의 권능과 면역력이 강해집니다. 그 내용이 무엇을 의미하는지 구체적으로 알 필요는 없습니다. 그것보다 더 중요한 것은 주님과 동행하는 것이기 때문입니다. 마음으로 예수님을 찾는 기도를 통해서 얻는 유익은 이루 헤아릴 수 없이 많습니다. 어떤 분들은 시작하는 그 날로 영안이 열리기도 하고 주의 음성을 듣기도 합니다. 이제까지 그토록 원하던 하나님의 임재가 이렇게 쉽게 이루어질 줄 몰랐다고들 고백합니다.

　셋째, 성령으로 충만해야 합니다. 성령으로 세례를 받고 예배를 드리면서 깊은 기도를 숙달하며 예수님과 같은 온몸이 신적인 상태가 되면서 성령으로 충만해지게 됩니다. 성령으로 충만해지면 이러한 상태에 빠지게 됩니다.

　제가 성령으로 세례를 받고 깊은 기도를 오래 하다가 성령으로 충만해지는 상태를 체험한 경험이 있습니다. 여기에 기록하는 것은 성령 충만한 상태가 이렇다는 것을 쉽게 깨닫게 하기 위해서입니다. 성령으로 충만해지니 성령의 강한 불의 역사로 새 술에 취하여 몸을 가누기가 힘들 정도로 흔들리고 입에서 불이 훅훅하고 나오고 새털 같이 가벼운 환희를 체험했습니다. 국민 일보에 보니 어느 기도원에서 목회자 치유세미나를 한다고 광고가 나왔습니다. 사모가 목회자 치유세미나이니 가보라고 성화가 심했습니다. 나는 가봤자 고생 만하고 돈만 손해나는 것 무엇 때문에 가느냐고 버티다가 결국 성화에 못 이겨 가게 되었습니다. 거기 가서 3일째 되는 날 깊은 기도를 오랫동안 하다가 성령의 새 술에 취했습니다. 저는 솔직하게 말씀드려서 늦게 목사가 된 사람이라 세상 술도 먹어봤습니다. 그런데 세상 술을 먹고 취한 것과 동일하였습니다.

집회를 마치고 밖으로 나와 화장실을 가는데 몸을 가눌 수가 없었습니다. 정말 중심을 잡기가 힘이 들었습니다. 혹시라도 사람들이 오해할까 걱정스럽기도 하였습니다. 목사가 대낮부터 술을 먹고 흔들거리고 다닌다고 할까봐 조심을 많이 했습니다. 구름 위에 발을 올려놓는 것같이 푹푹 빠졌습니다. 그것뿐만이 아니었습니다. 입에서는 불이 훅훅 나왔습니다. 한 3시간 정도 지나니까 서서히 안정이 되었습니다. 그러고 난 다음에 교회에 돌아와 목회하다가 내적치유 센터에 은혜를 받으러 가서 치유를 받는 성도들에게 입으로 불어도 성령의 강한 역사에 몸이 뒤틀리고 악한 영들이 떠나갔습니다. 우~우~우~ 하면서 오징어가 구워지면서 오그라드는 현상이 일어났습니다. 정말 대단하였습니다.

그 이야기를 우리 사모에게 했더니 어디서 그런 것을 배워왔느냐고 다른 사람들이 들으면 이단이라고 한다고 하지 말라고 하였습니다. 그래서 배운 것이 아니라 하도 입에서 불이 나와서 불어 봤더니 그렇게 되더라고 했더니 앞으로 주의하지 않으면 이상한 목사가 된다고 했습니다. 자칫 이단이라는 소리를 들을 수 있다는 것입니다. 그래서 그 다음 부터 하지 않았습니다. 내가 이때부터 이단에 대하여 일 년 동안 연구를 하였습니다. 어떻게 하면 이단이 되고 어떻게 하면 안 되는가? 지금 와서 생각하면 사모를 통하여 나를 영적으로 많이 깨달아 깊어지게 했습니다. 사모가 조금 이상하다고 하면 다른 목회자들에게 흠을 잡히지 않으려고 이론적으로 연구를 하게 되었습니다. 그래서 하나하나 정립이 되고 깨닫게 되었습니다. 깨닫는 만큼씩 영안이 열렸습니다. 지금은 이론적인 것을 알고 성령 사역을 하니 누구에게 시시비비를 당하지 않고 있습니다. 계속적으로 깊은 기도를 하면서 사역하며 성령 충만을 유지하며 걸어 다니는 성전으로 살고 있습니다.

결론적으로 신의 성품에 참여하는 자란 예수님과 같은 신적인 상태가 되는 것을 말하는 것입니다. 말씀만 많이 아는 것이 아니고 예수님과 같은 감성이 풍성하여 온몸이 하나님의 나라가 된 상태를 신의 성품에 참여하는 자라고 말할 수가 있습니다.

예수를 믿고 죽고 예수님으로 다시 태어나 예수님의 인생을 살면서 성령으로 세례를 받고 성령으로 깊은 기도를 오랫동안 하여 성령으로 충만하여 예수님과 같은 감성이 풍부한 성도가 되어 삶에서 예수님의 향기를 발하면서 살아가는 것이 신의 성품에 참여하는 자가 되는 것입니다.

4장 보이지 않는 신적 실체를 보려고 하라

하나님은 말씀과 성령으로 영안을 열어 신적인 세계를 보고 지배하라고 하십니다. 우리가 신적인 세계를 지배하려면 마귀의 궤계를 모르고는 안 됩니다. 오늘날 사람들은 눈에 마귀가 안 보이니깐 마귀가 어디에 있느냐 그런 미신 같은 소리하지 말라고 하는 것입니다. 오늘날 과학도 모두 다, 미세한 세계에, 눈에 보이지 않는 세계를 가지고서, 승패를 겁니다. 눈에 보이는 것은 잠깐이요, 눈에 보이지 않는 것은 영원한 것입니다.

우리 눈에 보이지 않는 세계에는 하나님과 성령의 역사와 사탄과 귀신의 역사가 우리 주위에 있는 것을 알아야 하는 것입니다. 그러므로 마귀의 궤계를 우리는 오늘날 분명히 깨달아 알아 마귀와 대적해야 되는 것입니다. 영적 세계에서는 끊임없는 우리가 싸움을 하고 있습니다. 마귀는 와서 귀신과 오히려 우리에게 하나님의 말씀을 의심하게 만드는 것입니다. 영적으로 자꾸 하나님의 말씀이 거짓되고 참되지 않다고 의심하게 만듭니다.

첫째, 인간 세계에 미치는 영적 세계의 영향. 인간 세계에서 일어나는 일들이 단순히 물질세계와 인간세계의 관계에 의해 일어나기보다는 물질(자연)세계와 인간세계와 신적인 세계 차원의 관계성에 의해 발생합니다. 그래서 우리는 문제를 해결하려고 할 때 보이는 현상만 가지고 문제를 해결하려고 하면 안 된다는 것입니다. 한 단계 더 깊은 신적인 차원으로 문제의 원인을 찾아 해결 방법을 강구해야 하는 것입니다.

　그래서 우리의 주변에서 일어나고 있는 일들을 분석하고 결정하고 해결하는데 있어서, 단순히 인간적이고 물질적인 영역에서 벗어나서, 한 차원 더 깊은 영적 차원에서 살펴보는 자세를 지녀야 합니다. 이는 습관이 되어야 합니다. 문제를 해결하려 할 때, 신적인 문제가 무엇이 있는지를 볼 줄 알고 분별할 줄 알아야 합니다. 그래야 문제의 원인을 바르게 알고 바르게 처방할 수가 있는 것입니다. 즉, 성령으로 세례를 받아 신적 세계를 볼 줄 아는 영 안이 열려야 합니다. 예수를 믿고 불같은 성령으로 세례 받은 성도는 영안을 열어 신적인 세계를 분별하고 바라볼 줄 알아야 합니다.

　그러므로 인간의 제반사를 계획하고 결정함에 있어 영적 차원의 요소들을 함께 다루지 않는 동기, 결정은 불완전하며 실패의 요인이 되기 쉽습니다. 반드시 신적인 자원의 요소를 함께 다루어야 합니다. 하나님의 뜻을 구하여 행동에 옮겨야 한다는 것입니다. 그리고 한 개인이 신적 세계와 갖은 관계는, 다음 세대로 계속 이어져 그 후손에게 전달되며, 신적인 관계는 그 관계를 청산하기까지 다음 세대로 이어집니다. 그러기 때문에 우리가 예수를 믿고 교회에 들어오면 먼저 말씀을 듣고 불같은 성령으로 세례를 받고 세상에서 육신의 몸으로 살아갈 때 들어온 상처와 악한 혈통을 타고 역사하는 악한 영을 축사해야 하는 것입니다. 이를 해결하지 않으니까, 예수를 30년을 믿었는데 아직도 마귀의 영향에서 완전하게 벗어나 자유를 찾지 못하고 여러 가지 이유 모를 문제를 당하면서 살아가는 것입니다.

우리가 구약 성경을 보면 한 개인이 영적 세계와 어떤 관계를 맺고 있느냐는 그가 가진 영향력 범위에 큰 영향을 준다는 것을 알 수 있습니다(출 20:5-6). 하나님께 순종하는 다윗과 같은 왕이 나라를 다스릴 때, 온 이스라엘이 축복과 안정된 삶을 누렸으며, 반대로 아합 왕과 같이 왕이 패역하고 우상을 섬겼을 때, 백성들은 그로 인해 많은 고통을 받았습니다. 그러므로 우리는 신적인 세계를 알고 바르게 대처하고 하나님과 바른 관계를 맺어야 합니다. 그리고 나라를 영도하는 대통령을 뽑을 때도 신적인 면을 고려하여 뽑아야 됩니다. 뽑고 난 다음에도 하나님을 두려워하고 바르게 하나님을 섬기게 해달라고 기도해야 되는 것입니다.

신적인 관계는 물질, 재산과 같은 물질세계의 영역에도 영향을 끼치게 됩니다. 예를 들어서 하나님과 관계가 밀접했던 아브라함에게 은과 금이 풍부했습니다. 욥은 마귀가 시기하여 온갖 고난을 당했지만 믿음으로 승리하여 욥의 재산을 회복했습니다. 그러나 이세벨을 아내로 삼은 아합 왕 시절에는 이스라엘 나라 전역에 삼년 반 기근이 찾아와 고통을 당하다가 엘리야가 갈멜산에서 이세벨의 상에서 먹던 450명의 선지자들과 아세상상에서 먹던 400명의 선지자들과 영적대결을 승리하고 모두 기손 시냇가에서 죽이고 기도하자 이스라엘 나라에 비가 내리고 기근이 사라졌던 것을 잘 알고 있습니다.

둘째, 하나님과 사탄의 차이점. 하나님은 공개적, 정당함, 공의,

정직, 질서, 진리로써 역사 하시며, 계획이 변하지 않는 일관성 있는 행동을 하시고 약속을 지키시는 성품을 갖고 계십니다. 그래서 하나님은 거짓말을 못하는 것입니다. 하나님은 신실하십니다. 그래서 우리가 하나님과 하나님의 말씀을 믿는 것입니다. 그러나 반대로 사탄은 속임수, 기만, 비겁함, 거짓, 위장을 통하여 자신의 일을 진행해 나갑니다. "이것은 이상한 일이 아니니라 사탄도 자기를 광명의 천사로 가장하나니(고후11:14)" 그래서 우리가 말씀과 성령으로 영안을 열어 분별력을 가지고 마귀의 미혹을 분별하여 속지 말아야 하는 것입니다. 그리고 하나님은 자신을 따르는 자에게 축복과 은혜를 주십니다. 그리고 진리 안에서 자유 하도록 하십니다. 반대로 사탄은 저주와 속박을 줍니다. 사단은 어찌하든지 사람들을 공갈과 협박과 저주로서 두려움을 주어 사단을 섬기도록 하는 속성이 있습니다. 이는 사람을 자신으로 종으로 삼아서 복종하게 하기 위하여 그러는 것입니다. 그래서 사탄을 섬기는 자들은 사단의 비위를 맞추는데 급급하며 살아가는 것입니다.

하나님은 자신을 믿고 순종하는 자에게, 하나님 자신의 영인 성령으로 우리에게 오셔서 함께 거하시면서, 은사와 성령의 열매를 맺게 하십니다. 사단은 자신의 졸개인 악한 영들을 사람에게 거하게 하여 악하고 더러운 열매를 맺게 합니다.

그리고 하나님은 영원하시며 참된 것을 주시지만, 사단은 모조이며, 거짓 위장된 것, 순간적인 것을 줍니다. 사단은 하나님이 주시는 것을 위조하여 우리에게 진품인 것처럼 다가옵니다. 그래서 사단의 소리를 듣고 따라가면 순간은 잘되는 것 같지만 종국에는 멸망의 구렁텅이에 빠지는 것입니다.

셋째, 어떻게 신적인 세계와 관계를 맺는 가? 인간이 어떤 신적 능력과 권세를 소유하고, 누릴 수 있는 것은 신적 세계의 존재와 관계를 맺음으로 가능하며, 이 관계는 충성과 순종함으로 이루어집니다(롬6:16). 그러므로 우리는 말씀과 성령으로 바른 분별력을 가지고 하나님만을 섬겨야 합니다. 그러나 하나님은 우리가 예수를 믿다가 마귀에게 가도 무어라고 말하지 않습니다. 그것은 하나님이 인간에게 자유의지를 부여했기 때문입니다. 그래서 우리는 자신을 위하여 하나님만을 섬기려고 의지적인 노력을 해야 하는 것입니다.

1)예수님은 제자들에게 모든 귀신과 질병을 제어할 수 있는 권세와 능력을 부여 하셨습니다. "예수께서 열두 제자를 불러 모으사 모든 귀신을 제어하며 병을 고치는 능력과 권위를 주시고 하나님의 나라를 전파하며 앓는 자를 고치게 하려고 내보내시며(눅9:1-2)" 절대로 예수님은 그냥 세상에 가서 하나님의 나라를 만들라고 하지 않으십니다. 반드시 성령의 권세를 가지고 세상에 나가 마귀의 진을 훼파하고 하나님의 나라를 만들라고 하십니다. 성령의 권능이 없이는 세상에 나가 하나님의 나라를 만들 수가 없기 때문에 반드시 성령의 권능을 받으라고 하십니다(행1:8). 여러분 불같은 성령으로 세례를 받고 성령의 권능으로 세상에 나가 하나님의 나라를 만드시는 하나님의 군사가 되시기를 바랍니다.

2)반면에 사단도 자신을 추종하는 자들에게 자신의 능력을 줄

수 있습니다. 예를 든다면 점치는 능력이나 초능력과 마술하는 것과 신비술을 전이 시킬 수가 있습니다. 그래서 무당들이 신령하다는 무당에게 신을 받으려고 노력하는 것입니다. 여러분 영은 전이가 됩니다. 바르게 알고 대비하시기를 바랍니다.

　실례로 최근에 이런 일이 있었습니다. 한 유명한 탤런트가 "무당 연기하다 신 내림"을 겪었다고 신문에 보도된 적이 있습니다. 그는 "무당 연기를 한 후에 이상한 꿈을 자주 꾼다고 합니다." 무당 역을 맡은 다음부터 신 내림과 비슷한 경험을 했다고 밝혔습니다. 이 탤런트는 표독한 무당으로 출연했다고 합니다. 이분은 원래 독실한 크리스천이어서 무당 캐릭터를 맡고 적지 않은 고민을 했다고 합니다. 하지만 좋은 연기를 위해 함경도 굿을 하는 무당을 찾아가 굿과 칼춤을 배웠습니다. 자료 테이프를 보며 공부를 한 덕분에 무당 선생님으로부터 "재능이 있다"는 칭찬까지 들었으나 막상 촬영에 들어가면서 이상한 경험을 하게 됐다는 것입니다.

　탤런트는 최근 제작발표회에서 "칼춤을 추며 굿판을 펼치는 신에서 갑자기 이유 없이 눈물이 쏟아졌다고 합니다. 나중에 알았는데 내가 울 때 모니터도 꺼졌었다고"고 공개했습니다. 이밖에도 무당 연기를 준비하면서 살이 갑자기 찌기 시작했습니다. 또한 캐스팅 후 무속 신앙인들이 꿈에 나오고 가위에 눌리는 경험을 하기도 했습니다. 이 탤런트는 무당 연기를 하면서 자신에게 이상한 일이 생기자 걱정이 돼 두 돌이 안 된 아이와 원치 않는 '별거'를 하기도 했다고 했습니다. 이와 같이 영들의 전이는 생각지도 못하는 곳에서 일어납니다. 이 탤런트는 내적 치유와 축귀를 받아야 합니다. 만약에 내적 치유와 축귀를 받지 않고 그냥 지내면 건강할 때는 문제가 생기지 않지만 스트레스를 많이 받아 체력이 떨어질 때, 악한 기운에 사로잡혀 무당 같은 행동을 할 수도 있습니다. 이런 경우는 **빠른** 시간에 내적 치유와 축사를 받아 예방하는 것이 중요합니다.

3)신적인 능력은 사물, 장소, 물건에까지 전달 될 수 있습니다. 즉 장소와 물건이 바쳐지는 대상에 의하여 신적인 권능이 나타납니다. 하나님의 언약궤, 성전, 예수님의 옷자락, 바울의 손수건에서는 하나님의 능력이 나타납니다. 반면에 우상물, 제물, 부적에서는 악한 영의 역사가 나타납니다. 악한 영은 이런 신적인 물건을 통해서도 역사합니다. 만약에 이사를 가시거든 모든 부분을 다 열어보고 확인하고 신적인 청소를 하고 성령의 역사를 일으키고 예수 피를 뿌리시기를 바랍니다.

4)영적 존재가 인간의 영역에서 행할 수 있는 일의 범위, 능력의 정도는 이들이 인간으로부터 받는 협조와 깊은 연관성이 있습니다. 하나님과 사단은 인간 영역에서 자신의 계획을 이루어 나갈 때, 인간의 협조 없이 마음대로 하지 않고, 인간의 자유의지를 통해서 일합니다. 인간은 하나님으로부터 자유 의지를 부여받았으며, 하나님은 스스로 부여하신 질서를 지키십니다. "너희 자신을 종으로 내주어 누구에게 순종하든지 그 순종함을 받는 자의 종이 되는 줄을 너희가 알지 못하느냐 혹은 죄의 종으로 사망에 이르고 혹은 순종의 종으로 의에 이르느니라(롬6:16)" 인간의 의지는 사용의 용도에 따라, 하나님의 선물인 영생을 받을 수도, 거절

할 수도 있습니다. 하나님은 모든 사람이 구원받기를 원하십니다. 그러나 많은 사람들이 하나님의 뜻을 따르지 않으므로 스스로 멸망의 길을 선택합니다. 하나님은 자신의 교회와 성도들이 모두 성령 충만하기를 원합니다. 그러나 많은 교회가 하나님의 뜻을 수용하지 못하고 있습니다. 인간의 교만함으로 말미암아 예수를 믿지 않음으로 구원받지 못하는 것입니다. 반면에 사단의 가장 큰 계략은, 하나님의 계획이 인간들에게 이루어지지 못하도록 인간의 자유 의지를 교묘히 이용하여, 이기적-세속적-물질적-근시안적으로 만들어서 하나님의 구원 계획이 우리에게서 이루어지지 못하게 합니다. "그 중에 이 세상의 신이 믿지 아니하는 자들의 마음을 혼미하게 하여 그리스도의 영광의 복음의 광채가 비치지 못하게 함이니 그리스도는 하나님의 형상이니라(고후 4:4)"

5) 하나님과 사탄은 인간의 충성과 순종을 통해 권리를 행사할 수 있습니다. "그런즉 너희는 하나님께 복종할지어다 마귀를 대적하라 그리하면 너희를 피하리라(약 4:7)" 사람이 하나님 또는 사탄에게 순종할 때, 그렇지 않은 때보다 더 많은 능력과 영향력을 그 순종하는 사람 안에서 행사할 수 있게 됩니다. 하나님은 사탄보다 월등히 높으시고, 능력의 정도가 비교될 수 없습니다. 그러나 인간 측에서 하나님에게 불순종하고, 사탄의 속삭임에 순종할 때, 하나님은 그 사람에게 아무 일도 하실 수 없게 되는 것입니다. "그들이 믿지 않음으로 말미암아 거기서 많은 능력을 행하지 아니하시니라(마 13:58)" 사람은 필연적으로 영적 공백 상태는 없으며, 인간은 운명적으로 신적인 세계의 지배를 받게 됩니다.

노아의 순종으로 하나님께서 자신의 계획을 진행하실 수 있었으며, 아브라함의 순종으로 이스라엘 민족을 이루셨고, 마리아의 순종으로 태를 빌려 메시아를 이 땅에 태어나게 할 수 있었습니다.

6)불순종은 하나님의 계획을 무산시키게 됩니다. 열 명의 정탐꾼의 부정적인 보고에 영향을 받은 이스라엘 민족의 불순종은 하나님의 계획에 차질을 주었으며 이스라엘 백성은 불순종에 대한 대가를 받게 되었습니다. 불순종은 인간과 관계를 맺고 있는 존재와의 관계를 파기하지 않지만, 교제는 점점 멀어지게 하며 권리와 능력을 잃게 합니다. 불순종을 빨리 회개하면 회복되지만, 그렇지 않을 경우 계속 깊어지며, 깊어질수록 다시 회복되기에 더 많은 시간과 노력을 요하며 그에 따른 대가가 자신에게 주어집니다.

7) 기독교의 의식으로 영과 진리로 예배를 드리고, 성령으로 세례를 받으며 성령 치유 집회에 참석하거나 깊은 기도와 예수 이름으로 하는 봉사와 헌금은 하나님의 능력을 강화 시킵니다. 의식은 약속을 이행하는 행위로서 의식을 진정과 성실로 드릴 때 하나님은 존귀함을 받으시며, 이로 인하여 사탄은 뒤로 물러나며 세력을 잃게 됩니다. "아버지께 참되게 예배하는 자들은 영과 진리로 예배할 때가 오나니 곧 이 때라 아버지께서는 자기에게 이렇게 예배하는 자들을 찾으시느니라(요 4:23)"

계명을 지키며 순종하며 감사하는 삶은 하나님을 기쁘시게 하는 행위입니다. "너희가 나를 사랑하면 나의 계명을 지키리라(요 14:15)" "믿음이 없이는 하나님을 기쁘시게 하지 못하나니 하나님께 나아가는 자는 반드시 그가 계신 것과 또한 그가 자기를 찾는 자들에게 상주시는 이심을 믿어야 할지니라(히 11:6)"

8) 인간은 육신적 존재이면서 신적 존재이므로, 영적 존재인 하나님 또는 사탄이 사람 안에 거주할 수 있습니다. 하나님과 사탄의 거주에는 차이가 있습니다. 첫째 성령은 사람이 성령을 인식, 의식, 인정하고 의지를 통하여 초청할 때 우리에게 들어오십니다. 그러나 악령, 마귀는 이러한 경로를 통해서도 들어오지만 의도적인 초청이 아니라도 죄를 통해 들어옵니다. 마치 더러운 병균에 감염되는 경로와 같습니다.

우리가 바르게 알아야 할 것이 있습니다. 많은 분들이 성령님은 인격이시기 때문에 인격적으로 장악(역사)을 하시는 것으로 이해하고 있습니다. 그러나 그렇지 않고 반대의 현상이 일어날 수가 있습니다. 자신이 마음을 열고 성령님을 주인으로 모시면 성령께서 비인격적으로 자신을 장악하십니다. 왜냐하면 자신을 하나님의 나라가 되게 해야 하기 때문입니다. 성령님의 초자연적인 살아계신 역사가 자신을 장악하기 때문에 이해하지 못하는 현상이 나타날 수도 있습니다. 진동이 오고, 두렵고 떨리고, 머리가 아플 수도 있습니다. 이는 지금까지 자신의 주인 노릇을 하던 세상에 물러가면서 일어나는 현상입니다. 두려워 말고 조금 지나면 평안한 상태가 됩니다. 그런데 귀신은 처음에 살랑살랑 점령해 나가기 시작을 합니다. 마음을 열게 하기 위하여 인격적으로 역사를 합니다. 그러다가 점령이 되면 비인격적으로 역사를 합니다. 그래서 조현병 환자나 우울증 환자나 자신의 의지대로 행동을 하지 못하는 것입니다. 귀신이 의지를 장악했기 때문입니다. 우리는 신적인 세계에 대하여 바르게 알고 바르게 대처해야 합니다. 인간적으로 합리적으로 생각하면 이해가 되지 않는 부분이 신적인 세계의 현상입니다. 반드시 생명의 말씀과 성령의 역사가 있어야 바른 분별이 가능합니다. 사람의 이론으로는 해석이 불가능합니다. 반드시 성령의 인도를 받으면서 말씀으로 직접 분별해야 합니다.

9) 하나님과 사탄은 다양한 방법으로 사람에게 영적 능력을 전달 할 수 있습니다. 가장 많이 사용되는 수단은 말, 기도, 접촉, 안수, 능력을 지닌 물체를 소유함으로 능력을 전달합니다. 그러므로 항상 자기의 신적인 관리를 해야 합니다.

10) 사람은 섬김의 대상을 바꿀 수 있으며 하나님과 사단을 동시에 섬길 수도 있습니다. 사탄에게 깊이 빠져있던 사람도 하나님께 돌아오면 하나님은 과오를 묻지 않으시고 용서하십니다. 그러나 그 사람에게 깊이 심겨져 있는 악한 영의 세력은 다른 사람의 도움을 받아서 제거해야 합니다. 반드시 자기가 범한 죄를 하나님에게 회개한 후에 성령으로 충만한 사역자에게 안수기도를 받아 귀신을 축사해야 합니다. 예를 들어 사울 왕의 악귀를 다윗이 수금을 탈 때 떠나갔습니다. 다메섹 도상에서 예수님을 만나 눈이 보이지 않던 사울의 눈은 성령 세례받은 아나니아가 안수로 뜨게 됩니다. 그러므로 자신에게서 잘못된 악한 영의 역사가 일어나거든 성령 충만한 사역자의 도움을 받아 내적 치유하고 축사하시기를 바랍니다.

하나님께 충성하던 사람들도 그들의 헌신과 은혜를 무시하고 떠나 사탄에게 충성 할 수 있습니다. "그러나 성령이 밝히 말씀하시기를 후일에 어떤 사람들이 믿음에서 떠나 미혹하는 영과 귀신의 가르침을 따르리라 하셨으니(딤전 4:1)" 그러나 타락한 죄는 다시 사함을 받지 못합니다. "한 번 빛을 받고 하늘의 은사를 맛보고 성령에 참여한바 되고 하나님의 선한 말씀과 내세의 능력을 맛보고도 타락한 자들은 다시 새롭게 하여 회개하게 할 수 없나니 이는 그들이 하나님의 아들을 다시 십자가에 못 박아 드러내 놓고 욕되게 함이라 (히 6:4-6)"

  11)귀신은 인간 또는 짐승에게 붙어서 살려고 합니다. 귀신은 항상 인간에게 붙어서 살려고 합니다. 귀신은 인간을 떠나있으면 괴로워서 떠나질 못합니다. 마치 물 없는 사막으로 돌아다니는 것 같습니다. 그러므로 귀신은 어찌하든지 사람에게 붙어서 사람을 악마화 시키려고 하는 것입니다. 귀신이 가지고 있는 성격과 질병 등 모든 것을 사람에게 전이시켜 점차 귀신의 인격을 닮아가게 하는 것입니다. 사람에게 붙어있지 못하겠으면 짐승들에게라도 들어가려고 하는 것입니다. 거라사인의 지방에 군대 귀신들린자의 귀신을 예수님이 쫓아내시니, 귀신이 돼지에게 들어가매 이천 마리가 되는 돼지가 모두 다 뛰어 들어가서 바다에 몰살해 죽은 것이 기록되어 있는 것입니다.

  12)사단은 지역을 장악하고 역사하기도 합니다. 중남미의 과테말라 까벨레로스 목사님의 간증입니다. 목사님은 시내 한복판에 있는 땅을 사서 교회를 짓기 시작했는데 얼마 지나지 않아 난관에 봉착했습니다. 갑자기 경제사정이 나빠져 우리나라의 IMF처럼 되었습니다. 그래서 은행금리가 턱없이 올라가 교회는 기둥과

지붕만 겨우 올려놓은 상태에서 건축이 중단되고 목사님은 여러 달 동안 고난 속에 금식하며 철야하며 하나님의 도움을 간절히 구했습니다. 그러던 어느 날 목사님이 기도하는 중에 환상이 탁 나타났습니다. 길이가 약 10미터에 굵기가 30센티 정도 되는 큰 뱀이 성전부지에 또아리를 틀고 고개를 들고서 혀를 날름대고 있더랍니다. 교회를 짓다가 못 짓고서 이런 낭패에 처한 것은 바로 교회 부지 안에 있는 또아리를 틀고 있는 뱀이 반대를 하는구나! 사탄의 일이구나! 그래서 그는 예수 이름으로 그 마귀를 꾸짖고 온 교인이 모여서 마귀를 내어 쫓는 대적기도를 했습니다. 온 교회 성도들이 모여서 대적기도를 계속했습니다. 그러자 갑자기 상황이 변화되었습니다. 문제가 풀리기 시작하는데 성전 부지를 원금 2배를 주고 사겠다는 사람이 생겨났습니다. 그래서 원금의 2배를 받고서 성전 부지를 팔고 12배나 더 넓은 땅을 사고 그 땅에 아름다운 성전도 건축하고 기독교학교도 지었습니다. 나중에 알고 보니 옛날 그곳에 마야족이라는 원주민이 살았는데 그들은 날개달린 뱀을 수호신으로 모시고 있던 신전이 있던 바로 그 자리였습니다. 그런데 그 자리에 마야족속들이 섬기던 날개달린 그 뱀을 예수 이름으로 쫓아내고 물리치니까 하나님의 축복이 다가오게 된 것입니다. 이와 같이 경재적인 문제 뒤에는 마귀가 있을 수 있습니다. 성령으로 분별하고 대적 기도를 하여 마귀를 몰아내고 경제를 회복하는 체험이 있으시기를 바랍니다.

5장 하나님을 찾도록 광야훈련 시키신다.

　신적인 세계를 보고 대처하는 사람은 태어나는 것이 아니라 만들어집니다. 이것은 우리에게 너무 복된 말씀입니다. 태어나면서 우리의 운명이 결정되는 것이 아니라, 만들어 진다는 것이 얼마나 감사할 일입니까? 하나님이 우리를 어디서 신적인 사람으로 만드실까요? 광야와 고난 가운데서입니다. 하나님이 사용 하시려는 영적 거장은 고난과 역경을 통과하게 하십니다. 광야에서 고난과 역경을 통과해야 신적인 사람으로 바로 설 수가 있습니다.

　신적인 사람은 분명하게 광야에서 만들어집니다. 모세도, 여호수아도, 다윗도, 엘리야도, 엘리사도 광야에서 만들어 졌습니다. "보라 내가 너를 연단하였으나 은처럼 하지 아니하고 너를 고난의 풀무에서 택하였노라"(사48:10). 하나님은 역사를 멀리 내다보시는 비전의 하나님이십니다. 하나님은 사람을 통해서 당신의 비전을 성취하십니다. 그래서 하나님은 늘 사람에게 관심을 가지십니다. 그리고 하나님은 당신의 비전을 성취할 사람을 찾고 계십니다. 하나님은 광야훈련을 달게 받으며 통과하여 "하나님 말씀을 받은 자를 신이라 하지 않느냐"를 깨달아 알고 행할 후보생을 찾아다니십니다.

　새 역사를 창조하는 하나님과 대면하는 신적인 사람은 태어나는 것이 아니라 만들어 지는 것입니다. 온실에서 만들어 지는 것이 아니라 광야에서 만들어집니다. 모세는 40년 동안 미디안 광야에서 양을 치면서 모든 것을 잊고 있었습니다. 그런데 40년이 지나 80세가 되었을 때 하나님께서 모세를 부르셨습니다. 40년 전 동족을 구하겠다고 스스로 일어난 적이 있었습니다. 그런데 하나님께서는 그를 사용하시지 않으셨습니다. 모세가 부귀영화와 바로의 왕권을 버릴 만큼 강한 믿음을 가졌고 열정을 가졌음에도 하나님은 그를 쓰지 않으셨습니다. 비워지지 않았기 때문입니다. 하나님으로 채워지지 않았기 때문입니다. 열정 때문에 하나님이 쓰시는 것이 아닙니다. 내가 비워져야 합니다. 내가 하나님의 일을 하는 것이 아니라, 하나님이 나를 써 주시는 것입니다. 새 역사는 언제나 광야에서 시작되기 때문입니다. 훌륭한 항해사는 거친 바다에서 만들어집니다. 탁월한 군인은 전쟁터에서 만들어지듯 새 역사를 창조하는 하나님과 대면하는 신적인 사람은 광야에서 고난의 풀무에서 만들어지는 것입니다.

하나님이 세우시는 신적인 사람은 하루아침에 만들어지는 것이 아닙니다. 서서히 광야를 통과 하면서 고난을 통과 하면서 서서히 하나님만 바라보는 사람으로 만들어지는 것입니다. 모세도. 여호수아도. 다윗도, 엘리야도, 엘리사도 광야에서 만들어졌습니다. 책을 읽는 우리도 희망이 있지 않습니까? 하나님은 모든 사람이 하나님과 친밀한 신적인 사람이 되기를 원하십니다. "택한 자 중 한 사람 곧 모세를 섬기는 눈의 아들 여호수아가 말하여 이르되 내 주 모세여 그들을 말리소서 (29) 모세가 그에게 이르되 네가 나를 두고 시기하느냐 여호와께서 그의 영을 그의 모든 백성에게 주사 다 선지자가 되게 하시기를 원하노라"(민 11:28-29). 분명하게 말씀하셨습니다.

많은 크리스천들이 신적인 사명자라고 하면 목회를 해야 하는 사람으로 알고 믿는 경향이 있습니다. 그러나 하나님의 입장에서는 모든 사람들이 하나님과 대면하는 사명자가 되기를 원하십니다. 그러니까, 모든 사람들이 신적인 사람이 되어야 합니다. 아니 모두 신적인 사람이 될 수가 있습니다. 사모하면 신적인 사람이 될 수가 있습니다. 분명하게 하나님과 대면하는 신적인 사람은 태어나는 것이 아니라 만들어집니다. 이것은 우리에게 너무 복된 말씀입니다. 태어나면서 우리의 운명이 결정되는 것이 아니라, 만들어 진다는 것이 얼마나 감사할 일입니까? 광야 훈련 가운데 하나님과 대면하는 신적인 사람으로 만들어지는 것입니다.

출애굽기 2장 16-25절은 모세가 자신의 힘으로 이스라엘을 구원하려다 실패하여 도망간 미디안 광야의 생활에 대해서 기록하고 있습니다. 광야하면 가장 먼저 떠오르는 생각이 무엇입니까? "덥다, 목마르다, 외롭다, 사람이 살 수 없다" 등입니다. 광야의 특징을 말한다면 첫째, 방황하는 곳입니다. 광야에서는 내가 지금 어디 있는지 어디로 가는지를 알 수가 없습니다. 둘째, 부족한 곳입니다. 광야에서는 물과 양식을 구할 수 없습니다. 셋째, 전쟁하는 곳입니다. 먹을 것이 모자라다 보니 광야에서는 생존을 위한 싸움이 벌어지는 곳입니다. 넷째, 기다리는 곳입니다. 막연하지만 비를 기다리게 되고 먹을 것을 찾을 날을 기다려야 하는 곳입니다.

한 마디로 광야는 생존의 위협을 받는 고통과 두려움, 그리고 외로움과 불편함의 상징입니다. 어렵고 힘이 들기 때문에 보이지 않지만 살아계시는 하나님을 찾게 되는 것입니다. 그러면서 하나님으로 채워지는 것입니다. 그러나 성경은 말씀합니다. 광야는 은혜의 자리입니다. 광야는 하나님의 사람들을 훈련하는 장소요, 하나님으로 채워지는 장소요, 하나님께서 말씀하시는 장소입니다. "여호와께서 그를 황무지에서, 짐승의 부르짖는 광야에서 만나시고 호위하시며 보호하시며 자기 눈동자같이 지키셨도다"(신 32:10)라고 하셨습니다. 광야에서 만나시고 보호하시는 장소, 하나님을 만나고 체험하는 장소가 광야라는 것입니다. 그리고 "네 하나님 여호와께서 이 40년 동안에 너로 광야의 길을 걷게 하신 것을 기억하라 이는 너를 낮추시며 너를 시험하사 네 마음이 어떠한지 그 명령을 지키는지 아니 지키는지 알려 하심이라"(신8:2)고 하였습니다. 광야는 하나님의 학교라는 것입니다. 우리를 테스트 하는 곳입니다. 자신을 버리게 하는 장소입니다. 우리의 믿음을 점검하는 장소로 하나님이 사용하는 것입니다.

위대한 믿음의 사람들은 모두가 이 광야학교를 졸업한 사람들입니다. 여호수아를 생각해 보시기를 바랍니다. 여호수아의 경우를 보면 그 사실이 더욱 두드러집니다. 그는 모세의 시종으로서 근 40년 동안 모세의 비서 역할을 했습니다. 그는 자신이 지도자가 된다는 것은 생각하지 못했던 것 같으며 그렇기 때문에 모세가 죽은 후 하나님이 자기를 택해서 이스라엘의 새로운 지도자로 삼으려고 했을 때 무척이나 당황했었습니다. 이런 초기의 그의 모습도 결코 지도자 재목은 아니었습니다. 그러나 지도자를 잃고 당황해하며 잔뜩 겁을 먹은 그에게 하나님은 확신과 용기를 불어넣어 주시면서 지도자로 세웠으며(수1장), 계속되는 가나안 정복 과정을 통해서 그를 지도자로 만들어 가셨던 것입니다(수 4:14 6:27참고).

  요셉을 생각해 보십시오. 하나님의 꿈에 강렬하게 붙잡힌 그였지만 하나님은 그를 광야학교에 입학시키셨습니다. 그래서 어린 시절부터 형들에게 미움을 받고 누명을 썼으며, 종이 되고 죄수가 되었습니다. 그러나 그가 광야에서 보낸 13년간의 시간은 한 나라를 다스릴 만한 지혜와 인격과 믿음을 배우는 시간이 될 수 있었던 것입니다. "그 발이 착고에 상하며 그 몸이 쇠사슬에 매였으니 곧 여호와의 말씀이 응할 때까지라 그 말씀이 저를 단련하였도다"(시105:18-19).

  요셉의 이야기를 읽으며 그가 13년 간 무고히 감옥에 갇혀 있으면서 얼마나 힘들었을까 하는 생각에 잠기곤 합니다. 자세히 읽어보면 요셉의 사무 능력이 뛰어나서 전체 감옥 행정을 간수들이 그에게 맡겼음을 알 수 있습니다. 그러나 그의 봉사에도 불구하고 그는 착고를 찼고 쇠사슬에 매인 생활을 해야 했습니다. 모두 하나님께서 요셉을 단련하시려는 의도 때문이었습니다.

  그리고 감옥에 있는 동안 높은 고위직 관료들을 섬기는 일을 했다는 사실을 발견합니다. 그들과의 교류를 통해 그는 나라를 치리하는 방법을 터득했을 것입니다. 아무리 희망이 보이지 않는 캄캄한 어둠에 처해 있을지라도 요셉처럼 낙망하지 않고 신앙을 지키는 사람은 빛과 같이 빛나게 될 것입니다. 그래서 고난은 그리스도인들에게 유익한 것입니다.

  다윗도 광야 생활을 하면서 하나님과 대면하는 신적인 사람으로 만들어졌습니다. 그 대적 사울이 다윗을 죽이려고 하기 때문에 사울을 피하여 광야 생활을 합니다. 무려 13년간을 사울을 피해 다녔습니다. 하나님께 기도하지 않을 수가 없었습니다. 다윗은 광야에서 기도하면서 하나님으로 채워졌습니다. 사무엘상 23장 15-19절에 보면 그일라에서 배신당한 다윗이 십 광야의 수풀 속에 숨었습니다. 이 사실을 안 요나단 왕자가 다윗을 찾아 왔습니다. 요나단은 다윗을 격려하고 믿음을 북돋아 주었습니다(삼상 23:17). 사울 왕은 다윗을 죽이려고 혈안이 되어 있는데, 아들 요나단은 다윗을 도와줍니다.

십 광야에 거주하는 어떤 사람이 사울 왕에게 다윗이 여기 있다고 고발했습니다. 사울 왕이 그일라를 공격하려고 징집했던 병사들을 십 광야로 이끌고 왔습니다. 다윗이 마온 광야로 도망쳤습니다. 사울이 다시 마온으로 추격했습니다. 다윗이 포위되어 죽을 위기에 처했습니다. 다윗이 하나님께 살려 달라고 기도했습니다. 하나님이 응답했습니다. 전혀 생각지 못한 일이 발생했습니다. 블레셋 군대가 침공해 온 것입니다. 사울은 회군(回軍)하여 그쪽으로 달려갔습니다. 다윗이 살아났습니다. 다윗과 그의 추종자들은 광야 생활 했던 모세 시대 사람들처럼, 미래에 젖과 꿀이 흐르는 국가 지도자들이 되기 위한 연단과 시련의 과정을 경험하고 있습니다.

성도는 시험에 대해서 잘 알고 있어야 합니다. 시험은 보이지 않지만 살아계신 하나님이 계신다고 믿고 찾게 하는 기간입니다. 그래야 하나님의 계시로 시험에 빠지지 않고, 시험을 이길 수 있습니다. 하나님은 시험을 받게 함으로써, 성도들을 연단하고, 자기 자신의 신앙 상태를 정확히 진단하게 만듭니다. 이 시험에서 합격하면, 그 때에 비로소 성도가 원하는 축복을 주십니다. 하나님께서 이렇게 하시는 이유는 연단과 시험 없이 축복 받은 사람들이 대개 망하기 때문입니다. 사울 왕이 이런 사람을 대표합니다. 그래서 하나님은 어떤 형태로든 축복 받을 사람에게 응답 받은 만한 신앙이 있는지, 응답을 주시면 잘 감당할 수 있는지를 시험해 보십니다. 막9장의 벙어리 귀신들린 아들을 데리고 온 아빠는 예수님에게 "하실 수 있거든 고쳐 주시고, 못할 것 같은 그냥 두세요"라고 말했습니다. 책망 받았습니다. 반신반의(半信半疑) 믿음을 가지면 응답 받을 수 없습니다. 구술(口述) 시험입니다. 마9장 27-31에 보면, 반대의 경우가 있습니다. 두 맹인이 예수를 따라 오면서 "다윗의 자손이여 우리를 불쌍히 여기소서"하고 외쳤습니다. 예수께서 그들에게 물었습니다. "내가 능히 이 일 할 줄을 믿느냐?" "그렇습니다." 예수께서 그들의 눈을 만지시면 "너희 믿음대로 되라" 하셨습니다.

　시험은 다양한 종류가 있습니다. 말로 시험해 보는 경우가 있고, 행위로 시험해 보시는 경우도 있습니다. 시험의 방식은 하나님이 선택합니다. 창22장에 보면 아브라함이 이삭을 축복해 달라고 구하자, 하나님은 전혀 생각하지 못한 것을 요구했습니다. "하나님이 아브라함을 시험하시려고, 네 사랑하는 독자 이삭을 데리고 모리아 땅으로 가서 그를 번제로 드리라" 아브라함이 순종했습니다. 하나님의 시험에 합격입니다. 하나님은 백지에 시험을 보시지 않고 현장에서 믿음을 시험하십니다. 하나님은 아브라함이

구한 것 보다 더 큰 것을 주셨습니다. "하늘의 별처럼 많은 후손을 주겠다" 다윗은 영적지도자가 되기 위하여 광야에서 시험하시는 것입니다.

그래서 시험을 받을 때는 참아야 합니다. 이것이 방법입니다. "시험을 참는 자는 복이 있나니 이는 시련을 견디어 낸 자가 주께서 자기를 사랑하는 자들에게 약속하신 생명의 면류관을 얻을 것이기 때문이라"(약1:12). 예수께서는 시험 받을 때, 도살장에 끌려가는 어린양처럼 아무 말씀도 안 했습니다. 예수는 시험 다음에 여호와 이레 축복이 있다는 것을 믿고 있었습니다. 야고보는 이런 이유 때문에 시험 당할 때 기뻐하라 하셨습니다. 의로운 성도에게 시험이 왔다는 것은 축복이 턱밑까지 왔다는 뜻이기 때문입니다.

세상에서도 시험이 크면 통과 했을 때 보상이 큽니다. 하나님 나라에서도 똑같습니다. 시험을 많이 받아본 바울 사도는 "시험 당할 즈음에 피할 길이 있고, 감당치 못할 시험은 없다"고 말했습니다. 다윗은 장장 13년을 사울을 피하여 도피 생활을 하면서 하나님과 대면하는 신적인 지도자가 되기 위하여 훈련을 받습니다. 다윗은 13년 도피 생활을 하면서 연단되어 훌륭한 신적지도자가 됩니다.

하나님은 모세 역시 위대한 지도자로 훈련시키기 위하여 광야로 몰아내신 것입니다. 그동안 자기 힘으로, 자기 생각으로, 자기 스스로 이스라엘의 지도자가 되려고 했던 모세를 실패라는 경험을 통하여 광야로 들어가게 하신 것입니다. 한 마디로 광야신학교에 입학시킨 것입니다. 광야에서 보이지 않는 하나님을 보이는 하나님으로 믿게 하십니다. 하나님의 일은 하나님의 방법으로 이루어 가십니다. 하나님의 종들은 세상의 학문과 세상의 경험, 자신이 갖고 있는 세상적인 재능과 능력만으로는 부족합니다. 그래서 하나님의 학교에 입학을 시키시는 것입니다. 그곳이 바로 광야입니다. 광야 학교의 수업 과목은 아주 특이합니다. 그러면 모세가 겪었던 광야학교는 어떤 과정을 배워 주는 학교입니까? 모세가 광야에서 배운 과목들이 무엇일까요?

첫째, 자신이 갖고 있는 모든 것을 내려놓는 과정을 배웠습니다. 모세는 광야에서 자신이 이제까지 애굽에서 배웠던 모든 학문, 지식, 경험을 다 내려놓았습니다. 이제 양을 치는 목자가 되었습니다. 이것은 애굽 문화권에서는 가장 천한 직업에 속합니다. 왕자의 신분이었던 모세가 이제 가장 천한 직업을 가진 사람이 되었습니다. 그것도 처가살이를 하면서 장인의 양을 치고 있습니다. 이스라엘 자기 민족들을 인도하는 지도자가 아니라 말 못하는 동물들의 똥을 치우고 물가로 인도하는 신분이 되었습니다.

자신이 가지고 있는 재능을 버리지 않는 한 광야훈련은 종료되지 않습니다. 자신을 비우지 않는 한 하나님으로 채워지지 않습니다. 하지만 모세는 자신을 비웠습니다. "이 사람 모세는 온유함이 지면의 모든 사람보다 더하더라"(민 12:3). 모세는 하나님으로 채워져서 온유함이 뛰어나 하나님과 대면해도 죽지 않는 사람이 되었습니다.

둘째, 기다림의 훈련과정입니다. 우리는 참으로 조급합니다. 그러나 하나님은 전혀 급하시지 않습니다. 범사에 때와 기한이 있다고 전도서는 말씀하시는 이유가 거기에 있습니다. 우리가 볼 때는 늦었다고 생각하는 데 하나님에게는 늦지 않습니다. 그래서 하나님의 시간, 하나님의 때를 기다리는 훈련이 필요합니다. 모세는 이 광야에서 40년을 기다려야 했습니다.

하나님의 역사에서 위대하게 쓰임을 받은 사람들은 한 결 같이 오랫동안 준비하는 과정을 거쳤습니다. 이스라엘 백성들이 그들의 간역자로 인하여 부르짖는 소리가 극에 달해 있는데도 하나님은 급하게 서둘지를 않으셨습니다. 하나님의 때에 합당한 사람으로 사용하시기 위해 40년이라는 긴 시간을 기다리게 하신 것입니다. 뿐만 아니라 이 기간 동안 모세는 엄청나게 온유한 사람이 되었습니다. 하나님과 대면해도 죽지 않는 사람이 되었습니다. 민수기 12장 3절에 보면 "이 사람 모세는 온유함이 지면의 모든 사람보다 승하더라"고 했습니다. 40년 동안 목이 곧은 이스라엘 백성들의 모든 불평과 원망을 다 받아주면서 말씀으로 이끌 수 있는 온유함을 하나님의 광야학교에서 배운 것입니다.

셋째, 고독을 통하여 보이지 않지만 살아계신 하나님만을 의지하는 훈련을 배우는 과정입니다. 광야는 외로운 곳입니다. 광야는 사람이 살아갈 수 없는 사막과 같았습니다. 어느 누구도 함께 해 주지 않는 고독과의 싸움이요, 아무 것도 먹을 것을 마련할 수 없는 굶주림과의 싸움에서 이겨야 했습니다. 광야에서는 산다는 것은 100% 하나님과의 의존관계에 있어야 했습니다. 하나님이 살려주면 사는 것이요, 하나님이 생명을 거두어가면 갈 수밖에 없었습니다. 자신의 능력은 내려놓고, 하나님만을 신뢰하는 것이었습니다. 나 스스로의 힘으로 살겠다는 것이 아니라, 하나님에게 모든 것을 맡기고, 살려주시면 나올 것이요, 생명을 받으시면 드리겠다는 각오입니다.

이러한 광야는 사람을 낮아지게 만듭니다. 하나님만 바라보게 만듭니다. 광야, 광야는 도움이 될 만한 것이 별로 보이지 않는 곳입니다. 오직 하늘 밖에 쳐다볼 곳이 없는 곳이 광야입니다. 이스라엘이 광야에서 40년을 지냈을 때, 그들은 변변한 무기도 없었고, 단 이틀 치의 군량미도 비축하지 못한, 형편없어 보이는 군대였지만 난공불락의 요새 여리고를 무너뜨린 최강의 군대가 되었습니다. 왜냐하면 그들은 철저히 하나님을 순종하는 법을 배우고 믿음과 용기로 나아갔기 때문입니다.

홀로 있는 시간을 통하여 하나님께 집중하는 것입니다. 하나님께 집중하다가 보니 하나님으로 충만하게 채워지는 것입니다. 혼자 있기를 무서워하는 우리의 마음이 우리를 소음과 군중 속으로 몰아넣습니다. 고독은 내적 공허입니다. 홀로 있기는 내적 충만입니다. 홀로 있다는 것은 장소라기보다는 마음과 정신의 상태를 의미합니다. 우리는 어느 때든지 마음의 홀로 있기를 할 수 있습니다. 내적 홀로 있기는 외적으로 나타납니다. 내적 홀로 있기에는 혼자 있을 수 있는 자유가 있습니다. 그것은 사람들에게서 떠나 있기 위함이 아니라, 하나님의 세미한 음성을 보다 더 잘 듣기 위함입니다. 홀로 있기가 없이 친교를 원하는 사람은 공허한 말과 감정에 빠집니다. 그리고 친교 없이 홀로 있기를 추구하는 사람은 공허한 깊은 수렁과 자기도취와 절망에 빠집니다. 고요함이 없으면 홀로 있기도 없습니다.

고요함은 때때로 말이 없는 것과 연관되지만 듣는 행위와는 항상 연관이 됩니다. 하나님의 음성을 듣는 마음 없이 단순히 말을 금한다는 것은 고요함이 아닙니다. 훈련된 사람은 필요한 일을 필요할 때에 할 수 있는 사람입니다. 만약 내가 어떤 잘못을 저지른 후에 당신이 그 사실을 알고 있다고 느끼면, 나는 당신이 나의 행동을 이해해 주도록 만들려는 유혹을 받게 됩니다. 고요함이 그와 같은 유혹을 방지합니다. 그러므로 고요함은 성령의 가장 심오한 훈련 가운데 하나입니다. "마음의 홀로 있기"에 대하여 경건하게 말하는 것만으로는 족하지 않습니다. 만약 마음의 홀로 있기가 우리의 체험에서 실제로 이루어지지 않는다면 우리는 그 훈련의 목적을 잊고 있는 사람들입니다. 우리는 마음의 상태뿐만 아니라 행동도 다루고 있습니다.

당신은 하나님 앞에서 고요하게 홀로 있는 그 자리에 들어가기를 열망하는 감정을 느끼지 않습니까? 당신은 무엇인가 보다 더 나은 것을 갈망하지 않습니까? 당신의 모든 호흡이 하나님의 임재를 보다 더 깊이 보다 더 온전히 느끼기를 갈망하지 않습니까? 그 문을 열어주는 것이 바로 홀로 있기의 훈련입니다. 당신은 홀로 있기에 얼마든지 들어갈 수 있고 "하나님께서 그의 기이하고 놀랍고 부드럽고 너그러운 고요함 속에서 하시는 말씀을 들을 수 있습니다" 모세는 광야 40년 동안 홀로 있는 시간을 통하여 하나님을 찾게 되고 하나님의 영으로 충만하게 채워진 것입니다.

넷째, 광야는 인생의 모든 불편함과 어려움을 감당하는 인내 훈련의 과정입니다. 광야는 참으로 불편한 곳입니다. 그리고 무엇을 먹을까, 마실까를 염려해야 하는 것입니다. 농사를 지을 수도 없습니다. 이미 주어진 것에서 먹을 것을 찾아야 합니다. 그러한 곳에서 생존할 수 있는 자만이 살아남는 자입니다. 하나님과 대면하는 지도자가 될 수 있습니다. 어떠한 어려움과 힘든 일이 있어도 포기하지 않고 인내로 하나님의 뜻을 이룰 수가 있는 것입니다. 책을 읽는 분 중에 지금 광야와 같은 형편에 처해 있는 분이 있습니까? 메마르고 거친 길을 걷고 있습니까? 아무도 도와주지 못할 어려움에 처해 있습니까? 두려워하지 마십시오. 광야는 불편하고 고통스럽지만, 죽을 곳은 아닙니다. 지금 이곳이 하나님을 만날 때요, 놀라운 하나님의 은혜를 체험할 때입니다. 믿음과 용기로 하나님께 나아가십시오. 하나님과 깊은 대화를 나누십시오. 하나님께서 만나 주실 것입니다. 오늘도 우리에게 주시는 광야시험, 광야훈련을 기쁘게, 즐겁게 감당하는 우리들이 되시기를 축복합니다. 이 원리는 지금 우리에게도 마찬가지로 적용이 됩니다. 이제 우리들은 자신이 원하든 원치 않던 간에 하나님이 필요하시면 지도자로 세우실 수 있다는 사실과 우리 자신이 인식을 하든 못하든 우리 안에 하나님과 대면하는 지도자가 될 잠재력이 있다는 사실을 깨달아야 합니다.

2부 신의 세계에는 이런 신들로 어우러져 있다.

6장 성도 통해 통치하시는 삼위 하나님이 계신다.

삼위일체 하나님을 깨달아 알고 믿어야 신적인 세계를 바로 알아 구원을 받을 수가 있습니다. 치유되고 변화를 경험할 수가 있습니다. 삼위일체 하나님의 신비한 비밀을 깨닫는 것은 성령으로 밖에 될 수가 없습니다. 인간적인 지식이나 상식으로는 삼위일체 하나님의 신비를 이해할 사람이 없습니다. 구원을 이루려면 삼위일체 하나님을 인정해야 됩니다. 삼위일체 하나님을 인정하지 않고 "유일신론과 삼신론이 혼용"하면 진정한 구원을 이룰 수가 없습니다. 일부 목사님들과 장로님들이 기독교의 신관은 유일신론이라고 하는가 하면, 성령을 야훼 하나님이나 예수 그리스도보다 더 능력이 있는 것처럼 가르치고 있는 경우가 있습니다. 기독교는 유일신론이 아닙니다. 하지만 기독교인들의 대부분은 "기독교는 삼위일체론을 믿는다"고 여기기보다는 기독교는 유일신론이라고 생각하는 경우가 많습니다. 때론 서적과 교과서에서 기독교가 유일신론이라고 가르치는 경우도 있습니다. 기독교가 왜 유일신론이 아닌 삼위일체론으로 말해야 되는지에 대해 설명하겠습니다. "진짜 유일신을 주장하는 종교는 유대교와 이슬람과 여호와증인이며 기독교는 삼위일체론이라 말해야 올바른 것"입니다.

우리가 보통 말하기를 기독교는 유일신을 믿는 종교라고 합니다. 그러나 보통 일반적으로 목사들이 그렇게 말하면 통하지만,

영적으로 깨달은 목회자나 신학자들이 말할 때는 기독교는 유일신론이 아닌 삼위일체론이라고 말해주어야 합니다. 유일신론은 유대교에서 말한 야훼의 하나님이며, 유대교는 예수님을 신이라고 말하지 않습니다. 이슬람교 또한 예수님은 신이 아닌 선지자라고 말입니다. 여호와 증인 역시 파수대에 예수님을 거명하지 않습니다. 그러한 까닭에 진짜 유일신을 주장하는 종교는 유대교와 이슬람과 여호와증인입니다.

　기독교는 유일신론이 절대로 아닙니다. 삼위일체론이라 말해야 올바르게 말하는 것입니다. 기독교는 예수님을 하나님으로, 성령을 하나님으로 믿습니다. 하나님의 하나님, 그리스도의 하나님, 성령의 하나님입니다. 또한 세 분은 세 영이 아닌, 세 위의 하나님입니다. 합하면 삼위일체의 하나님입니다. 세분의 능력과 권능이 동일하십니다. 이것이 정확한 설명입니다. 기독교는 삼위일체론을 믿는 신앙이라고 말해야 옳습니다. 삼위일체론을 인정하고 삼위일체 하나님을 적용해야 능력 있는 삶을 살아갈 수가 있습니다. 왜냐하면 능력은 자신 안에 주인으로 계시는 성령하나님으로부터 나오기 때문입니다. 예수님을 하나님으로 성령하나님을 하나님으로 인정하지 않으면 능력의 실체가 없는 것입니다. 그래서 유신론이나 삼신론을 주장하는 목사나 성도는 참다운 능력을 추구하지 못하고 받지도 못하는 것입니다. 설령 능력이 있다고 하더라도 능력의 출처가 의심스러운 사단이나 자신의 능력입니다.

　삼위일체 교리는 인간의 이성과 오감을 뛰어넘는 것입니다. 너무나 신비한 것입니다. 삼위일체 하나님의 교리는 고린도서에 있는 것처럼 인간의 지혜로는 하나님을 알 수 없기 때문에 머리로서 이해하는 것이 아니라, 성경이 말씀하시는 대로 성령님의 조명을 받아 믿음으로 수용해야 할 것입니다. 삼위일체에 관해서는 두 가지 기본적인 자세가 필요합니다. 성경을 자세히 살피겠다는 성경에 대한 우리의 자세와 다른 하나는 내 마음에 주시는 성령의 은혜의 깨달음에 대해서 민감하겠다는 이 두 가지를 가지고 있으면 좋겠습니다.

우선, 성경이 말하는 삼위일체에 대해서 정의를 말씀 드리겠습니다. 삼위일체에 관해서는 유일하신 하나님 한 분이신데 삼위입니다. 일체의 일체라는 것을 너무 육신적인 형상으로 생각하시지 마십시오. 삼위라는 말은 어려운 용어인데, 세 인격입니다. 세 인격인데 한 하나님이십니다. 인격은 지-정-의를 가지고 있는 독립된 인격입니다.

삼위일체에 대한 정의를 보면 성부 하나님과 성자 예수님과 성령 하나님은 구별된 세 인격(person)으로 영원부터 영원까지 '동시에 존재'하시고 '상호 내주'하십니다. 아버지와 아들과 성령으로 구분되어지나 결코 분리되지 않으십니다. 삼위일체 하나님이란 분리할 수 없는 동일본질 안에 3개의 구별된 위격 인격이 함께 영원히, 함께 동등하게, 함께 본질적으로 존재하심을 의미합니다.

동일본질이라는 말이 원어로 호모우시온이라고 되어 있습니다. 호모라는 말은 본질적으로, 우시아란 말은 본질로 합성어가 될 때 우시온으로 되어 호모우시온이라는 동일본질이라는 말입니다. 이 동일 본질 속에서 함께 영원히, 함께 동등하게, 함께 본질적으로 계시면서 서로 구분되고 서로 구별되시지만 분리되지 않습니다.

　이 내용에 대해서 성경으로 증명하겠습니다. 창세기 1장에 보면 1절부터 하나님이 복합적으로 나와 있습니다. 성부 하나님만 나온 것이 아니라, 복합적으로 나와 있고, 요한계시록 22장 마지막 부분에도 성부와 성자와 성령 하나님께서 축복하시는 것으로 나와 있습니다. 창세기 1장에 보면 태초의 하나님은 복수형입니다. 창세기 1장 26절에 보면 복수형의 하나님을 좀 더 자세히 설명합니다.

　우리의 모양대로 우리의 형상을 따라 우리가 사람을 만들고… 창세기 1장 27절에 하나님께서 사람을 창조하시되 하나님의 형상대로… 하나님께서 자기의 형상대로 창조하셨습니다. 창세기 1장에서 삼위의 하나님으로, 복수의 하나님으로 함께 동역하는 하나님으로 나와 있습니다. 창세기 3장 22절에 보면 '우리 중 하나'라고 해서 삼위 하나님의 인격의 정확성을 말씀하십니다. 그 외 구약의 창세기 18장에는 예수 그리스도의 선재성, 이사야 48장에는 삼위의 인격이 드러납니다. 신약성경과 구약성경을 비해보면 삼위 하나님의 사역에 대해서 신약이 구약보다 조금 더 분명하고 두드러지게 표현되어 있습니다.

　신약에 삼위일체의 하나님이 어떻게 나타나시는지 마태복음 3장 16절, 17절에 예수님이 세례 받으실 때 삼위의 하나님이 잘 나타나있습니다. 하늘 문이 열리며 하나님 아버지가 말씀하십니다. 아들 예수 그리스도께서는 육체로 오셔서 직접 세례를 받으셨습니다. 그 다음 성령 하나님은 세례를 받으시는 동안 비둘기같이 임하시는 것입니다. 그 외 신약의 여러 군데에 있습니다. 요한복음 14장, 고린도전서 12장, 베드로전서 1장, 3장, 유다서 1장 20~21절에도 나타나 있습니다.

이제 삼위일체에 대한 잘못된 이해를 보겠습니다. 먼저 삼신론(Tre-theism)이 있습니다. 하나님이 셋이라는 것입니다. 만약에 하나님이 셋이라면 예수님께서 선포하신 "아버지와 나는 하나이시다"라는 말씀이, 요한복음 14장 9절을 보면 "나를 본 자는 아버지를 보았다. 내가 아버지 안에 아버지가 내 안에" 이 말씀이 틀리게 되는 것입니다.

두 번째는 양태론(Modalism)이란 것이 있습니다. 물이 있는데 기체로 승화하면 수증기가 되고 얼면 고체가 된다는 개념입니다. 삼위일체의 개념을 이렇게 이해하는 것이 전형적인 양태론입니다. 이것은 잘못된 것입니다. 실제로 하나인데 역할만 다르다고 하면 심각한 문제입니다.

이제 성삼위일체 하나님을 믿을 때 실제적으로 우리의 신앙생활에 어떤 식으로 접목이 되어야 하는 것입니까? 구체적으로 우리의 현장 가운데 구원사역에 있어서 삼겹줄의 은혜가 있습니다. 성삼위하나님께서 우리에게 삼위일체 되어 주신 축복이 무엇입니까?

첫째, 성부 하나님이 구원의 계획을 하셨습니다. 에베소서 1장 3~6절을 보면 아버지 하나님께서 우리를 선택하사 자기의 아들들이 되게 해주셨다는 것입니다. 하나님의 계획은 우리를 선택하신 것입니다. 하나님이 우리를 선택했다는 것은 위대한 진리가 포함되어있는 것입니다. 놀라운 일입니다. 수많은 사람 가운데 우리를 선택하신 것입니다.

성부 하나님은 우리를 구원할 계획과 뜻을 세우십니다. 에베소서 1:4~5절입니다. "곧 창세전에 그리스도 안에서 우리를 택하사 우리로 사랑 안에서 그 앞에 거룩하고 흠이 없게 하시려고 그 기쁘신 뜻대로 우리를 예정하사 예수 그리스도로 말미암아 자기의 아들들이 되게 하셨으니" 성부 하나님은 창세전에 그 기쁘신 뜻대로 우리를 구원하기로 예정하시는 일을 하셨다고 말씀합니다. 이처럼 성부 하나님은 계획하시고 뜻하십니다.

두 번째, 성자 예수그리스도는 구원을 성취하는 것입니다. 에베소서 1장 7절~12절까지 자세히 나와 있습니다. 7절 말씀은 고린도후서 5장 21절에서 이해하면 잘 확인될 것입니다. 하나님이 우리의 죄를 속량하기 위하여 예수님의 피의 값을 치르셨다는 말입니다. 성자 하나님은 무엇을 하셨습니까? 성부 하나님의 계획과 뜻에 순종하여 우리를 구원하는 일을 하셨습니다. 즉 하나님이신 예수님께서 우리와 같은 인간이 되어 이 세상에 오셨고, 우리의 죄를 대신하여 아무 죄가 없음에도 십자가에서 죽으셨습니다. 이처럼 예수님이 이 세상에 오셔서 하신 모든 일은 성부 하나님의 뜻과 계획 가운데 있는 일이었습니다. 요한복음 17:4절에 보면 "아버지께서 내게 하라고 주신 일을 내가 이루어 아버지를 이 세상에서 영화롭게 하였사오니"라고 말씀합니다. 예수님이 이 세상에서 하신 모든 일은 성부 하나님께서 하라고 하신 일이었습니다. 예수님은 성부 하나님의 뜻과 계획에 순종하심으로 우리를 구원하셨던 것입니다.

셋째로 성령 하나님은 모든 것을 알게 하시고 구원의 적용을 하셨습니다. 성부 하나님의 선택과 성자 예수그리스도의 피 흘리심이 성령님의 사역을 통해서 우리 속에서 적용되고 확인된다는 뜻입니다. 성령 하나님의 역할이 무엇입니까? 13절을 보면 성령이 주시는 확신 있는 믿음의 소유자가 되었다는 것입니다. 앞으로 우리가 천국가면 주님과 영원한 새 몸을 입는 것입니다. 주님과 영원히 사는 것입니다. 여러 가지 하나님의 특별한 보증과 기업을 허락해 주신 것입니다.

성령 하나님께서는 우리의 구원을 위해 무엇을 하셨습니까? 예수님께서 십자가에서 우리 대신 죽으시고 부활하심으로 우리를 구원하셨다면, 그 구원이 오늘 나에게 주어지도록 역사하는 분은 성령님입니다. 요한복음 3:5절에 보면 "예수께서 대답하시되 진실로 진실로 네게 이르노니 사람이 물과 성령으로 나지 아니하면 하나님의 나라에 들어갈 수 없느니라"고 말씀합니다. 성령으로 거듭나지 않은 자는 구원을 받을 수 없다는 말입니다.

이것은 예수님께서 우리를 위해 십자가에서 죽으셨으나, 성령님을 통해서 그 사실을 믿지 못하면 구원받지 못한다는 것입니다. 성령님이 사실로 믿게 하신다는 것입니다. 성령님이 예수님의 인격으로 변화되게 하십니다. 그러므로 우리가 구원을 받기 위해서는 반드시 성령님의 역사가 필요한데, 성령님은 예수님의 십자가 죽음과 부활이 바로 나를 위한 사건임을 깨닫도록 역사해 주십니다. 그래서 고린도전서 12:3절에 보면 이렇게 말씀합니다. "그러므로 내가 너희에게 알리노니 하나님의 영으로 말하는 자는 누구든지 예수를 저주할 자라 하지 아니하고 또 성령으로 아니하고는 누구든지 예수를 주시라 할 수 없느니라"

성령으로 아니하고는 누구든지 예수를 주시라고 할 수 없다고 말씀합니다. 즉 성령님께서 우리로 하여금 예수님을 믿고 영접하도록 역사해 주신다는 것입니다. 이처럼 성령님은 예수님께서 십자가에서 이루신 구원을 우리의 것이 되도록 만들어 주십니다. 이것을 성경은 하나님께서 성령님으로 우리에게 도장을 찍었다고 표현합니다. 에베소서 1:13절입니다. "그 안에서 너희도 진리의 말씀 곧 너희의 구원의 복음을 듣고 그 안에서 또한 믿어 약속의 성령으로 인치심을 받았으니" 성령으로 인치심, 즉 도장을 찍었다는 것입니다. 이런 이유로 구원받은 우리 안에 성령님이 계시는 것입니다. 바로 구원 받았음을 확증하는 도장의 역할을 하십니다. 성령님이 구원의 확신을 가지고 예수님의 형상으로 변화되게 하십니다. 성령님이 믿는 자들을 통하여 예수님의 능력을 나타내십니다. 목사님들이 안수를 하여 병을 고치고 성령으로 충만하게 하는 것은 목사님의 주인이신 성령님이 목사님을 통하여 역사하시는 것입니다.

그래서 목사님이 능력이 있는 것이 아니고 목사님의 주인이신 성령하나님께서 능력이 있으신 것입니다. 표현을 바르게 해야 합니다. 그렇기 때문에 삼위일체 하나님을 믿지 못하면 구원도 능력도 받을 수가 없는 것입니다. 예수님을 믿음으로 죄인인 옛사람이 죽고 다시 예수님으로 태어나 성령으로 예수님을 나타내기 때문입니다. 자신 안에 주인이신 예수님(성령하나님)이 구원을 이루게 하시고 능력으로 나타나시기 때문입니다. 목사가 능력 있는 것이 절대로 아닙니다. 목사는 예수를 믿을 때 죽었습니다. 지금 사는 것은 예수님이 사시는 것이기 때문입니다. 삼위일체 하나님을 바르게 깨달아야 성령으로 말미암은 능력을 행사 할 수가 있습니다.

이렇게 우리의 구원을 위해 삼위 하나님께서 함께 역사하여 주셨습니다. 성부 하나님은 우리를 구원하기 위한 뜻과 계획을 세우시고, 성자 하나님은 그 계획과 뜻에 따라 실제로 구원의 일을 하시고, 성령 하나님은 성자 하나님이 이루신 구원을 우리 모두에게 직접 알게 하시고 적용하여 주셨습니다. 이처럼 우리의 구원은 삼위 하나님의 역사로 말미암은 것입니다. 오늘 우리들은 하나님께서 한 분이시며, 또한 성부-성자-성령 하나님으로 계신다는 사실을 성경을 통해서 살펴보았습니다.

넷째, 형체가 각각 다릅니다. 하나님은 영이십니다. 예수님을 육체를 입고 사람의 모양으로 나타내셨습니다. 사람으로 33년간 사시다가 세상 죄를 위하여 십자가에서 죽으시고 부활하셔서 40일 동안 보이시다가 승천하셨습니다. 예수님께서 보내주신 성령은 영이십니다. 하나님은 영이시라, 한 번도 사람에게 나타내신 일이 없습니다. 그래서 이스라엘 사람들은 모세를 하나님으로 생각했던 것입니다. 보이지 않지만 살아서 역사하시는 분입니다.

예수님은 성령으로 잉태되어 사람의 몸을 입고 태어나신 분입니다. 예수님은 사람의 아들로 세상에 오신 하나님의 아들이십니다. 만물을 창조하신 전능하신 하나님이십니다. 영존하시는 하나님이 사람이 되어 아기로 탄생하신 것입니다. 예수님은 하나님이시며 동시에 사람이십니다. 이사야 9장 6절 말씀은 예수님께서 이 세상에 태어나시기 약 700년 전에 이사야 선지자를 통해서 예수 그리스도의 탄생을 예언하였습니다.

만물을 창조하신 하나님이 육신이 되어 처녀 마리아를 통하여 탄생하신 것도 기묘한 일입니다. 유대 땅 베들레헴에서 탄생하신 아기 예수는 동물들이 밥을 먹는 밥통인 구유에 누우셨습니다. 사역을 시작하시면서 자기 백성들을 사랑하셨지만 유대 지도자들에게 정죄와 버림을 당하시고 로마의 총독인 빌라도에게 사형을 선고 받은 사형수가 되셨습니다. 사형 선고를 받은 예수님은 잔인한 사형 집행도구인 십자가에 손과 발이 못 박혀서 비참한 죽임을 당하셨습니다. 그런데 그 저주의 십자가에서 피 흘려 죽임 당하신 희생을 통하여 만민의 죄를 속량하신 것입니다. 또한 죽은 자 가운데서 부활하심으로 말미암아 사망의 권세를 깨뜨리셨습니다. 그래서 십자가의 도와 전도의 미련한 방법으로 믿는 사람들을 구원하시는 것이 하나님의 기묘한 지혜와 능력입니다.

사도 요한은 예수님께서 창조주이시며 전능하신 하나님이심을 증언하고 있습니다. 요한복음 1장 1절로 3절에 "태초에 말씀이 계시니라 이 말씀이 하나님과 함께 계셨으니 이 말씀은 곧 하나님이시니라. 그가 태초에 하나님과 함께 계셨고 만물이 그로 말미암아 지은 바 되었으니 지은 것이 하나도 그가 없이는 된 것이 없느니라"고 하였습니다. 태초부터 계신 말씀이신 하나님이 만물을 창조하신 전능하신 하나님이십니다.

그런데 말씀이시며 전능하신 창조주 하나님이 육신이 되어 세상에 오셨습니다. 요한복음 1장 14절에 "말씀이 육신이 되어 우리 가운데 거하시매 우리가 그의 영광을 보니 아버지의 독생자의 영광이요 은혜와 진리가 충만하더라"고 하셨습니다. 말씀이신 하나님이 육신이 되어 우리 가운데 사셨던 분이 예수님이십니다. 사도 요한이 예수님의 영광을 보니 아버지의 독생자의 영광이었습니다. "본래 하나님을 본 사람이 없으되 아버지 품속에 있는 독생하신 하나님이 나타내셨느니라(요 1:18)" 예수님은 보이지 않는 하나님을 눈으로 볼 수 있도록 나타내셨습니다. 전능하신 하나님이 사람으로 찾아오셔서 함께 거하셨다는 것이 놀라운 은혜입니다. 예수님은 사랑 받을만한 자격이 없는 사람들에게 은혜를 베풀어주시고 참된 삶이 무엇인지 가르치시며 본을 보여주셨습니다. 예수 그리스도는 어제나 오늘이나 영원토록 동일하십니다. 예수님은 오늘도 성령으로 나와 함께 하시는 전능하신 하나님이십니다. 전능하신 예수님은 우리와 함께 하시며 우리에게 힘과 능력이 되어주십니다.

바울은 교회를 박해하다가 부활하신 예수님을 만난 이후 사람들에게 예수 그리스도를 증언하는 사역자가 되었습니다. 바울 사도는 복음을 전하다가 말할 수 없는 고난과 어려움을 당하면서도 "내게 능력주시는 자 안에서 내가 모든 것을 할 수 있다"고 담대하게 말했습니다. 우리가 믿는 예수님은 전능하신 하나님이십니다. 그러므로 내게 능력 주시는 예수님을 믿고 담대하게 살아가시기를 바랍니다.

성령하나님은 예수를 믿는 사람들을 통하여 자신을 나타내시는 영이십니다. 성령하나님은 하나님과 예수님을 알게 하시며 나타내시는 분입니다. 구원을 이루도록 역사하십니다. 예수님의 형상으로 바뀌도록 믿는 자 안에서 역사하십니다. 예수님의 권능을 나타내시어 믿는 자들을 귀신으로부터 자유 함을 얻도록 하십니다. 예수님을 믿는 자들은 성령으로 충만 받아야 합니다. 성령으로 충만하면 잠재의식의 상처가 치유되고 이성과 육체에 역사하던 귀신들이 떠나가니 자유하게 되는 것입니다.

다섯째, 그렇지만 하나입니다. "하나님의 삼위일체교리"가 신비한 것은 세 분 하나님은 독립된 별개의 형태로 존재하시지만 "나와 아버지는 하나이니라"(요한복음10:30)라고 또한 증거 하십니다. 이같이 '삼위일체'는 참으로 신비한 영역이라 볼 수밖에 없는 것입니다. "하나님이 가라사대 우리의 형상을 따라 우리의 모양대로 우리가 사람을 만들고…"(창세기1:26)에서 보듯 "우리의 형상"을 복수형으로 표기하고 있습니다. 이는 곧 삼위일체 하나님을 계시하고 있는 것으로 '삼위일체'의 전제조건은 곧 '화목'인 것입니다. '삼위일체'란 완벽한 화목적 단일체를 의미합니다.

하나님은 형상이나 모양이 없습니다. 그런데 인간을 하나님의 형상, 모양대로 만들었다는 것은 무슨 뜻일까요? 이는 하나님과 화목할 수 있게 인간을 창조하셨다는 의미입니다. 그렇다면 과연 인간들과의 관계성에서 하나님이 원하는 화목이 가능할까요? 이것은 책을 읽는 분의 상상에 맡기겠습니다.

또, 실제적으로 우리 삶에 성삼위 하나님께서 어떻게 역사하십니까? 웨인 그루뎀이라는 트리니티 신학교의 조직신학 교수는 삼위 하나님이 우리의 실생활에 영향을 끼치는데 특별히 두 부분이라고 했습니다. 하나는 결혼생활에 있어서, 또 하나는 교회생활에 있어서 신비한 연합과 일치가 여기에 나타난다고 말했습니다. 인격이 서로 다른 부부가 결혼했습니다. 배경이 다르니 서로 갈등구조가 심각합니다. 그런데 성삼위 하나님의 신비와 신앙의 신비가 깊이 들어가게 되면 그리스도와 교회가 연합된 것처럼 남편과 아내가 성령 안에서 연합되는 것입니다. 서로 다른 몸이지만 연합이 되는 것입니다.

엄청난 신비가 여기에 담겨있습니다. 예수님을 잘 믿고 신앙생활을 잘 하고, 신적인 세계에 눈이 열리면 부부의 삶이 굉장히 인격적이고 영적으로 깊어지는 것입니다. 교회생활도 마찬가지입니다. 수많은 교우들이 지체로서 다 다른 기능이고 다릅니다. 다름에도 불구하고 이 말씀을 듣고 성령 안에서 하나 되고 영적으로 하나로 소통되기 시작합니다. 이런 은혜가 있을 때 우리 교우들끼리 신앙 안에서 동지가 되는 것입니다. 우리가 서로 성령 안에서 한 식구가 되었다는 사실을 기억하고 성삼위 하나님의 신비에 온 교회가 젖어 들기를 소망합니다.

　결론적으로 삼위일체 하나님을 바르고 정확하게 인식하지 못하고 믿지 못한다면 구원도 불확실할 수가 있습니다. 목회자라면 입하고 말만 살아있는 사람이 될 소지가 다분하게 있습니다. 더군다나 치유는 상상할 수가 없는 것입니다. 매일 빠짐없이 치유 센터에서 다닌다고 할지라도 근본적인 치유가 불가능합니다. 능력 있는 신앙생활도 할 수가 없을 것입니다. 귀신을 축귀하는 것도 불가능합니다. 귀신을 축사한다고 하더라고 자신이 직접 성령의 권능으로 하지 못하고 다른 사람을 의지하여 축귀를 받으려고 하기 때문에 죽을 때까지 자신 안에 역사하는 귀신을 축귀하지 못할 수도 있습니다. 이유는 성부하나님은 계획하시고 성자하나님은 사람의 몸을 입고 오셔서 성부하나님이 계획한 구원을 이루시고, 하늘나라 천국을 실제적으로 만드셨습니다. 이제 이것을 알게 하시는 분은 성령하나님이시고 이것을 믿는 자를 통하여 이루어지게 하시기 때문입니다. 모두가 삼위일체 하나님께서 일체(하나)가 되어 하시는 역사이기 때문입니다.

　충만한교회에서는 매주 월화금토요일(10:00-12:00)특별 깊은 기도 집중치유집회 시간이 있습니다. 대상자는 귀신에게 고통 당하는 분/가슴이 답답하고 기도하기가 힘이 드는 분/ 생업과 목회로 영육의 탈진에 빠져서 고통당하시는 분/ 축복과 영의 통로를 뚫고 싶은 분/ 성령의 불세례를 체험하고 싶은 분/ 최단기간에 성령치유 능력 받고 싶은 분이 참석하시면 기적적인 영육의 치유와 능력을 받습니다. 반드시 1주전에 전화하시고 예약해야 합니다.

7장 타락한 천사 사단 마귀 귀신 귀신이 있다.

요한일서 5장 19절에는 "또 아는 것은 우리는 하나님께 속하고 온 세상은 악한 자 안에 처한 것이며" 이라고 분명히 말씀하고 있습니다. 다시 말하면 온 세상은 마귀 귀신들의 지배하에 놓여 있는데, 믿는 우리들은 하나님께 속하고 하나님의 다스림 아래에 놓여 있다는 것입니다. 우리가 거대한 공기의 바다 안에 살 듯 물고기가 물속에 사는 것처럼, 우리는 신적인 공기에 둘러싸여 있습니다. 신적인 바다에 둘러싸여서 살고 있습니다. 즉 신적인 세계에 둘러 싸여 살고 있다는 말입니다. 신적인 세계는 우리들의 마음 안에서도 역사하고 있다는 것을 알고 대처해야 되는 것입니다.

우리가 예수님을 믿기 전에는 마귀 귀신의 바다 속에 살고 있었습니다. 우리가 예수님을 믿자, 하나님은 우리를 흑암의 권세에서 건져내사, 그 사랑의 아들 나라로 옮겨주셨습니다. 우리 속에서 마귀 귀신이 쫓겨 나가고, 천국과 성령이 들어와서 우리를 점령하게 되었습니다. 세상은 마귀 귀신들이 우리를 압박하고 도적질하고 죽이고 멸망시키려고 늘 노리고 있는데, 우리 속에서 마귀와 귀신이 쫓겨 나갔으니깐 이제는 우리와 원수가 된 것입니다.

그때로부터 시작하여 우리는 영적전쟁 상태 속에 들어가게 되는 것입니다. 마귀 귀신은 우리를 도로 점령하려고 하고, 우리는 마귀 귀신을 내어 쫓고 마귀 귀신이 점령하고 있는 이 세상에서 하늘나라를 확장하려고 하고, 이러므로 끊임없는 마귀 귀신과 우리와의 투쟁이 시작된 것입니다. 그러므로 주님을 믿는 사람들은 귀신이 들끓는 세상에서 살고 있으므로 신적인 세계에 대하여 바르게 알고 성령으로 충만한 가운데 하나님이 주신 권세를 가지고 하나님의 나라 확장을 위하여 귀신을 대적하며 귀신을 쫓아내고 세상을 장악하는 삶을 살아야 마음속에 참된 의와 평안과 기쁨을 가지고 살 수 있는 것입니다.

첫째, 악귀 귀신의 출처는 이렇다. 이 흑암의 세력은 하나의 거대한 신적인 나라를 구성하고 있습니다. 사탄이 제일 우두머리고 그 밑에 타락한 천사들이 있고 그 밑에 귀신들이 있었습니다. 그래서 그들은 이런 조직을 가지고 하나님의 백성을 무시해서 사람들을 도적질하고 죽이고 멸망시킨 일을 하려고 합니다. 원래 이 사탄은 처음부터 마귀 귀신은 아니었습니다. 처음에는 하나님의 피조물로서 가장 아름다운 천사 장이었습니다. 그러나 그가 교만해져서 피조물인 사탄이 하나님이 되려고 하다가 버림을 받은 것입니다.

이사야서 14장 12절에서 15절에 보면 "너 아침의 아들 계명성이여 어찌 그리 하늘에서 떨어졌으며 너 열국을 엎은 자여 어찌 그리 땅에 찍혔는고 네가 네 마음에 이르기를 내가 하늘에 올라 하나님의 뭇 별 위에 내 자리를 높이리라 내가 북극 집회의 산 위에 앉으리라. 가장 높은 구름에 올라가 지극히 높은 이와 같아지리라 하는도다. 그러나 이제 네가 스올 곧 구덩이 맨 밑에 떨어짐을 당하리로다." 이와 같이 원래 마귀 귀신은 루시퍼로써 계명성으로 아름다운 천사로 하나님을 경배하게 만들어 놓았는데 그가 마음에 교만이 들어와서 지음을 받은 존재가 지은 자처럼 되려고 하나님 앞에 대결했습니다. 그 결과로 그는 하나님께로부터 내어 쫓김을 받았습니다. 부패하고 더럽고 반역한 사탄이 되고 만 것입니다.

그런데 이 사탄이 타락할 때 자기 밑에 있던 천사 삼분의 일이 거느리고 같이 타락했습니다. 요한계시록 12장 3절에서 4절을 보면 "하늘에 또 다른 이적이 보이니 보라 한 큰 붉은 용이 있어 머리가 일곱이요 뿔이 열이라 그 여러 머리에 일곱 왕관이 있는데 그 꼬리가 하늘의 별 삼분의 일을 끌어다가 땅에 던지더라. 용이 해산하려는 여자 앞에서 그가 해산하면 그 아이를 삼키고자 하더니" 여기 별들은 천사들을 상징합니다.

하늘에 별 삼분의 일을 끌어다가 땅으로 타락시켰습니다. 이것은 원수마귀가 타락할 때 하늘에 별 삼분의 일을 함께 데리고 공모해서 하나님께 반역한 것입니다. 그리고 그 밑에서 최하의 자리에 마귀의 군사로써 존재가 바로 귀신들이었습니다. 귀신은 어디서 생겨났는지 근원은 성경에 말하고 있지 않습니다만 사탄을 최정점으로 하고, 그리고 그 밑에 타락한 천사들이 있고 그 밑에 최하의 병사들이 있었습니다. 이 귀신들이 나가서 이 세상을 고통스럽게 만드는 것입니다. 이들이 이 세상 마지막 날까지 크리스천들을 공격하다가 예수님께서 재림하시면 무저갱에 들어가 갇히게 됩니다. 그러므로 크리스천은 천국에 갈 때까지 성령의 인도와 지배를 받으며 자신의 영적-정신적-육체를 관리해야 합니다.

둘째, 마귀 귀신 귀신의 존재는 이렇다. 피와 살이 없는 영적 존재이며 인간의 육안으로 보이지 않습니다. 그러나 보이지 않지만 분명하게 살아있는 존재입니다. 많은 성도들이 전설의 고향에 나오는 귀신같이 머리 흐트러트리고 으흐흐하고 나타는 것으로 인식하고 있어 귀신이 어디에 있느냐고 그러는 사람이 있는데 귀신은 그런 존재가 아닙니다. 지성, 의지, 감정을 가진 인격적 존재입니다. 그리고 피와 살이 없는 인격적인 존재입니다. 그러므로 마귀 귀신는 같은 인격적 존재인 사람을 좋아합니다. 그래서 그 사람의 인격을 마귀 귀신의 인격으로 바꾸어 가는 것입니다. 자기의 성품을 그 사람에게 뿌려줍니다. 그래서 혈기 마귀 귀신이 들어오면 혈기가 많은 사람이 되는 것입니다. 그래서 성격 중에는 자신의 것이 아닌 귀신이 뿌려준 것이 있다는 것을 명심해야 합니다. 악한 영은 크리스천이라도 공격하지만, 크리스천의 영에는 침범하지 못합니다. 크리스천의 영에는 하나님의 영이 들어와 계시기 때문입니다. 그러나 마음, 감정, 의지(혼)와 육은 공격할 수 있습니다. 그러나 불신자의 경우 악한 영은 그들의 영에까지 침입하여 단단히 장악할 수 있습니다.

셋째, 마귀 귀신 귀신의 속성은 이렇다. 마귀 귀신은 도덕적으로 타락한 악한 존재이며, 세상과 인간을 타락시키기 위하여 존재하며, 하나님의 일을 방해하는 것을 최고의 목적으로, 서로 연합하여 활동하는 존재로, 악한 영, 더러운 영으로 불립니다. "뱀이 그 간계로 하와를 미혹한 것 같이 너희 마음이 그리스도를 향하는 진실함과 깨끗함에서 떠나 부패할까 두려워하노라(고후11:3)" 마귀 귀신, 뱀의 연합작전으로 나의 마음이 부패되지 않게 하시기를 바랍니다. 성령으로 충만하여 마귀 귀신을 대적함으로 하나님을 향하는 진실함과 순결함, 순수함을 회복하세요. 성령 충만을 유지하세요. 이러한 자세 속에서 마귀 귀신을 대적할 수 있는 권능이 흘러나옵니다. 마음이 복잡해지고, 부패되지 않게 하세요.

냉장고속의 음식이 상하는 것보다 하나님을 향한 내 마음이 상하는 것에 더 관심을 가져야 합니다. 더 가슴 아파해야 합니다. 믿음이 떨어지지 않게 하는 것이 바로 영적 전쟁입니다. 세상과 나는 간 곳이 없어지고 나를 구속한 예수만이 주인으로 나타나는 상태가 유지되어야 합니다. 이러한 믿음이 떨어지는 것이 내가 죽는 것입니다. 내 안을 주님으로 가득 채우세요. 그렇지 못하는 것이 마음이 부패되는 것입니다. 그러면 가차 없이 귀신이 침입하는 것입니다. 마귀 귀신의 특성은 거짓말, 속임, 기만입니다. 우리가 가지고 있는 대부분의 부정적 생각, 가치관은 마귀 귀신가 씨를 뿌린 것들입니다. 마귀 귀신은 사람들이 하나님과 자기 자신과 다른 사람들을 부정적으로 판단하고 정죄 하도록 합니다. 마귀 귀신은 사람들이 부정적인 사고방식에 젖어서 증오와 비난과 죄의식 속에서 허우적거리게 만듭니다.

"너희는 너희 아비 마귀 귀신에게서 났으니 너희 아비의 욕심대로 너희도 행하고자 하느니라 그는 처음부터 살인한 자요 진리가 그 속에 없으므로 진리에 서지 못하고 거짓을 말할 때마다 제 것으로 말하나니 이는 그가 거짓말쟁이요 거짓의 아비가 되었음이라(요8:44)" 습관적으로 긍정적인 것, 진실, 진리를 말하려고 하시기를 바랍니다. 언어의 습관에서 거짓말을 하게 하는 악한 세력을 대적하여 물리치시기를 바랍니다. 기도를 통한 영적 치유와 자신의 노력을 통한 습관의 형성이 필요합니다. 마귀 귀신은 타락한 영적 존재이므로 자신을 인간에게 접촉하여 그 사람을 타락시켜서 자신의 도구로 사용하기를 원합니다. 영은 영적 존재와 교제, 교류가 가능하기 때문입니다. 영적 존재에는 완전한 영적 존재인 하나님, 천사, 마귀와 육체를 지닌 영적 존재인 인간이 있습니다. 하나님, 천사는 같은 영적 존재이므로 마귀 귀신의 존재를 볼 수 있고, 특성을 알고 있어서 접근하지 못하지만, 그러나 인간은 영적 존재이나 육체적인 본능에 의한 삶을 살고 있기 때문에 마귀 귀신의 접근과 미혹이 가능합니다. 짐승은 인격적인 존재가 아니므로 마귀 귀신이 조정할 수가 없습니다. 지정의를 사용하여 악을 퍼뜨릴 수가 없습니다. 그러므로 마귀 귀신은 사람들을 공격하는 것입니다.

   마귀 귀신은 사람들이 충동적이 되도록 부추김으로 마약중독, 알코올중독, 담배중독, 과식증, 거식증, 성문란, 노름, 물질주의, 경쟁의식, 지배욕, 또는 지나치게 공부하는 것, 좋은 옷을 입는 것, 종교적인 것, 교리적인 것, 성취욕 등에 사로잡히게 합니다. 마귀 귀신은 인간의 영을 미혹하여 하나님대신 예배의 대상이 되려고 기를 씁니다. 인간은 영적 존재임으로 하나님을 찾는 예배 적 본능이 있기 때문에 하나님을 섬기지 않으면 마귀 귀신의 대용물인 우상을 숭배하게 됩니다. 마귀 귀신은 자신들이 지니고 있는 초능력을 이용하여 사람들로 하여금 귀신들리게 함으로써 마귀 귀신의 이와 같은 목적을 이룰 수가 있습니다. 마귀 귀신에게 들리게 되면 영적으로 무지한 사람들에게 마치 하나님의 능력과 같이 보이는 초인간적 힘을 발휘하게 됩니다. 사단은 자기를 신으로 섬기기를 요구하며, 무조건 맹종해 줄 것을 바랍니다. 사단은 또한 육체적 고통을 인간들에게 부과하든지 거짓된 약속을 하든지 두려운 공갈로 인간을 협박합니다. 이와 같이 되어 우상 숭배와 미신이 사회관습과 어울려지게 되는 것입니다. 귀신의 활동의 대부분은 종교라는 탈을 쓰고 나타나며, 우상숭배와 도덕, 윤리적 타락은 함께 기원합니다. 술, 담배, 마약 등의 중독성 악습은 모두 귀신숭배의 부산물이며, 동성연애, 간음, 강간, 살인 등의 윤리적 타락의 근원이 됩니다. 인간은 영적이기에 다른 영적 대상을 섬길 때, 그 존재의 특성을 닮게 됩니다. 마귀 귀신은 하나님이 기뻐하시는 일은 무엇이든지 싫어합니다. 그들은 인간에게 강한 질투심을 가지고 있으며 특히 하나님의 자녀가 된 크리스천에게는 더한 질투심을 지니고 있습니다. 그러므로 그들은 하나님을 섬기는 성도와 교회를 공격하여 하나님과의 관계를 끊으려는 목적으로 활동합니다. 마귀 귀신은 우리들 속에 있는 하나님의 형상을 미워하고 있습니다. 그는 바로 우리들이 지니고 있는 인간성을 미워하는 것입니다. 하나님의 아들이 바로 이 인간성을 입고 세상에 왔던 것입니다. 마귀 귀신은 특별히 우리에게 있는 하나님 닮은 성품을 주요 공격목표로 삼는 것입니다. 마귀 귀신는 하나님의 영광을 증오합니다. 그런데 우리들은 이 하나님의 영광으로 말미암아 영원한 행복에 도달할 수 있도록 창조되었습니다. 마귀 귀신은 우리가 우리 속에 있는 하나님의 영광을 잊고 벌레 같은 존재로 여기도록 부추깁니다. 마귀 귀신은 벌레 신학의 저자이기도 합니다. 마귀 귀신는 인간의 몸을 안식처로 삼습니다. 악한 영들이 인간의 몸을 선호하는 이유는 인간이 영적 존재이며, 자신들의 영향을 잘 받으며, 자기들이 쉴 수 있는 곳이며, 더 나아가서는 전인격을 소유할 수 있기 때문입니다. 마귀 귀신은 인간을 잘못되게 하는 일이라면 가리지 않고 앞장서서 행합니다. 사람들을 괴롭히는 것이야말로 이 세상에서 광범위하게 활동하고 있는 악한 영들의 주된 업무입니다. 마귀 귀신의 주된 관심은 사람들, 특히 크리스천의 삶을 파괴시키는 것입니다.

마귀 귀신은 자신이 세상을 지배하는데 있어서 위협이 된다고 생각되는 것은 무조건 파괴시키고 잘못되게 하려고 혈안이 되어 있습니다. 사람들의 마음속에 견고한 진을 쌓거나(고후10:4), 기독교 사역을 공격할 뿐 아니라, 교묘히 기독교 교리에 침투해 들어가며(딤전4:1), 사람들의 건강(눅13:11)과 날씨에까지도 영향을 미칩니다(눅8:22-25).

넷째, 귀신은 여러 가지 종류가 있다.

1)성경에 보면 더러운 귀신이 있습니다. 이 더러운 귀신은 사람들에게 붙어서 더러운 생각, 더러운 말, 더러운 행동을 하게 하는

것입니다.

2)그 다음에는 악한 귀신이 있습니다. 이악한 귀신은 분열과 분쟁을 가져옵니다. 고통을 가져오는 것입니다. 악한 귀신이 찾아오면 부부간에 분열되고, 가정이 파괴되고, 교회가 분열되고, 사업장이 분열되고, 사회가 분열되어 고통을 가져오는 것입니다. 이악한 귀신을 우리가 내어 쫓지 않으면 분열을 막을 도리가 없고 고통을 막을 도리가 없는 것입니다.

3)그 다음 종교적인 미혹의 영이 있습니다. 여러 가지 종교를 가지고 와서 참 하나님을 믿지 못하게 하고 참 구주되신 예수님을 믿지 못하게 하는 것입니다. 미혹의 영이 와서 여러 가지 우상과 자신을 섬기게 만드는 그런 영이 있습니다. 거짓말을 하는 영이 있어 사람들에게 여러 가지 거짓말로써 깨어서 진리를 쫓지 않게 하고 거짓에 속아 살다가 파멸되게 만드는 것입니다.

4)점치는 귀신이 있어서 사람들에게 불안하니까 내일을 알려준다고 말미암아 그 귀신에게 잡혀서 참으로 우리에게 구원을 주시는 하나님을 믿지 못하게 하고 그리스도를 따라가지 못하게 하고 있습니다.

5)병들게 하는 귀신이 있습니다. 이것은 여러 가지 병균을 가지고 와서 사람들에게 침투해 와서 사람들을 병들게 하고 고통을 주는 것입니다. 특별하게 가계에 유전되는 유전 병이 그런 것입니다. 혈통에 역사하는 귀신이 대대로 역사하여 같은 병으로 세상을 하직하게 하는 것입니다. 예수님께서 고친 병들은 거의 다. 귀신에게 눌

려서 병든 것입니다. 성경은 말하기를 사도행전 10장 38절에 "하나님이 나사렛 예수에게 성령과 능력을 기름 붓듯 하셨으매 그가 두루 다니시며 선한 일을 행하시고 마귀 귀신에게 눌린 모든 사람을 고치셨으니 이는 하나님이 함께 하셨음이라"라고 말했습니다. 마귀 귀신는 사람을 눌러서 수많은 병들을 일으키게 하는 것입니다.

6)그 다음에 불신케 하는 귀신이 있습니다. 이 귀신은 사람들의 마음속에 불신앙을 집어넣습니다. 그래서 하나님을 부인하고 예수님을 부인하고 이 세속에 속해서 죄악에 따라 살게 하는 것입니다. 이 불신케 하는 귀신 중에 가장 흉악하게 하는 귀신이 바로 공산주의 귀신입니다. 공산주의는 유물론적 무신론으로써 러시아국민을 유세해서 세계에 수많은 사람들을 무신론으로 몰아넣어서 멸망 받게 만들고 최후에도 자기도 파멸되게 만드는 것입니다. 이와 같이 이 세상에는 눈에 안 보이는 배후의 세계, 아버지 하나님과 아들과 성령 삼위일체와 천사들이 있어 우리에게 생명을 주되 넘치게 주기를 원하는가 하면 그 반대로 사탄이 있어 그 밑에 타락한 천사들을 거느리고, 그 밑에 귀신들을 데리고 사람들에게 와서 사람들을 도적질하고 죽이고 멸망시키는 일을 하고 있는 것입니다.

그러므로 우리가 예수를 구주로 모시고 아버지의 나라에 속하면 하늘나라의 백성이 되고 예수님을 배반하고 아버지하나님을 믿지 않으면 사탄의 나라에 속하여서 귀신의 지배를 받고 살게 되다가 파멸하게 되는 것입니다. 그러므로 이 배후에 세계는 하늘나라와 사탄의 나라 이 두 나라가 영적으로 존재하고 있는 것입니다.

8장 구원받은 후사를 섬기는 천사들이 있다.

하나님은 천사들의 도움을 받으라고 말씀하십니다. 성경은 성도들의 영적생활을 도와 하나님과 성도 사이를 오가며 사역하는 천사들의 활동이 비교적 자세히 기록되어 있습니다. 우리는 먼저 천사의 위치를 확실히 깨닫고 우리 자신들의 영광스러운 위치를 확인하여 영적생활을 하나님의 뜻대로 성공할 수 있어야 합니다.

첫째, 천사는 어떠한 존재일까요?

1)천사의 존재와 속성. 성경 66권 중 34권이 천사의 존재를 언급하고 있으며, 천사란 단어가 약 275회 등장함은 물론 예수님께서 천사의 존재를 알고 가르치셨다는 점에서 천사가 확실히 존재함을 알 수 있습니다. 그 예로 예수님은 나를 돕는 천사가 하나님의 얼굴을 항상 뵙는다고 말씀하셨습니다. "삼가 이 소자 중에 하나도 업신여기지 말라 너희에게 말하노니 저희 천사들이 하늘에서 하늘에 계신 내 아버지의 얼굴을 항상 뵈옵느니라(마18:10)" 하나님에게 구하면 열두 영 더되는 천사를 보낸다고 하셨습니다. "너는 내가 내 아버지께 구하여 지금 열 두 영 더되는 천사를 보내시게 할 수 없는 줄로 아느냐(마26:53)" 한영은 로마 군대의 군단을 가리킵니다. 보병 6,100명, 말726필 규모입니다.

사도행전 7장 56절을 보면 스데반 집사가 성령이 충만한 가운데 영안이 열리니 "보라 하늘이 열리고 인자가 하나님 우편에 서신 것을 보노라"고 고백하는 장면이 나옵니다. 따라서 오늘날도 하나님께서 영안을 열어 주시면 천사뿐만 아니라 더 깊은 영의 세계까지도 능히 보고 체험할 수 있습니다.

2)그러면 천사는 어떠한 존재일까요? 인간과 같은 하나님의 피조물로서 사람의 형상과 비슷하지만 살과 뼈가 없는 순수한 영적 존재이므로 결혼이나 죽음과는 상관이 없는 존재입니다. ①천사는 살과 뼈가 없는 순수한 영적 존재로서…. ⓐ하나님을 찬양합니다. "그의 모든 사자여 찬양하며 모든 군대여 찬양할지어다. 해와 달아 찬양하며 광명한 별들아 찬양할지어다. 하늘의 하늘도 찬양하며 하늘 위에 있는 물들도 찬양할지어다. 그것들이 여호와의 이름을 찬양할 것은 저가 명하시매 지음을 받았음이로다(시 148:2-5)" ⓑ하나님을 위해 창조되었습니다. "만물이 그에게 창조되되 하늘과 땅에서 보이는 것들과 보이지 않는 것들과 혹은 보좌들이나 주관들이나 정사들이나 권세들이나 만물이 다 그로 말미암고 그를 위하여 창조되었고(골 1:16)" ⓒ믿는 하나님의 자녀들을 섬기라고 보내셨습니다. "모든 천사들은 부리는 영으로서 구원 얻을 후사들을 위하여 섬기라고 보내심이 아니뇨(히 1:14)"

②천사는 결혼이나 죽음과는 상관이 없는 존재입니다. "부활 때에는 장가도 아니가고 시집도 아니가고 하늘에 있는 천사들과 같으니라(마 22:30)" "저희는 다시 죽을 수도 없나니 이는 천사와 동등이요 부활의 자녀로서 하나님의 자녀임이니라(눅 20:36)"

3)천사의 속성은 이렇습니다. ①인간과 같이 지성을 함께 가지

고 있습니다. "이 섬긴 바가 자기를 위한 것이 아니요 너희를 위한 것임이 계시로 알게 되었으니 이것은 하늘로부터 보내신 성령을 힘입어 복음을 전하는 자들로 이제 너희에게 고한 것이요 천사들도 살펴보기를 원하는 것이니라(벧전 1:12)"

② 기쁨과 분노, 또는 온 유와 같은 감정을 지닌 인격적 존재로서 하나님과 같이 무한한 지식과 능력을 지닌 것은 아닙니다. "홀연히 허다한 천군이 그 천사와 함께 있어 하나님을 찬송하여 가로되 지극히 높은 곳에서는 하나님께 영광이요 땅에서는 기뻐하심을 입은 사람들 중에 평화로다 하니라(눅 2:13-14)"

③사람보다는 월등한 지식과 능력을 지닌 존재입니다. "그러나 그 날과 그 때는 아무도 모르나니 하늘의 천사들도, 아들도 모르고 오직 아버지만 아시느니라(마 24:36)" "더 큰 힘과 능력을 가진 천사들이라도 주 앞에서 저희를 거스려 훼방하는 송사를 하지 아니하느니라(벧후 2:11)"

4) 천사의 조직과 사역. ①성경을 보면 '천만의 천사들'이라 하여 무수한 천사들이 존재할 뿐만 아니라. "그러나 너희가 이른 곳은 시온산과 살아 계신 하나님의 도성인 하늘의 예루살렘과 천만 천사와 하늘에 기록한 장자들의 총회와 교회와 만민의 심판자이신 하나님과 및 온전케 된 의인의 영들과(히 12:22-23)" ②천사(天使)와 천군(天軍)도 있고, "하나님의 병거가 천천이요 만만이라 주께서 그 중에 계심이 시내산 성소에 계심 같도다(시 68:17)" ③천사장(天使長)으로 구분되어 있는 것을 알 수 있습니다. "천사

장 미가엘이 모세의 시체에 대하여 마귀와 다투어 변론할 때에 감히 훼방하는 판결을 쓰지 못하고 다만 말하되 주께서 너를 꾸짖으시기를 원하노라 하였거늘(유 1:9)"

④곧 하나님께서는 천사들 사이에 질서와 계급을 세우시고 담당하는 분야도 분할하여 주셨으며 맡은 사역에 따라 그 위엄을 달리하셨던 것입니다. ⓐ이 세상뿐 아니라 오는 세상에 이름이 뛰어나게 합니다. "모든 통치자와 권세와 능력과 주관하는 자와 이 세상뿐 아니라 오는 세상에 일컫는 모든 이름 위에 뛰어나게 하시고(엡 1:21)" ⓑ교회에게 하나님의 지혜를 알게 합니다. "이는 이제 교회로 말미암아 하늘에서 통치자와 권세들에게 하나님의 각종 지혜를 알게 하려 하심이니(엡3:10)" ⓒ하나님으로 말미암아 하나님을 위하여 창조되었습니다. "만물이 그에게 창조되되 하늘과 땅에서 보이는 것들과 보이지 않는 것들과 혹은 보좌들이나 주관들이나 통치자들이나 권세들이나 만물이 다 그로 말미암고 그를 위하여 창조되었고(골 1:16)" ⓓ하나님 우편에 계신 예수에게 순복하는 존재입니다. "저는 하늘에 오르사 하나님 우편에 계시니 천사들과 권세들과 능력들이 저에게 순복하느니라(벧전 3:22)"

마치 국가에 법무, 국방, 행정, 건설, 경제, 문화 등 다양한 부처가 있고, 각각의 부처를 담당하는 장관이 있듯이, 하나님께서는 영의 세계에도 여러 가지 분야를 두시고 각 분야를 담당하는 가장 머리되는 천사로서 천사장을 두셨던 것입니다. 또한 천사장 밑에 여러 머리급 천사들을 두어 천사장을 돕게 하셨고, 이 머리급 천사들이 천사장 휘하의 천사들을 나누어 지휘할 수 있도록 천사들 사이에도 급을 두셨습니다.

5) 그러면 이러한 천사들은 과연 어떠한 사역을 감당하는 것일까요? 전반적으로 천사의 사역은 하나님을 받들어 섬기고 시중드는 일 외에 하나님의 구속 사역의 진행과 완성을 이루기 위하여 구원받은 성도들을 섬기며 돕는 것입니다. 먼저 천사장들은 하나님 곁에서 손과 발과 눈과 귀가되어 모든 분야를 두루 살피고 중요한 사항들을 보고 드리며 하나님께 직접 지시를 받습니다. 대표적인 예로는 가브리엘과 미가엘을 들 수 있는데 가브리엘이 문관(文官)에 해당된다면 미가엘은 무관(武官)에 해당되며, 이들은 하나님께서 이 땅에 인간을 경작하시는 과정에서 하나님을 돕는 중요한 역할들을 감당합니다.

성경을 보면 가브리엘은 하나님의 큰 응답이나 섭리와 계획, 그리고 계시의 은밀한 것을 풀 때에 그 응답을 가지고 내려가는 것을 알 수 있습니다. 가브리엘이 세례요한의 어머니 사가랴에게 잉태의 소식을 알려줍니다. "천사가 대답하여 가로되 나는 하나님 앞에 섰는 가브리엘이라 이 좋은 소식을 전하여 네게 말하라고 보내심을 입었노라(눅1:19)" 가브리엘이 예수님의 모친 마리아에게 동정녀 잉태의 사실을 알립니다. "여섯째 달에 천사 가브리엘이 하나님의 보내심을 받들어 갈릴리 나사렛이란 동네에 가서(눅1:26)" 미가엘은 악한 영의 공격에서 우리를 보호합니다. "그런데 바사국 군이 이십 일일 동안 나를 막았으므로 내가 거기 바사국 왕들과 함께 머물러 있더니 군장 중 하나 미가엘이 와서 나를 도와주므로(단10:13)" "오직 내가 먼저 진리의 글에 기록된 것으로 네게 보이리라 나를 도와서 그들을 대적하는 자는 너희 군 미가엘 뿐이니라(단10:21)"

①하나님의 보좌를 호위하며 시중드는 천사도 있습니다. 그룹 천사입니다 "대제사장 여호수아는 여호와의 사자 앞에 섰고 사단은 그의 우편에 서서 그를 대적하는 것을 여호와께서 내게 보이시니라. 여호와께서 사단에게 이르시되 사단아 여호와가 너를 책망하노라 예루살렘을 택한 여호와가 너를 책망하노라 이는 불에서 꺼낸 그슬린 나무가 아니냐 하실 때에 여호수아가 더러운 옷을 입고 천사 앞에 섰는지라. 여호와께서 자기 앞에 선자들에게 명하사 그 더러운 옷을 벗기라 하시고 또 여호수아에게 이르시되 내가 네 죄과를 제하여 버렸으니 네게 아름다운 옷을 입히리라 하시기로(슥3:1-3)"

②하나님을 수행하는 천사도 있습니다. 미가엘 천사입니다. "여호와께서 마므레 상수리 수풀 근처에서 아브라함에게 나타나시니라 오정 즈음에 그가 장막 문에 앉았다가 눈을 들어 본즉 사람 셋이 맞은편에 섰는지라 그가 그들을 보자 곧 장막 문에서 달려나가 영접하며 몸을 땅에 굽혀 가로되 내 주여 내가 주께 은혜를 입었사오면 원컨대 종을 떠나 지나가지 마옵시고(창18:1-3)"

③가브리엘은 다니엘이 기도할 때 하나님의 응답을 가지고 왔습니다. "곧 내가 말하여 기도할 때에 이전 이상 중에 본 그 사람

가브리엘이 빨리 날아서 저녁 제사를 드릴 때 즈음에 내게 이르더니 내게 가르치며 내게 말하여 가로되 다니엘아 내가 이제 네게 지혜와 총명을 주려고 나왔나니 곧 네가 기도를 시작할 즈음에 명령이 내렸으므로 이제 네게 고하러 왔느니라 너는 크게 은총을 입은 자라 그런즉 너는 이 일을 생각하고 그 이상을 깨달을 지니라(단 9:21-23)" "고넬료가 주목하여 보고 두려워 가로되 주여 무슨 일이니이까 천사가 가로되 네 기도와 구제가 하나님 앞에 상달하여 기억하신 바가 되었으니(행10:4)"

④하나님의 좋은 소식을 전하는 자들입니다 "천사가 대답하여 가로되 나는 하나님 앞에 섰는 가브리엘이라 이 좋은 소식을 전하여 네게 말하라고 보내심을 입었노라(눅1:19)" 마리아에게 좋은 소식을 전하기도 했습니다. "여섯째 달에 천사 가브리엘이 하나님의 보내심을 받들어 갈릴리 나사렛이란 동네에 가서 다윗의 자손 요셉이라 하는 사람과 정혼한 처녀에게 이르니 그 처녀의 이름은 마리아라(눅1:26-27)"

⑤하나님의 명령과 말씀을 전하는 천사도 있습니다. "여호와의 사자가 또 그에게 이르되 네가 잉태하였은 즉 아들을 낳으리니 그 이름을 이스마엘이라 하라 이는 여호와께서 네 고통을 들으셨음이니라(창16:11)" ⓐ소돔 땅의 멸망을 전하기도 했습니다. "날이 저물 때에 그 두 천사가 소돔에 이르니 마침 롯이 소돔 성문에 앉았다가 그들을 보고 일어나 영접하고 땅에 엎드리어 절하여(창19:1)" ⓑ하갈의 방성대곡하는 소리를 듣고 두려워말라고 위로합

니다. "하나님이 그 아이의 소리를 들으시므로 하나님의 사자가 하늘에서 부터 하갈을 불러 가라사대 하갈아 무슨 일이냐 두려워 말라 하나님이 거기 있는 아이의 소리를 들으셨나니(창21:17)" ⓒ독자 이삭을 번재물로 드리려는 아브라함을 부르기도 했습니다. "여호와의 사자가 하늘에서부터 그를 불러 가라사대 아브라함아 아브라함아 하시는지라 아브라함이 가로되 내가 여기 있나이다하매 사자가 가라사대 그 아이에게 네 손을 대지 말라 아무 일도 그에게 하지 말라 네가 네 아들 네 독자라도 내게 아끼지 아니하였으니 내가 이제야 네가 하나님을 경외하는 줄을 아노라(창22:11-12)" ⓓ하나님의 말씀을 심부름하는 천사도 있습니다. "저가 그 사람에게 이르되 나도 그대와 같은 선지자라 천사가 여호와의 말씀으로 내게 이르기를 그를 네 집으로 데리고 돌아가서 그에게 떡을 먹이고 물을 마시우라 하였느니라 하니 이는 그 사람을 속임이라(왕상13:18)"

⑥반면에 미가엘은 하늘의 군대장관으로서 악한 영들을 대적하는 싸움을 지휘하며 때로는 직접 나서서 어두움의 진을 깨뜨립니다. ⓐ악한영의 공격을 물리쳐 줍니다. "그런데 바사국 군이 이십 일일 동안 나를 막았으므로 내가 거기 바사국 왕들과 함께 머물러 있더니 군장 중 하나 미가엘이 와서 나를 도와주므로 이제 내가 말일에 네 백성의 당할 일을 네게 깨닫게 하러 왔노라 대저 이 이상은 오래 후의 일이니라(단 10:13-14)" ⓑ선지자를 대적하는 자를 물리칩니다. "오직 내가 먼저 진리의 글에 기록된 것으로

네게 보이리라 나를 도와서 그들을 대적하는 자는 너희 군 미가엘 뿐이니라(단10:21)" ⓒ하나님 앞에서 훼방하는 자들에게 하나님의 뜻을 전하기도 합니다. "천사장 미가엘이 모세의 시체에 대하여 마귀와 다투어 변론할 때에 감히 훼방하는 판결을 쓰지 못하고 다만 말하되 주께서 너를 꾸짖으시기를 원하노라 하였거늘(유 1:9)" ⓓ악한 영의 궤계와 싸워 이깁니다. "하늘에 전쟁이 있으니 미가엘과 그의 사자들이 용으로 더불어 싸울쌔 용과 그의 사자들도 싸우나 이기지 못하여 다시 하늘에서 저희의 있을 곳을 얻지 못한지라(계12:7-8)" ⓔ또한 믿음의 사람들에게는 천사가 하나 이상 딸려 있어 하나님의 자녀들을 지키고 보호해 줍니다. "모든 천사들은 부리는 영으로서 구원 얻을 후사들을 위하여 섬기라고 보내심이 아니뇨(히 1:14)" ⓕ하나님을 믿는 사람뿐만 아니라 모든 믿지 않는 사람들의 일거수일투족을 지켜보고 있다가 하나님께 보고하는 천사들이 있습니다. "삼가 이 소자 중에 하나도 업신여기지 말라 너희에게 말하노니 저희 천사들이 하늘에서 하늘에 계신 내 아버지의 얼굴을 항상 뵈옵느니라(마 18:10)" ⓖ수종드는 천사도 있어 예수님께서 마귀의 세 차례 시험을 물리치신 후에 수종들었던 것을 볼 수 있습니다. "이에 마귀는 예수를 떠나고 천사들이 나아와서 수종드니라(마 4:11)" ⓗ그런가 하면 다니엘이 사자굴에 던져졌을 때 나타나 굶주린 사자들의 입을 봉하고, 베드로 사도가 감옥에 갇혔을 때 옥문을 열고 그를 구해 냈던 경우처럼 힘을 사용하는 천사들도 있으며, 하나님을 찬양하는 천사와 천군이 있습니다. "나의 하나님이 이미 그 천사를 보내어 사자들의 입을 봉하셨으므로 사자들이 나를 상해치 아니하였사오니 이는 나의 무죄함이 그 앞에 명백함이오며 또 왕이여 나는 왕의 앞에도 해를 끼치지 아니하였나이다(단6:22)" "천사가 가로되 띠를 띠고 신을 들메라 하거늘 베드로가 그대로 하니 천사가 또 가로되 겉옷을 입고 따라 오라 한대 베드로가 나와서 따라갈새 천사의 하는 것이 참인 줄 알지 못하고 환상을 보는가 하니라. 이에 첫째와 둘째 파수를 지나 성으로 통한 쇠문에 이르니 문이 절로 열리는지라 나와 한 거리를 지나매 천사가 곧 떠나더라(행12:8-10)" "홀연히 허다한 천군이 그 천사와 함께 있어 하나님을 찬송하여 가로되(눅2:13)" "여호와를 봉사하여 그 뜻을 행하는 너희 모든 천군이여 여호와를 송축하라(시103:21)" ⓘ그리고 수많은 불말과 불병거를 거느리는 군대가 있어 하나님의 사람들을 돕기도 합니다. "기도하여 가로되 여호와여 원컨대 저의 눈을 열어서 보게 하옵소서 하니 여호와께서 그 사환의 눈을 여시매 저가 보니 불말과 불병거가 산에 가득하여 엘리사를 둘렀더라(왕하 6:17)" 이 모든 것은 오늘날도 필요에 따라 하나님께서 허락하시면 얼마든지 우리 가운데 역사할 수 있습니다.

둘째, 천사의 조직과 임무.

① 천사장, 군장, 미가엘 - 악한 영계의 권세에 대항하여 싸우는 천사(유1:9; 계12:7; 단10:13,21).

② 가브리엘 - 하나님의 영웅이란 뜻, 계시의 전달자이며 해석하는 천사입니다. "천사가 대답하여 가로되 나는 하나님 앞에 섰는 가브리엘이라 이 좋은 소식을 전하여 네게 말하라고 보내심을 입었노라(눅1:19)"

③ 그룹 - 하나님의 거룩함을 수호하는 천사입니다. "금으로 그룹 둘을 속죄소 두 끝에 쳐서 만들되 한 그룹은 이 끝에, 한 그룹은 저 끝에 곧 속죄소 두 끝에 속죄소와 한 덩이로 연하게 할지며 그룹들은 그 날개를 높이 펴서 그 날개로 속죄소를 덮으며 그 얼굴을 서로 대하여 속죄소를 향하게 하고(출25:18-20)"

④ 스랍 - 인간을 하나님께 접근시키며 예배를 수중 드는 천사로서 "웃시야왕의 죽던 해에 내가 본즉 주께서 높이 들린 보좌에 앉으셨는데 그 옷자락은 성전에 가득하였고 스랍들은 모셔 섰는데 각기 여섯 날개가 있어 그 둘로는 그 얼굴을 가리었고 그 둘로는 그 발을 가리었고 그 둘로는 날며 서로 창화하여 가로되 거룩하다 거룩하다 거룩하다 만군의 여호와여 그 영광이 온 땅에 충만하도다(사6:1-3)"

⑤ 수호천사 - 성도들과 어린 아이를 보호하는 천사입니다. "삼가 이 소자 중에 하나도 업신여기지 말라 너희에게 말하노니 저희 천사들이 하늘에서 하늘에 계신 내 아버지의 얼굴을 항상 뵈옵느니라(마18:10)"

⑥ 통치자, 권세, 능력, 주관하는 자, 보좌 - 천사들 중에 등급과 위엄의 차이가 있음을 보여주는 계급적 명칭(엡1:21; 골3:10; 골

1:16; 골2:10). "저는 하늘에 오르사 하나님 우편에 계시니 천사들과 권세들과 능력들이 저에게 순복하느니라(벧전3:22)"

   6)그 외에도 다양한 천사들이 있습니다. ①우리가 기도할 때 그 향을 받아 가는 천사들이 있습니다. "또 다른 천사가 와서 제단 곁에 서서 금향로를 가지고 많은 향을 받았으니 이는 모든 성도의 기도들과 합하여 보좌 앞 금단에 드리고자 함이라. 향연이 성도의 기도와 함께 천사의 손으로부터 하나님 앞으로 올라가는지라. 천사가 향로를 가지고 단 위의 불을 담아다가 땅에 쏟으매 뇌성과 음성과 번개와 지진이 나더라(계 8:3-5)" ②임박한 심판을 알리기도 합니다. "그들에 대하여 부르짖음이 여호와 앞에 크므로 여호와께서 우리로 이곳을 멸하러 보내셨나니 우리가 멸하리라. 동틀 때에 천사가 롯을 재촉하여 가로되 일어나 여기 있는 네 아내와 두 딸을 이끌라 이 성의 죄악 중에 함께 멸망할까 하노라(창 19:13,15)" ③세상의 종말의 고난을 알리기도 합니다. "또 보니 다른 천사가 공중에 날아가는데 땅에 거하는 자들 곧 여러 나라와 족속과 방언과 백성에게 전할 영원한 복음을 가졌더라, 또 다른 천사 곧 둘째가 그 뒤를 따라 말하되 무너졌도다! 무너졌도다! 큰 성 바벨론이여 모든 나라를 그 음행으로 인하여 진노의 포도주로 먹이던 자로다 하더라. 또 다른 천사 곧 세째가 그 뒤를 따라 큰 음성으로 가로되 만일 누구든지 짐승과 그의 우상에게 경배하고 이마에나 손에 표를 받으면 그도 하나님의 진노의 포도주를 마시리니 그 진노의 잔에 섞인 것이 없이 부은 포도주라 거룩

한 천사들 앞과 어린 양 앞에서 불과 유황으로 고난을 받으리니(계 14:6)" ④범죄에 대한 보응으로 재앙을 내리는 천사가 있습니다."천사가 예루살렘을 향하여 그 손을 들어 멸하려 하더니 여호와께서 이 재앙 내림을 뉘우치사 백성을 멸하는 천사에게 이르시되 족하다 이제는 네 손을 거두라 하시니 때에 여호와의 사자가 여부스 사람 아라우나의 타작마당 곁에 있는지라(삼하 24:16)" "헤롯이 영광을 하나님께로 돌리지 아니하는 고로 주의 사자가 곧 치니 충이 먹어 죽으니라(행 12:23)" ⑤세상의 마지막 심판 때에는 알곡신자를 거두는 추수 꾼으로 일하게 됩니다. "가라지를 심은 원수는 마귀요 추수 때는 세상 끝이요 추숫군은 천사들이니(마 13:39)" 실로 성경에 기록된 천사의 사역들은 매우 다양하여 분야 분야에서 활동하는 천사들이 있다는 사실을 믿어야합니다. ⑥복음 전도를 돕는 천사도 있습니다. "저희가 대답하되 백부장 고넬료는 의인이요, 하나님을 경외하는 자라 유대 온 족속이 칭찬하더니 저가 거룩한 천사의 지시를 받아 너를 그 집으로 청하여 말을 들으려 하느니라 한 대 베드로가 불러 들여 유숙하게 하니라 이튿날 일어나 저희와 함께 갈새 욥바 두어 형제도 함께 가니라(행10:22-23)" "그가 우리에게 말하기를 천사가 내 집에 서서 말하되 네가 사람을 욥바에 보내어 베드로라 하는 시몬을 청하라. 그가 너와 네 온 집의 구원 얻을 말씀을 네게 이르리라 함을 보았다 하거늘 내가 말을 시작할 때에 성령이 저희에게 임하시기를 처음 우리에게 하신 것과 같이 하는지라(행11:13-15)" ⑦사드락 메삭과 아벤느고를 풀무불에서 타지 않도록 도와주었습니다. "왕의 명령이 엄하고 풀무가 심히 뜨거우므로 불꽃이 사드락과 메삭과 아벳느고를 붙든 사람을 태워 죽였고 이 세 사람 사드락과 메삭과 아벳느고는 결박된채 극렬히 타는 풀무 가운데 떨어졌더라. 때에 느부갓네살 왕이 놀라 급히 일어나서 모사들에게 물어 가로되 우리가 결박하여 불가운데 던진 자는 세 사람이 아니었느냐 그들이 왕에게 대답하여 가로되 왕이여 옳소이다. 왕이 또 말하여 가로되 내가 보니 결박되지 아니한 네 사람이 불 가운데로 다니는데 상하지도 아니하였고 그 네째의 모양은 신들의 아들과 같도다 하고 느부갓네살이 극렬히 타는 풀무 아구 가까이 가서 불러 가로되 지극히 높으신 하나님의 종 사드락, 메삭, 아벳느고야 나와서 이리로 오라 하매 사드락과 메삭과 아벳느고가 불 가운데서 나온지라(단3:22-26)" ⑧천사가 감옥에 갇힌 베드로를 도와 구출하였습니다. "천사가 가로되 띠를 띠고 신을 들메라 하거늘 베드로가 그대로 하니 천사가 또 가로되 겉옷을 입고 따라 오라 한대 베드로가 나와서 따라갈새 천사의 하는 것이 참인줄 알지 못하고 환상을 보는가 하니라. 이에 첫째와 둘째 파수를 지나 성으로 통한 쇠문에 이르니 문이 절로 열리는지라 나와 한 거리를 지나매 천사가 곧 떠나더라. 이에 베드로가 정신이 나서 가로되 내가 이제야 참으로 주께서 그의 천사를 보내어 나를 헤롯의 손과 유대 백성의 모든 기대에서 벗어나게 하신줄 알겠노라 하여(행12:8-11)" ⑨벌을 내리는 천사도 있습니다. "헤롯이 날을 택하여 왕복을 입고 위에 앉아 백성을 효유한대 백성들이 크게 부르되 이것은 신의 소리요 사람의 소리는 아니라 하거늘 헤롯이 영광을 하나님께로 돌리지 아니하는 고로 주의 사자가 곧 치니 충이 먹어 죽으니라(행 12:21-23)" ⑩ 따라서 천군 천사의 수가 헤아릴 수도 없이 많습니다. 성경에 나오는 가브리엘, 미가엘 천사장 외에도 많은 천사장들이 있어 천군과 천사를 지도하고 치리하며 가르쳐 인도한다는 것을 알아야 합니다.

지금 이 시간도 헤아릴 수 없이 많은 천사들이 우리를 섬기고 돕는 자로서 성령의 지도 아래 분주하게 우리 주위에서 사역하고 있습니다. 예수 그리스도께서 재림하실 때 그 동안 보이지 않게 우리를 도왔던 모든 천사들을 기쁘게 만나 보게 될 것입니다. 천사들의 아름답고 웅장한 찬송 소리를 들으며 함께 아버지 하나님을 찬양하고 예배하게 될 것입니다. 천사의 도움을 요청하여 천사의 도움을 받으시기를 바랍니다. "모든 천사들은 부리는 영으로서 구원 얻을 후사들을 위하여 섬기라고 보내심이 아니뇨(히 1:14)" 어떻게 요청합니까? 명령하시기를 바랍니다. 천사들아 나를 도와라. 나의 자녀들을 도와라. 나의 교회 봉사를 도와라. 나의 사업을 도와라. 나의 치유 사역을 도와라. 천사 도움을 습관적으로 요청하여 천사의 도움을 날마다 받으시기를 축원합니다.

9장 신이 사람에게 침입 활동하는 법칙이 있다.

신의 세계에는 성령 하나님께서 계시고, 마귀 귀신이 있고, 구원받은 성도들을 돕는 천사가 있습니다. 이들이 사람에게 침입하는 것은 대상의 사람의 초청이나 협조를 얻어서 침입하는 것이 보통입니다. 그러나 마귀 귀신은 동의 없이 어떤 죄악이나 무의식적인 행동을 통해서도 침입합니다.

마귀, 귀신이 우리에게 침입하는 까닭은 소극적으로는 우리로 하여금 하나님의 일을 하지 못하게 할 뿐만 아니라, 적극적으로는 하나님의 일을 방해하고 많은 그리스도인을 실족하게 만들기 위함입니다. 이것은 우리로 하여금 망하게 하기 위함인데, 마귀는 주로 우리의 영을 공격 목표로 삼으며, 귀신은 우리의 육신을 포로로 잡아서 자신들이 하고자 하는 뜻을 드러냅니다. 사람은 영과 육을 지닌 존재인데 마귀는 영을 지배하여 우리를 영적으로 이용하려고 하며, 귀신은 우리의 육체를 점령하여 귀신의 행위를 하게 하는 것입니다. 영과 마음과 육체가 마귀와 귀신에게 사로잡히게 되면 그는 망하게 되는 것입니다. 마귀는 두루 다니면서 삼킬 대상을 찾아다니며, 모든 그리스도인은 예외 없이 마귀와 귀신의 공격 대상이 되는 것입니다.

마귀와 귀신은 영적 존재인데 특히 마귀는 차원이 높고 강력한 능력을 가진 존재입니다. 귀신들은 어떤 존재들입니까? 사람과 귀신은 구분됩니다. 사람이 귀신이 될 수 없습니다. 사람이 귀신이 된다는 것은 샤머니즘의 거짓말입니다. 무속이론입니다. 이단

이론입니다. 귀신은 귀신이고 사람은 사람입니다. 귀신들은 사탄을 추종하고 사탄을 따르는 타락한 천사들입니다.

귀신은 항상 합리성을 가지고 사람에게 접근하기 때문에 사고가 영적으로 바꾸지 않으면 속을 수밖에 없는 것입니다. 성령으로 충만한 가운데 하나님의 말씀으로 판단의 기초를 제대로 갖추지 못하면 마귀의 유혹에 휘말리게 됩니다. 우리의 그릇된 분별과 판단을 이용하여 마귀는 자신들이 하고자 하는 일을 하게 됩니다. 귀신은 각 그룹마다 자신들의 독특한 특징을 지닙니다. '종교의 영'은 거짓 종교체계를 따르도록 우리를 유혹하며, '발람의 영'은 권세와 물질을 더 좋아하게 만들며, '이세벨의 영'은 우상을 숭배하게 만듭니다.

그 밖에 '게으른 영'은 모든 것을 내일로 미루도록 만들며, '분리의 영'은 항상 부정적으로 비판하게 만들어 분리하게 합니다. '다툼의 영'은 사소한 일도 크게 만들어 다툼이 일어나며, 이런 영을 가진 사람이 모임에 들어오면 반드시 싸움이 생깁니다. 수많은 영적 기능들이 있는데 이 마귀들이 접근함에 따라서 우리의 생각이 그 특성을 드러내기 시작하는 것입니다. 귀신은 우리 영속에 자신들의 특성적인 신호를 보내면 우리의 지각은 이것을 분석하여 받아들이게 됩니다. 말씀에 미약한 사람은 이 신호를 분별하지 못하고 자신의 생각인 것으로 여겨 그대로 행동하게 되는 것입니다. 귀신의 생각을 따라서 행동하게 되는 이유는 합리적이기 때문입니다.

떠오르는 생각 가운데 우리 영의 생각, 성령의 생각, 천사의 생각, 귀신의 생각이 있습니다. 이처럼 우리의 생각은 온갖 영의 생각들이 복잡하게 드러나는 싸움터입니다. 이런 생각들의 출처를 확실하게 구분할 줄 아는 것이 영적 분별력이며, 기술이기 때문에 배워서 익혀야 합니다. 우리의 생각을 멋대로 내버려 두어서는 안 됩니다. 성령으로 기도하여 영을 강하게 해야 합니다. 그리고 하나님의 말씀으로 무장하고 분별력을 높여 하나님의 음성을 더 잘 듣도록 노력합시다. 귀신은 우리의 육체를 점령하여 그 가운데 거처를 삼고자 기회를 엿봅니다. 마음의 상처나, 고통 스런 사건을 경험하여 심령이 극심하게 허약해져 있어 분별력이 없을 때 침투하게 됩니다. 극심한 사건이 없다 하더라도 영이 강건하지 못한 경우, 귀신은 접근을 시도합니다.

우리가 영적인 일에 무지하고 믿음이 약할 때 역시 공격을 시도하는데 귀신의 공격목표는 우리의 육신입니다. 그러므로 귀신이 접근하면 먼저 우리의 영이 이 사실을 깨닫게 되며, 그 신호를 육체에게 보냅니다. 육체가 느끼는 다양한 신호 가운데 가장 많이 나타나는 것이 소름 끼치는 것입니다. 가슴이 조여들고 현기증이 나고, 불쾌한 생각이나 두려운 생각, 썩은 냄새, 머리카락이 서는 강한 공포 등의 신호를 우리 감각기관에 보냅니다. 검은 물체가 보이거나, 어두운 분위기와 짓누르는 것 같은 압박감 등도 나타나며, 어둡고 불쾌하며 두려운 생각이 짓누르고 가위눌려 몸을 움직이지 못하게 되며, 악몽에 시달리며, 짐승들의 울부짖는 것과 같은 소리가 날카롭게 들립니다.

방언이 거칠고 날카롭게 나오며, 짐승소리 비슷하게 변합니다.

공중에서 급하게 바람이 휘몰아 가는 것 같은 느낌이 들며, 날카로운 바람 소리가 들립니다. 무당들이 점을 칠 때 내는 독특한 휘파람 소리 같은 소리가 스쳐지나가며, 뱀이 낙엽 위로 사삭 거리면서 지나가는 듯한 소리와 느낌이 듭니다. 때로는 발자국 소리가 들리기도 하고 문이 열려 있어서 냉기가 스며드는 것 같아 누가 문을 열어두었나 하고 살피게 됩니다. 귀신은 공포를 동반하는데 이 모든 것이 일차적으로는 우리의 영이 우리 자신에게 알려주는 신호입니다. 귀신은 자신의 존재를 나타내려고 하지 않지만 우리의 영은 이 사실을 알기 때문에 이런 다양한 신호를 우리에게 보냅니다. 귀신이 자신에게 접근해 오면 우리의 영이 이를 알고 느끼기 시작하며, 때로는 성령께서 이 사실을 우리에게 깨달아 알게 해 주십니다.

일반적인 사람의 눈에는 보이지 않지만 천지 만물을 초자연적으로 통치하시는 하나님은 산자의 하나님이십니다. 살리는 하나님이라는 말입니다. 반면 사탄 마귀 귀신은 죽은 자의 신입니다. 그래서 죽은 자를 불쌍하게 생각하게 하고 그리워하게 하는 것은 귀신입니다. 죽은 자를 불쌍하게 생각하고 그리워할 때 귀신이 침입하는 것입니다. 항상 산자의 하나님이신 하나님 만을 찾으시기를 바랍니다. 그래야 성령으로 충만하여 하나님의 나라로 살아갈 수가 있는 것입니다.

첫째. 신이 사람에게 침입 활동하는 법칙이 있습니다. 인간이 어떤 영적 능력과 권세를 소유하고, 누릴 수 있는 것은 신적 세계의 존재와 관계를 맺음으로 가능하며, 이 관계는 초청과 충성과 순종함으로 이루어집니다. "너희 자신을 종으로 내주어 누구에게 순종하든지 그 순종함을 받는 자의 종이 되는 줄을 너희가 알지 못하느냐 혹은 죄의 종으로 사망에 이르고 혹은 순종의 종으로 의에 이르느니라(롬6:16)" 그러므로 우리는 말씀과 성령으로 바른 분별력을 가지고 하나님만을 주인으로 모셔야 합니다. 그러나 하나님은 우리가 예수를 믿다가 마귀에게 가도 무어라고 말하지 않습니다. 그것은 하나님이 인간에게 자유의지를 부여했기 때문입니다. 그래서 우리는 자신을 위하여 하나님만을 주인으로 모시려고 의지적인 노력을 해야 하는 것입니다.

1)영적 존재가 인간의 영역에서 행할 수 있는 일의 범위, 능력의 정도는 이들이 인간으로부터 받는 초청과 협조와 깊은 연관성이 있습니다. 하나님과 사단은 인간 영역에서 자신의 계획을 이루어 나갈 때, 인간의 초청이나 협조 없이 마음대로 하지 않고, 인간의 자유의지를 통해서 일합니다. 인간은 하나님으로부터 자유의지를 부여받았으며, 하나님은 스스로 부여하신 질서를 지키십니다. 인간의 의지는 사용의 용도에 따라, 하나님의 선물인 영생을 받을 수도, 거절할 수도 있습니다. 하나님은 모든 사람이 구원받기를 원하십니다. 그러나 많은 사람들이 하나님의 뜻을 따르지 않으므로 스스로 멸망의 길을 선택합니다. 하나님은 자신의 교회와 성도들이 모두 성령 충만하기를 원합니다. 그러나 많은 교회가 하나님의 뜻을 수용하지 못하고 있습니다. 인간의 교만함으로 말미암아 예수를 믿지 않음으로 구원 받지 못하는 것입니다. 반면에 사단의 가장

큰 계략은, 하나님의 계획이 인간들에게 이루어지지 못하도록 인간의 자유 의지를 교묘히 이용하여, 이기적-세속적-물질적-근시안적으로 만들어서 하나님의 구원 계획이 우리에게서 이루어지지 못하게 합니다. "그 중에 이 세상의 신이 믿지 아니하는 자들의 마음을 혼미하게 하여 그리스도의 영광의 복음의 광채가 비치지 못하게 함이니 그리스도는 하나님의 형상이니라(고후 4:4)"

2) 하나님과 사탄은 인간의 충성과 순종을 통해 권리를 행사할 수 있습니다. "그런즉 너희는 하나님께 복종할지어다 마귀를 대적하라 그리하면 너희를 피하리라(약 4:7)" 사람이 하나님 또는 사탄에게 순종할 때, 그렇지 않은 때보다 더 많은 능력과 영향력을 그 순종하는 사람 안에서 행사할 수 있게 됩니다. 하나님은 사탄보다 월등히 높으시고, 능력의 정도가 비교될 수 없습니다. 그러나 인간 측에서 하나님에게 불순종하고, 사탄의 속삭임에 순종할 때, 하나님은 그 사람에게 아무 일도 하실 수 없게 되는 것입니다. "그들이 믿지 않음으로 말미암아 거기서 많은 능력을 행하지 아니하시니라(마 13:58)" 사람은 필연적으로 영적 공백 상태는 없으며, 인간은 운명적으로 신적 세계의 지배를 받게 되며, 영적 세계는 신적인 세계의 지배를 받게 됩니다. 노아의 순종으로 하나님께서 자신의 계획을 진행하실 수 있었으며, 아브라함의 순종으로 이스라엘 민족을 이루셨고, 마리아의 순종으로 태를 빌려 메시아를 이 땅에 태어나게 할 수 있었습니다.

3) 불순종은 하나님의 계획을 무산시키게 됩니다. 열 명의 정탐꾼의 부정적인 보고에 영향을 받은 이스라엘 민족의 불순종은 하

나님의 계획에 차질을 주었으며 이스라엘 백성은 불순종에 대한 대가를 받게 되었습니다. 불순종은 인간과 관계를 맺고 있는 존재와의 관계를 파기하지 않지만, 교제는 점점 멀어지게 하며 권리와 능력을 잃게 합니다. 불순종을 빨리 회개하면 회복되지만, 그렇지 않을 경우 계속 깊어지며, 깊어질수록 다시 회복되기에 더 많은 시간과 노력을 요하며 그에 따른 대가가 자신에게 주어집니다.

4) 인간은 육신적 존재이면서 영적 존재이므로, 신적 존재인 하나님 또는 사탄이 사람 안에 거주할 수 있습니다. 하나님과 사탄의 거주에는 차이가 있습니다. 첫째 성령은 사람이 성령을 인식, 의식, 인정하고 의지를 통하여 초청할 때 우리에게 들어오십니다. 그러나 마귀 귀신은 굿, 제사, 고사, 무당 집에 가서 점치는 행위 등의 경로를 통해서도 들어오지만 의도적인 초청이 아니라도 혈통(조상)의 죄를 통해 들어옵니다. 마치 더러운 병균에 감염되는 경로와 같습니다.

우리가 바르게 알아야 할 것이 있습니다. 많은 분들이 성령님은 인격이시기 때문에 인격적으로 장악(역사)을 하시는 것으로 이해하고 있습니다. 그러나 그렇지 않고 반대의 현상이 일어날 수가 있습니다. 자신이 마음을 열고 성령님을 주인으로 모시면 성령께서 비인격적으로 자신을 장악하십니다. 왜냐하면 자신을 하나님의 나라가 되게 해야 하기 때문입니다. 성령님의 초자연적인 살아계신 역사가 자신을 장악하기 때문에 이해하지 못하는 현상이 나타날 수도 있습니다. 진동이 오고, 두렵고 떨리고, 머리가 아플 수도 있습니다. 이는 지금까지 자신의 주인 노릇을 하던 세상에 물러가면서 일어나는 현상입니다. 두려워 말고 조금 지나면 평안한 상태가 됩니다. 그런데 귀신은 처음에 살랑살랑 점령해 나가기 시작을 합니다. 마음을 열게 하기 위하여 인격적으로 역사를 합니다. 그러다가 점령이 되면 비인격적으로 역사를 합니다. 그래서 조현병 환자나 우울증 환자나 자신의 의지대로 행동을 하지 못하는 것입니다. 귀신이 의지를 장악했기 때문입니다. 우리는 신적인 세계에 대하여 바르게 알고 바르게 대처해야 합니다. 인간적으로 합리적으로 생각하면 이해가 되지 않는 부분이 영적인 세계의 현상입니다. 반드시 생명의 말씀과 성령의 역사가 있어야 바른 분별이 가능합니다. 사람의 이론으로는 해석이 불가능합니다. 반드시 성령의 인도를 받으면서 말씀으로 직접 분별해야 합니다.

5)신들이 사람에게 침입하여 역사하는 법칙은 이렇습니다. 하나님은 자신을 믿고 주인으로 인정하고 따르는 사람에게 은혜를 주십니다. 그리고 진리 안에서 자유 하도록 하십니다. 반대로 사탄도 자신을 따르는 사람을 통하여 일을 진행하는데 귀신은 저주와 속박을 줍니다. 사단은 어찌하든지 사람들을 공갈과 협박과 저주로서 두려움을 주어 사단을 섬기도록 하는 속성이 있습니다. 이는 사람을 자신으로 종으로 삼아서 복종하게 하기 위하여 그러는 것입니다. 그래서 사탄을 섬기는 자들은 사단의 비위를 맞추는데 급급하며 살아가는 것입니다.

하나님은 자신을 믿고 순종하는 자에게, 하나님 자신의 영인 성령으로 우리에게 오셔서 함께 거하시면서, 은사와 성령의 열매를 맺게 하십니다. 사단은 자신의 졸개인 악한 영들을 사람에게 거하게 하여 악하고 더러운 열매를 맺게 합니다.

　그리고 하나님은 영원하시며 참된 것을 주시지만, 사단은 모조이며, 거짓 위장된 것, 순간적인 것을 줍니다. 사단은 하나님이 주시는 것을 위조하여 우리에게 진품인 것처럼 다가옵니다. 그래서 사단의 소리를 듣고 따라가면 순간은 잘되는 것 같지만 종국에는 멸망의 구렁텅이에 빠지는 것입니다.

　지금 우리나라에 극우세력, 보수세력, 진보세력이 있는데 이 들의 뒤에는 신적 세계가 결부되어 있다고 보아야 합니다. 귀신의 침입은 사람 측에서 동조함으로 침입하여 귀신의 일을 진행합니다. 쉽게 설명하면 혈기 귀신은 혈기를 잘 내는 사람에게 침입하여 자신을 나타낸다는 것입니다. 분노의 영은 분노를 잘하는 사람에게 침입하여 일을 진행합니다. 재물을 좋아하는 귀신은 재물을 좋아하는 사람에게 침입하여 돈~돈~돈~ 하다가 망하게 하기도 합니다. 권력을 좋아하는 귀신은 권력을 좋아하는 사람에게 침입하여 권력을 추구하다가 종국에 종전에 용산에 있다가 잘 못된 아무개와 같이 종국에 가서는 망하게 하기도 합니다. 그렇기 때문에 신의 세계를 정확하게 보고 대적할 줄 알아야 하나님의 자녀, 하나님의 신답게 살아갈 수가 있는 것입니다.

　6) 하나님과 사탄은 다양한 방법으로 사람에게 영적 능력을 전달 할 수 있습니다. 가장 많이 사용되는 수단은 말, 기도, 접촉, 안수, 능력을 지닌 물체를 소유함으로 능력을 전달합니다. 그러므로 항상 자기의 영적인 관리를 해야 합니다.

　7) 사람은 섬김의 대상을 바꿀 수 있으며 하나님과 사단을 동시

에 섬길 수도 있습니다. 사탄에게 깊이 빠져있던 사람도 하나님께 돌아오면 하나님은 과오를 묻지 않으시고 용서하십니다. 그러나 그 사람에게 깊이 심겨져 있는 귀신의 세력은 다른 사람의 도움을 받아서 제거해야 합니다. 반드시 자기가 범한 죄를 하나님에게 회개한 후에 성령으로 세례를 받고 성령 안에서 성령님을 주인으로 모시고 지내는 성령충만한 사역자에게 안수기도를 받아 귀신을 축사해야 합니다. 예를 들어 사울 왕의 악귀를 다윗이 수금을 탈 때 떠나갔습니다. 다메섹 도상에서 예수님을 만나 눈이 보이지 않던 바울된 사울의 눈은 성령 세례받은 아나니아가 안수로 뜨게 됩니다. 그러므로 자신에게서 잘못된 귀신의 역사가 일어나거든 성령 충만한 사역자의 도움을 받아 내적 치유하고 축사하시기를 바랍니다. 하나님께 충성하던 사람들도 그들의 헌신과 은혜를 무시하고 떠나 사탄에게 충성 할 수 있습니다. "그러나 성령이 밝히 말씀하시기를 후일에 어떤 사람들이 믿음에서 떠나 미혹하는 영과 귀신의 가르침을 따르리라 하셨으니(딤전 4:1)"

그러나 타락한 죄는 다시 사함을 받지 못합니다. "한 번 빛을 받고 하늘의 은사를 맛보고 성령에 참여한바 되고 하나님의 선한 말씀과 내세의 능력을 맛보고도 타락한 자들은 다시 새롭게 하여 회개하게 할 수 없나니 이는 그들이 하나님의 아들을 다시 십자가에 못 박아 드러내 놓고 욕되게 함이라 (히 6:4-6)"

8)예수님은 제자들에게 예수님을 믿는 자에게 모든 귀신과 질병을 제어할 수 있는 권세와 능력을 부여 하셨습니다. "예수께서 열두 제자를 불러 모으사 모든 귀신을 제어하며 병을 고치는 능력

과 권위를 주시고 하나님의 나라를 전파하며 앓는 자를 고치게 하려고 내보내시며(눅 9:1-2)" "내가 진실로 진실로 너희에게 이르노니 나를 믿는 자는 내가 하는 일을 그도 할 것이요 또한 그보다 큰 일도 하리니 이는 내가 아버지께로 감이라. 너희가 내 이름으로 무엇을 구하든지 내가 행하리니 이는 아버지로 하여금 아들로 말미암아 영광을 받으시게 하려 함이라(요 14:12-13)" 절대로 예수님은 그냥 세상에 가서 하나님의 나라를 만들라고 하지 않으십니다. 반드시 성령의 권세를 가지고 세상에 나가 마귀의 진을 훼파하고 하나님의 나라를 만들라고 하십니다. "오직 성령이 너희에게 임하시면 너희가 권능을 받고 예루살렘과 온 유대와 사마리아와 땅 끝까지 이르러 내 증인이 되리라 하시니라(행1:8)" 이는 성령의 권능이 없이는 세상에 나가 하나님의 나라를 만들 수가 없기 때문에 반드시 성령의 권능을 받으라고 하십니다. 여러분 불같은 성령으로 세례를 받고 성령의 권능으로 세상에 나가 하나님의 나라를 만드시는 하나님의 군사가 되시기를 바랍니다.

9) 반면에 사단도 자신을 추종하는 자들에게 자신의 능력을 줄 수 있습니다. 예를 든다면 점치는 능력이나 초능력과 마술하는 것과 신비 술을 전이 시킬 수가 있습니다. 그래서 무당들이 신령하다는 무당에게 신을 받으려고 노력하는 것입니다. 여러분 영은 전이, 전달이 됩니다. 바르게 알고 대비하시기를 바랍니다.

10) 영적인 능력은 사물, 장소, 물건에까지 전달 될 수 있습니다. 즉 장소와 물건이 바쳐지는 대상에 의하여 영적인 권능이 나타납니다. 하나님의 언약궤, 성전, 예수님의 옷자락, 바울의 손수

건에서는 하나님의 능력이 나타납니다. 반면에 우상물, 제물, 부적에서는 악한 영의 역사가 나타납니다. 실제로 필자가 군대에 있을 때 이런 일이 있었습니다. 믿음이 좋은 여 집사님이 군인 아파트에 이사를 온 다음부터 이상하게 꿈에 뱀들이 집안에 돌아다니는 꿈을 연속적으로 한 달 이상을 꾸었습니다. 그러다가 불면증에다가 우울증까지 발전을 했습니다. 그래서 군대 목사님이 그 가정에 가서 심방을 하고 성가대 연습을 아무리 해도, 그러한 꿈을 계속해서 꾸었습니다. 그러다가 집사님이 집안을 청소하기로 작정하고 집안 구석구석을 청소했습니다. 그런데 거실에 있던 장식장을 열어보니 그 속에 부적들이 말도 못하게 많이 붙어있는 것입니다. 그래서 부적들을 다 떼어내고 불에 태우고 물로 씻어내고 목사님을 청해 다가 심방을 하고 나니 뱀 꿈이 꾸어지지 않고 우울증과 불면증에서 해방이 되었습니다. 악한 영은 이런 영적인 물건을 통해서도 역사합니다. 만약에 이사를 가시거든 모든 부분을 다 열어보고 확인하고 영적인 청소를 하고 성령의 역사를 일으키고 예수 피를 뿌리시기를 바랍니다.

11) 기독교의 의식으로 영과 진리로 예배를 드리고, 성령 치유 집회에 참석하거나 깊은 기도 치유 집회와 예수 이름으로 하는 봉사와 헌금은 하나님의 능력을 강화시킵니다. 의식은 약속을 이행하는 행위로서 의식을 진정과 성실로 드릴 때 하나님은 존귀함을 받으시며, 이로 인하여 사탄은 뒤로 물러나며 세력을 잃게 됩니다. "아버지께 참되게 예배하는 자들은 영과 진리로 예배할 때가 오나니 곧 이 때라 아버지께서는 자기에게 이렇게 예배하는 자들

을 찾으시느니라(요 4:23)" "자기의 육체를 위하여 심는 자는 육체로부터 썩어질 것을 거두고 성령을 위하여 심는 자는 성령으로부터 영생을 거두리라(갈 6:8)"

계명을 지키며 순종하며 감사하는 삶은 하나님을 기쁘시게 하는 행위입니다. "너희가 나를 사랑하면 나의 계명을 지키리라(요 14:15)" "믿음이 없이는 하나님을 기쁘시게 하지 못하나니 하나님께 나아가는 자는 반드시 그가 계신 것과 또한 그가 자기를 찾는 자들에게 상주시는 이심을 믿어야 할지니라(히 11:6)"

12)귀신은 인간 또는 짐승에게 붙어서 살려고 합니다. 한번 사람에게 침입한 귀신은 떠나가지 않는 것이 보통입니다. 출 20:5-6 "나 여호와 너희 하나님은 질투하는 하나님인즉 나를 미워하는 자의 죄를 갚되 아비로부터 아들에게로 3, 4대까지 이르게 하거니와 나를 사랑하고 내 계명을 지키는 자에게는 천대까지 은혜를 베푸느니라." 귀신은 항상 인간에게 붙어서 살려고 합니다. 귀신은 인간을 떠나있으면 괴로워서 떠나질 못합니다. 마치 물 없는 사막으로 돌아다니는 것 같습니다. 그러므로 귀신은 어찌하든지 사람에게 붙어서 사람을 악마화 시키려고 하는 것입니다. 귀신이 가지고 있는 성격과 질병 등 모든 것을 사람에게 전이시켜 점차 귀신의 인격을 닮아가게 하는 것입니다. 사람에게 붙어있지 못하겠으면 짐승들에게라도 들어가려고 하는 것입니다. 거라사인의 지방에 군대 귀신들린자의 귀신을 예수님이 쫓아내시니, 귀신이 돼지에게 들어가매 이천 마리가 되는 돼지가 모두 다 뛰어 들어가서 바다에 몰살해 죽은 것이 기록되어 있는 것입니다.

3부 하나님의 나라는 이렇게 형성 되어있다.

10장 신의 세계는 삼위 하나님께서 성도 통해 통치하신다.

우리가 믿고 주인으로 모시고 사는 하나님은 삼위일체 하나님이십니다. 하나님은 한 하나님이 아니라 성부 하나님, 성자 예수님, 성령 하나님 이렇게 세 분이 계시는데 그 세 하나님은 영광과 능력과 존귀의 면에서 똑같으신 한 분 하나님이시라는 것입니다. 하나님을 한 분 하나님이라고 하면 그것은 틀리는 말입니다. 하나님은 세분 하나님이 계십니다. 그렇다고 하나님은 세분이 계시다고 하면 그것도 틀린 말입니다.

하나님은 한 분이십니다. 이것을 종합해서 하나님은 세분 하나님이 계시는데 그 세 하나님은 모든 것이 동일하신 분으로 일체가 되시는, 하나가 되시는 분이라고 해야 맞는 말입니다. 이것을 삼위일체 하나님이라는 말로 표현합니다. 원래 성경에는 삼위일체라는 말은 없습니다. 이 말은 신학자들이 만든 말입니다. 말은 없지만 그러나 삼위일체를 뒷받침할 수 있는 성경 말씀은 많이 있습니다.

마태복음 28장에 보면 주님은 "너희는 가서 모든 민족을 제자로 삼아 아버지와 아들과 성령의 이름으로 세례를 베풀고" 말씀하셨습니다. 아버지와 아들과 성령을 같은 선상에서 말씀하고 계십니다. 고린도후서에서 사도 바울은 마지막 인사를 하면서 "주 예수 그리스도의 은혜와 하나님의 사랑과 성령의 교통하심이 너희 무리와 함께 있을지어다." 주 예수님과 하나님과 성령님을 같이 말씀하고 있습니다. 예수님이 세례 받으실 때 성경의 기록을 보면 성자 되신 주님은 물속에 있었습니다.

그리고 하나님 아버지의 음성이 하늘에서 들렸습니다. 성령님이 예수님에게 비둘기같이 임하셨습니다. 어떤 사람들은 삼위일체를 한 하나님이 형편에 따라 다르게 나타난 것을 말한다고 설명하는데 그것은 틀린 것입니다. 하나님은 분명하게 삼위로 계십니다. 그런데 그 하나님은 동시에 하나이신 분이십니다. 삼위일체에 대한 성경의 증언 중에 하나가 오늘 본문의 말씀입니다. 하나님이 인간을 창조하실 때 "우리의 형상을 따라 우리의 모양대로 우리가 사람을 만들고"(창1:26절)했습니다.

우리라는 복수를 사용한 것을 보면 하나님은 혼자가 아니심을 알 수 있습니다. 혼자라면 굳이 복수를 사용할 필요가 없었을 것입니다. 또한 창1:1절 말씀에 보면, "하나님의 영은 수면에 운행하시니라."고 했습니다. 하나님의 영이 즉 성령이 계셔서 하나님의 천지창조에 함께 하셨음을 알 수 있습니다. 이러한 말씀을 보면, 하나님은 원래부터 삼위일체 하나님으로 존재하셨음을 알 수 있습니다. 우리가 잘못 생각하면 원래는 성부 하나님 혼자 계셨는데 그 후에 성자 예수님 성령 하나님이 계신 것이 아니냐고 생각하기가 쉬운데 그것이 아닙니다.

처음부터 본래부터 하나님은 삼위일체 하나님이셨습니다. 삼위일체 하나님으로 존재하시다가 때가 되매 독생자 예수님을 보내주셨고 때가 되매 성령하나님을 보내주신 것입니다. 하나님은 지금도 삼위일체 하나님으로 존재하고 계십니다. 어떤 분은 이렇게 복잡한 내용을 뭣 하러 이야기하나 그렇게 생각하실 분이 계신지 모르겠습니다. 그러나 우리가 신앙생활을 하면서 하나님에 대한 이해, 신에 대한 이해가 얼마나 중요한지 모릅니다. 하나님에 대한 이해가 어떠하냐에 따라 우리의 신앙생활이 크게 달라집니다. 유대인들은 하나님을 유일하신 한 분 하나님으로 섬기고 있습니다. 그러니까 하나님이 보내신 구세주 예수님을 믿지 못하고 있습니다. 더 극심한 예는 이슬람교입니다. 그들은 알라신의 계시라며 '코란이 아니면 칼을 받으라.' 자신들의 종교를 받아들이지 않으면 죽임을 당한다고 공공연하게 말하고 있습니다. 우리가 믿는 신이 어떤 신이냐? 하는 신에 대한 이해는 신앙생활에 있어서 정말 중요합니다. 그렇다면 우리가 믿는 삼위일체 하나님은 어떤 하나님이십니까?

먼저, 삼위일체 하나님은 전능하신 하나님이십니다. 오늘 본문은 삼위일체 하나님께서 온 우주 만물을 창조하시는 내용입니다. 그런데 그 하나님의 창조 방법이 말씀이었습니다. 하나님이 빛이 있으라 하시니까 빛이 생겼고, 물과 물이 나누이라 하시니까 궁창 아래의 물과 궁창 위의 물로 나누게 되었습니다. 천지창조는 하나님의 말씀으로 이루어졌습니다. 하나님의 말씀 한 마디에 모든 것이 그대로 이루어진 것입니다. 이 땅에 존재하는 모든 것은 하나님의 말씀으로 지음 받은 하나님의 피조물입니다.

　삼위일체 하나님께서 말씀으로 천지를 창조하셨다는 것은 하나님이 전능하신 하나님이심을 보여주고 있습니다. 말씀으로 천지를 창조하신 하나님에게 능치 못할 일이 어디에 있겠습니까? 우리는 이런 전능하신 하나님을 믿고 섬기고 있습니다. 이것이 얼마나 귀한 축복인지 모릅니다. 우리가 이 세상을 살아갈 때 얼마나 힘들고 어려운 일이 많으며 불가능한 일들이 많이 있습니까? 그런데 우리가 믿는 하나님은 전능하신 하나님이시며 그 하나님은 우리를 향하여 구하라고 말씀합니다. 찾으라고 말씀하시고 문을 두드리라고 말씀하십니다. 그렇게 구하고 찾고 문을 두드리면 열릴 것이라고 말씀하셨습니다. 문제 많고 험한 세상을 살아가면서 의지할 수 있는 분이 있다는 것이 얼마나 귀한 축복인지 모릅니다. 그 분이 전능하신 분이라고 한다면 그것은 더 말할 필요가 없는 놀라운 축복이 아니겠습니까? 하나님을 믿고 의지하며 하나님의 도우심을 받으며 살아가는 우리들이 될 수 있기를 바랍니다.

　그러기 위하여 우리는 하나님의 전능하심 앞에 겸손히 엎드리는 삶을 살아가야 합니다. 하나님이 전능하시다는 말은 우리가 연약한 존재라는 것을 말합니다. 그 하나님을 의지하며 살아갈 때 이 세상을 이기며 살아갈 수 있다는 말입니다. 교만하여 하나님을 배반하고 하나님을 떠나 살면 그 인생은 결국 실패로 돌아갈 수밖에 없습니다. 절대 교만하지 마시고 겸손히 하나님만을 의지하며 살아가는 여러분들이 될 수 있기를 바랍니다. 삼위일체 하나님은 능치 못하심이 없으신 전능하신 하나님이십니다.

첫째로, 삼위일체 하나님은 위대한 창조주이십니다. 하나님은 아무것도 없는 가운데서 이 세상을 만드셨습니다. (무-유) 맨 처음의 우주는 아무것도 없는 깜깜하고 어두운 세상이었습니다. 창 1:1~3 하나님께서 태초에 하늘과 땅을 창조하셨습니다. 그 땅은 형태가 없고 비어 있었으며 어둠이 깊은 물 위에 있었고 하나님의 영은 수면 위에 움직이고 계셨습니다. 하나님께서 말씀하시기를 "빛이 있으라" 하시니 빛이 생겼습니다. 하나님은 어떤 계획을 가지시고 천지를 창조하시기 시작하셨습니다. 하나님은 엿새 동안 창조의 일을 하셨습니다.

○제 1일-빛, ○제 2일-궁창을 가르시고 하늘. ○제 3일 땅, 바다, 풀, 채소, 나무. ○제 4일 태양, 달, 별. ○제 5일 새, 물고기. ○제 6일 짐승, 사람. ○제 7일 안식. 하나님은 엿새 동안 "말씀"으로 세상을 창조하셨습니다.

특별히 사람은 재료(흙)를 사용하여 만들었습니다. 그렇다면 하나님이 사람을 위하여 이 세상을 창조하셨을까요? 하나님의 창조의 목적은 하나님을 위하여 만드셨습니다. 하나님의 행복과 영광을 위해서입니다. 창조사역 후 말씀은 "보시기에 좋았더라."입니다. 하나님은 자신을 영화롭게 하고 경배를 올리라고 특별히 인간을 만드셨습니다. 그러므로 인간은 하나님을 기쁘게 해 드릴 때에 참 기쁨이 누릴 수 있습니다.

둘째로, 삼위일체 하나님은 좋으신 하나님이십니다. 하나님이 말씀으로 천지를 창조하시고 모든 피조물을 창조하실 때마다 성경에 반복적으로 말씀한 내용이 있습니다. "하나님이 보시기에 좋았더라." 그리고 마지막 인간을 비롯한 모든 피조물을 보셨을 때는 "보시기에 심히 좋았더라."(31절)고 말씀하고 있습니다. 하나님이 좋았다고 하셨으니 얼마나 좋은 것이겠습니까? 우주 비행사 유진 서난은 아폴로 17호가 발사되기 전, 두 번째 달 여행의 궤도에 오르기 전에 이렇게 말을 하였습니다. "달에서 지구를 바라보며 지구의 완전함과 아름다움 질서 정연함 등 이 모든 것을 바라보노라면 이것이 모두 우연히 된 것이 아님을 알게 된다. 이것은 아름답게 움직이고 있으며 나는 하나님이 지구를 창조하실 때 마음속에 그리신 모습 그대로의 지구를 보고 있다는 느낌을 갖게 된다." 하나님이 지구를 창조하신 것은 너무나 아름다운 모습, 너무나 좋은 모습이었습니다. 하나님은 지구를 아름답게 만드셔서 우리에게 주셨습니다. 하나님이 모든 피조물을 만드시고 보시기에 좋았더라고 하신 것은 반대로 말씀하면 그 만물을 창조하신 삼위일체 하나님이 좋으신 하나님이시라는 것입니다. 하나님이 좋으니까 그가 만드신 피조물도 천지도 다 좋은 것입니다. 좋으신 하나님께서 좋은 피조물을 창조하신 것입니다.

우리는 이처럼 좋으신 하나님을 주인으로 모시고 있습니다. 전능하실 뿐 아니라 좋으신 삼위일체 하나님을 섬긴다는 것은 정말 복된 일이 아닐 수 없습니다. 힘은 언제나 그것을 견제하고 통제할 수 있을 때 바른 방향으로 나가게 됩니다. 그 힘을 견제할 수 없을 때 그 힘은 정말 파괴적이 되고 부정적인 모습으로 나타날 수밖에 없습니다. 독일의 나치가 큰 힘을 갖고 있었을 때 그들의 결국은 유럽을 황폐화시키고 2차 대전의 악몽을 가져오게 되었습니다.

그런데 우리 하나님은 전능하실 뿐 아니라 좋으신 하나님이십니다. 그 하나님의 전능하심이 결코 잘못된 방향으로 나아가지 않습니다. 언제나 선을 이루고 평화를 이루고 복을 가져다주는데 사용되어집니다. 그 하나님을 믿는 것이 얼마나 귀한 일입니까? 얼마나 믿을만한 하나님이십니까? 하나님의 선하심은 크게 두 가지 방향에서 나타났습니다. 하나는 천지창조입니다. 두 번째는 죄에서 우리를 구속하신 모습입니다. 선하신 하나님은 우리 인간이 죄에서 고통 받고 사망의 삶을 받는 것을 차마 견디실 수 없으셨습니다. 그래서 죄의 문제를 해결하시기 위해 성부 하나님은 독생자 예수님을 보내시는 놀라운 사랑을 보여주셨습니다.

성자 예수님은 우리를 죄에서 구원하시기 위해 기꺼이 이 세상에 인간의 몸을 입고 오실 뿐 아니라, 모든 인간의 죄를 대신 지시고 십자가에서 고통과 부끄러움 속에서 돌아가셨습니다. 성령 하나님은 이 세상에 오셔서 예수께서 완성하신 구원의 복음을 전하게 하시고 그 복음을 믿게 하시고 그 복음으로 하나님의 자녀가 된 것을 인 쳐 주셨습니다. 삼위 하나님의 이런 사랑의 역사가 없었다면 우리는 결코 죄에서 구원을 받을 수 없었습니다.

좋으신 하나님의 사랑이 있었기에 우리가 구원을 받고 하나님의 자녀가 될 수 있었습니다. 천지를 창조하셔서 우리에게 주신 하나님의 사랑, 우리를 죄에서 구원하셔서 하나님의 자녀가 되게 하신 하나님의 사랑을 기억하며 좋으신 하나님을 마음껏 찬양하고 영광을 돌리는 삶을 살아갈 수 있기를 간절히 바랍니다.

셋째로, 삼위일체 하나님은 보이지 않지만 살아서 역사하시는 하나님이십니다. 여호와 하나님은 살아계신 분이십니다. 그리고 지금도 살아 계셔서 그분의 섭리 가운데 우리를 역사하고 계십니다. 그럼 어떻게 살아 계신 것을 압니까? 우주의 인과법칙을 보아도 살아 계신 것을 알 수 있습니다. 일에는 반드시 원인과 결과가 있습니다. 원인이 없는 결과는 없습니다. 이 우주가 생긴 것도 누군가가 창조했기 때문에 생긴 것입니다. 어떤 사람은 우연히 생겼다고 말합니다. 그러나 우연치고는 너무 오묘합니다. 우연이라면 우연임을 증명할 것이 있어야 하는데 무엇으로도 증명할 수가 없다고 합니다. 우연이라면 가끔은 오묘한 자연의 법칙에 어긋나는 일도 생겨야 하는데 그런 일들은 하나도 없습니다. 고작해야 70-80평생 사는 인간이 어찌 하나님이 안 계신 것을 증명할 수 있겠습니까? 무신론을 내세웁니다만 이는 한갓 증명할 수 없는 것을 가지고 나름대로 그럴 것이라는 막연한 생각을 합리화하려는 데 불과합니다.

그럼, 우주를 창조한 이가 누구겠습니까? 바로 하나님이십니다. 하나님은 하나의 목적을 위해 천지를 창조하셨습니다. 성경에는 "태초에 하나님이 천지를 창조하시니라"(창 1:1). 라고 분명히 가르치고 계십니다. 히브리서 3장 4절에는 "집집마다 지은이가 있으니 만물을 지은이가 하나님이시라."했고, 로마서 1장 20절에서는 "그의 영원하신 능력과 신성이 그 만드신 만물에 분명히 보여 알게 되나니"라고 말씀하셨습니다. 그렇습니다. 우주를 보면 하나님이 계신 것을 알 수 있습니다. "이는 하나님의 알만한 것이 저희 속에 보임이라."(로1:19), 말씀 한 것처럼 창세로부터 그의 보이지 아니한 것들 곧 그의 영원하신 능력과 신성이 그 만드신 만물에 보여 알게 만드셨습니다.

자연의 오묘한 법칙과 질서를 보면 하나님이 계신 것을 알 수 있습니다. 우주의 모습을 보면 신비하고 오묘하기 그지없습니다. 봄이 되면 어김없이 여름이 오고, 여름이 지나가면 어김없이 가을이 옵니다. 봄이 되면 새싹이 돋고, 꽃이 피고, 여름이면 열매 맺고, 가을이 되면 열매가 익습니다. 사과나무에서는 사과가 열리지 배가 열리지 않습니다. 음양의 조화는 더욱 신비합니다. 한 송이의 꽃은 그 향기로 벌과 나비를 불러들여 수정을 합니다. 어떤 암벌은 수십 리 떨어진 곳에 있는 수벌을 불러들인다고 합니다. 지구상의 모든 생물들은 크던, 작던, 강하던, 약하던 간에 그 나름대로 자신들을 보호하면서 종족을 퍼뜨리며 살아갑니다. 이런 것을 보면 자연의 질서는 참으로 오묘하기 그지없다는 생각이 듭니다.

사람의 생김새 하나만 보아도 그 오묘함을 금방 알 수 있습니다. 머리털은 열을 차단하기 위해서 생겼는지도 모릅니다. 눈이 깜박

거리지 않는다면 먼지가 들어가 금방 상하고 말 것입니다. 눈썹이 없다고 생각해 보십시오. 빗물이 떨어지면 흘러서 모두 눈으로 들어갈 것입니다. 콧구멍은 밑으로 뚫어져 있습니다. 위로 뚫어져 있다고 생각해 보십시오. 비가 오면 감당을 못할 것입니다. 귓바퀴는 소리를 모으기 위해 오그라져 있습니다. 옆얼굴과 귓바퀴 사이에는 물이 귀로 들어가지 못하도록 볼록 튀어 나와 있습니다. 혹 잘못해서 물이 귀로 들어갔다 하더라도 밖으로 흘러나오도록 귀밑으로 홈이 나 있습니다. 이것을 어찌 우연이라 하겠습니까?

밤하늘에 반짝이는 별들도 그저 아무렇게나 널려 있는 것이 아니라고 합니다. 반드시 일정한 조직과 일정한 배열 속에서 일정한 법칙대로 움직인다고 합니다. 물질의 구성을 보면, 어느 물질이든 원자들로 되어 있고, 이는 다시 양자와 전자로 나누어져 있어 소우주의 모습을 보여 주고 있다고 합니다. 인간의 창조도 그렇습니다. 어찌 인간이 인간을 만들어 낼 수 있겠습니까? 다만 하나님의 섭리에 의해서 태어날 뿐입니다. 위장에 병이 들어 죽게 되어도, 심장이 말을 안 들어도 똑같은 위장, 똑같은 심장을 못 만들어 냅니다.

그런데 하물며 영혼이 깃든 인간을 어떻게 만들어 낼 수 있겠습니까? 이런 자연의 오묘한 조화를 볼 때 하나님이 계시다는 것을 느끼지 않을 수 없습니다. 찬송가 79장에 " 1절: 주 하나님 지으신 모든 세계 내 마음속에 그리어 볼 때 하늘의 별 울려 퍼지는 뇌성 주님의 권능 우주에 찼네. 주님의 높고 위대하심을 내 영혼이

찬양하네, 주님의 높고 위대하심을 내 영혼이 찬양하네

2절: 숲속이나 험한 산골짝에서 지저귀는 저 새소리들과 고요하게 흐르는 시냇물은 주님의 솜씨 노래하도다. 주님의 높고 위대하심을 내 영혼이 찬양하네 주님의 높고 위대하심을 내 영혼이 찬양하네. 아멘!" 그렇습니다.

오묘한 우주의 질서를 보면 하나님이 살아계신 것을 알 수 있습니다. 인간의 도덕성을 통해서 하나님이 계신 것을 알 수 있습니다. 인간에게는 누구에게나 도덕성이 있습니다. 하나님은 인간에게 도덕성을 부여해 주셨습니다. 소위 무신론을 주장하는 분들도 죄짓는 것은 싫어합니다. 또, 죄를 지으면 양심의 가책을 느낍니다. 이것은 하나님이 우리에게 도덕적 양심을 부여해 주셨기 때문입니다. 이 양심은 곧 하나님의 음성입니다. 이 양심은 선과 악을 구분하게 해 줍니다. 그리고 선하게 살려고 노력하게 합니다. 이 하나님의 음성을 들을 때 우리는 하나님이 계신 것을 알 수 있습니다. 인간의 종교성은 하나님이 계신 것을 알게 합니다. 사람에게는 누구나 종교성이 있습니다. 하나님은 우리 인간에게 하나님 자신을 의지하며 살도록 만드셨고, 우리의 마음속에 종교성을 부여해 주셨습니다. 믿지 않는 사람도 위기에 처해 있을 때 하나님을 찾게 되는 것도 그들의 마음속에 하나님을 찾으려는 종교성이 잠재해 있기 때문입니다.

미약한 인간의 존재를 살펴 볼 때, 우리는 하나님이 살아 계시다는 것을 느낄 수 있습니다. 우리가 좀 더 겸손한 생각으로 되돌아보면 인간은 너무나 미약한 존재라는 것을 느낄 것입니다. 우리는 마음대로 태어날 수도 없고, 죽을 수도 없습니다. 그렇다고 한없이 오래오래 살 수도 없습니다. 이 불가항력적인 힘 앞에 인간은 꼼짝도 못합니다. 이런 것을 생각하면 우리는 보다 숙연해 지게 되고, 보다 겸손해 지게 되면서 하나님이 살아 계심을 느끼게 됩니다.

개인의 경험을 통해 하나님이 살아 계심을 알 수 있습니다. 하나님은 하나님의 권능과 사랑을 보여주시기 위해 이적을 통해 하나님의 모습을 구체적으로 나타내어 보여주실 때가 더러 있다고 말했습니다. 예수님도 많은 병자들을 고쳐주심으로써 하나님의 권능과 인간에 대한 사랑을 나타내 보이셨습니다. 오늘날도 놀라운 기도의 능력이 여기저기에서 나타나는 신비로운 모습을 볼 때 하나님이 계신 것을 알 수 있습니다.

성경의 말씀을 보면 하나님이 계신 것을 알 수 있습니다. 성경은 하나님의 말씀입니다. 일 점 일획도 거짓이 없습니다. 성경에서 하나님의 말씀을 빼면 남는 것은 겉장뿐입니다. 성경은 여러 사람들이 성령의 감동에 의해 썼습니다. 시간과 공간이 다른 여러 사람들이 썼어도 신약과 구약을 통해서 볼 때 하나도 어긋남이 없이 연결된 것을 보면 오묘하기 그지없습니다.

넷째로, 삼위일체 하나님은 인간과 교제하시기를 기뻐하시는 하나님이십니다. 하나님이 인간을 만드실 때 "우리의 형상을 따라 우리의 모양대로 우리가 사람을 만들고" 했습니다. 인간은 다른 피조물과는 달리 하나님의 형상을 따라 만들었습니다. 이 하나님의 형상이 무엇일까요? 물론 외모는 아닙니다. 하나님은 영이시기 때문에(요 4:24) 우리와 같은 외모를 갖고 있지 않으십니다. 성경학자들은 그 동안 하나님의 형상으로 제시된 것들로 양심, 이성, 영혼, 본래의 의, 하나님과 교제할 수 있는 자질 등을 말하고 있습니다. 이런 것들 중에 어떤 하나를 확정하여 말하기는 어려울 것입니다. 그러나 분명한 것은 하나님의 형상을 따라 창조되었다는 것은 그 하나님과 교제할 수 있다는 것입니다.

삼위일체 하나님과 교제하기 위하여 하나님은 우리를 당신의 형상대로 창조하셨다는 것입니다. 우리가 신앙생활을 한다고 하는데 이 신앙생활이라는 것을 한 마디로 이야기하면 하나님과 교제하는 것입니다. 하나님을 섬기고 하나님을 예배하는 것이 하나님과 교제하는 것입니다. 기도로 대화하고 말씀으로 하나님의 음성을 듣는 것이 하나님과 교제하는 것입니다.

하나님을 늘 묵상하고 동행하는 것이 하나님과 교제하는 것입니다. 하나님이 기뻐하시는 일을 하면서 하나님의 뜻을 이루어가는 것이 하나님과 교제하는 것입니다. 삼위일체 하나님은 이 교제를 위하여 우리 인간을 창조하신 것입니다. 이 교제를 부인하고 하나님과의 관계 속에서 살지 못하는 것이 바로 죄를 짓는 것입니다. 조물주이신 하나님과의 관계 속에서 살지 못하고 엉뚱한 것에 관심을 가질 때 즉 우리가 죄를 지을 때 우리는 진정한 행복을 얻을 수 없습니다. 하나님과의 관계 속에서만 의미를 발견하고 진정한 행복을 누리며 살 수 있습니다.

왜냐하면 우리는 하나님의 형상대로 지음을 받았기 때문입니다. 그래서 어거스틴은 "오 하나님, 우리의 마음은 당신 안에서 안식을 찾기까지는 쉴 수가 없습니다." 라고 고백했고, 파스칼은 "우리 마음속에는 그 어떤 것으로도 채워질 수 없고 오직 하나님으로만 채워지는 하나님을 위한 빈 공간이 있다"고 말하였습니다. 요즘 이재명 정부에서 입각을 요청받은 장관후보자들에 대한 인사청문회로 인하여 정치권이 바삐 움직이고 있습니다만, 힘이 있고 사람도 좋은 분이 함께 일하자고 하면 누가 그것을 거절하겠습니까?

결혼 적령기에 있는 여자들의 바람은 능력 있고 성품도 좋은 남자일 것입니다. 능력은 있는데 사람이 안 좋으면 결혼을 승낙하기는 어려울 것입니다. 사람은 참 좋은데 능력이 없으면 그것도 쉽지 않은 청혼이 될 것입니다. 그런데 삼위일체 하나님은 말씀 한 마디로 천지를 창조하신 전능하신 하나님이십니다. 그런 전능하심만 있다면 그 하나님을 섬기기가 두려울 수 있습니다. 그런데 그 하나님은 전능하실 뿐 아니라 좋으신 하나님이십니다. 우리를 위해 기꺼이 아들을 희생하시고 신성을 희생하시고 자신을 희생하신 하나님이십니다.

11장 하나님의 꿈을 이루신 예수님이 계신다.

하나님은 예수님에게 세상의 죄악을 담당하게 하시고 십자가에서 죽게 하셨습니다. 예수님이 십자가에서 죽으심으로 우리가 오늘도 하나님에게 나와 영과 진리로 예배를 드리는 것입니다. 유월절 어린 양되신 예수님에게 영광과 찬송을 올립니다.

하나님께서는 비록 하나님이 친히 택한 백성들이라도 찾고 기도하지 않을 때는 귀를 기울이지 않습니다. 이것은 신적인 세계의 하나의 법칙입니다. 기도해야 하나님께서 역사 하시지 기도하지 않는데 하나님께서 스스로 나오셔서 구원하지 아니하시는 것입니다. 그러나 사백 삼십 년의 세월이 지나고 난 다음에 그 노역에 견딜 수가 없으니까, 이스라엘 백성들이 하늘을 향하여 부르짖기 시작한 것입니다. 그들의 죄를 회개하고 아브라함과 이삭과 야곱에게 약속하신 구원을 달라고 부르짖어 기도하자 하나님께서 그 기도를 들으시고 중심이 뜨거워져서 하나님께서는 모세를 보내셔서 이스라엘을 애굽에서 구출하기로 작정하신 것입니다.

이것은 우리에게 굉장히 중요한 교훈을 줍니다. 왜냐하면 오늘 성경 말씀 가운데 보면 우리 주 예수 그리스도께서 유월절 양으로서 이미 죽임을 받았다는 것입니다. 이천 년 전에 예수께서 이 땅에 오신 것은 평범한 종교가로 철학가로 온 것이 아니라, 유월절 어린 양으로 하나님이 보내셔서 이미 죽임을 받았다는 것입니다. 예수께서 왜 유월절 양으로 와야 될까요? 그렇다면 우리가 모두 다 이스라엘 백성처럼 종이 되어있었나요? 그렇습니다. 아담과 하와 이후로 하나님을 반역한 백성들은 이 세상의 임금인 마귀와 그 군사들인 귀신들 손에 잡히어서 기나긴 세월동안 종살이했습니다. 인간들은 그 종살이에서 벗어나려고 인간의 모든 수단과 방법을 다 써 봤었습니다. 과학도 발전시켜 봤었습니다.

문화도 개발 시켜 봤었습니다. 인간의 모든 노력을 다 해보았지만 인간들은 마귀와 그 종자들의 종살이를 벗어나지 못했었습니다. 기나긴 세월동안 인간들은 마귀의 종살이를 하고 비참한 삶 가운데 살아 왔었습니다. 그들은 죄의 종살이를 해서 죄가 시키는 대로 할 수밖에 없었습니다. 미움의 종살이었습니다. 사탄과 그 질병의 종살이었습니다. 저주와 가난의 종살이를 했습니다. 마지막 죽음과 영원한 지옥의 종으로 전락해 버리고 마는 것입니다. 아무도 인류를 여기에서 구출해 줄 수가 없었습니다. 그래서 지금으로부터 이천 년 전 하나님이 세상을 이처럼 사랑하사 그 독생자를 보내셨습니다.

그 어린양 예수께서 우리의 유월절 양이 되어서 십자가에 못 박힌 것입니다. 성경에 보면 유월절 어린양을 잡는 시간에 예수님께서 잡히시어 십자가에 못 박혀 그 피를 흘리고 그 몸을 찢으신 것입니다. 하나님께선 우리 인류를 마귀의 속박에서 벗어나게 하기 위해서, 그 아들 예수를 유월절 어린양으로 주셨습니다. 예수께서 십자가에 못 박혀 피를 흘리셨기 때문에 그 보혈로 말미암아 이제 하나님께서는 이 세상에 임하셔서 사탄을 심판하셨습니다. 우리 하나님께서는 예수 그리스도의 십자가를 통하여 마귀를 심판해서 마귀의 모든 통치자와 권세를 무장 해제해 버리시고, 밝히 드러내시고, 십자가로 승리해 버리고 말은 것입니다.

하나님께서는 마귀를 심판하시고, 그리고 예수그리스도의 그 피를 받아서 마음의 문설주에 바른 우리들은 모두 다 심판에서 건져내어 주셔서, 우리로 하여금 수 천 년 동안 마귀의 종살이하는 자리에서 벗어나서 자유를 얻도록 만들어 놓고 마신 것입니다.

이러므로 예수 그리스도는 인류에 대한 하나님의 최후의 구원의 방법인 것입니다. 예수께서 십자가에서 못 박혀 피를 흘려 죽임을 받으므로 말미암아 오늘 누구든지 그 예수의 피를 받아서 마음의 인방과 문설주에 바르고 예수 그리스도의 깨어진 그 몸을 믿음으로 먹으면 종살이에서 벗어나게 되는 것입니다.

예수 그리스도의 피는 마귀에 대한 심판을 말합니다. 하나님께서는 예수 그리스도의 피가 없는 사람들은 심판하십니다. 그러므로 하나님께서는 이 예수 그리스도의 피를 통해서 원수 마귀, 애굽의 바로 같은 원수 마귀를 심판하십니다. 마귀는 예수를 십자가에 못 박으므로 말미암아 자멸하고 마는 것입니다. 그래서 자기의 통치자와 권세를 다 **빼앗겨** 버리고 왕의 위치에서 쫓겨나고 마는 것입니다.

이제 오늘날 예수 그리스도의 피가 우리 마음속에 증거가 돼 있는 사람마다 하나님께서는 그 사람을 사망에서 생명으로 옮기는 것입니다. 그러나 그리스도의 보혈 증거가 없는 사람은 모두 다 마귀와 함께 영원한 심판에 놓여 있게 되는 것입니다. 우리는 어떠한 것에서 이제 놓여남을 받을까요?

이스라엘 백성이 유월절 어린양의 피를 바르고, 그 고기를 먹고

난 다음 그 다음에는 하나님의 그 편 팔과 강한 손으로 사백 삼십 년 종살이하던 땅에서 해방되어 나온 것처럼, 오늘 우리 인류들도 수 천 년 마귀의 종살이하던 땅에서 예수 그리스도의 보혈을 우리가 믿고, 예수님의 깨어진 몸을 믿음으로 받아들일 때, 하나님의 편 팔과 강한 손으로 종살이에서 벗어나게 되는 것입니다. 오늘 벗어 나와야만 되는 것입니다. 종살이해서는 안 됩니다. 어린 양 예수께서 이미 죽임을 받았기 때문인 것입니다. 우리가 무엇에서 벗어 나와야 합니까?

첫째, 우리는 죄악의 종살이에서 벗어나야 되는 것이다. 더 이상 이 죄악의 쇠사슬에 묶여있을 필요가 없습니다. 아무도 우리를 죄악의 쇠사슬에서 벗어 날수 있게 해 줄 수는 없었지만, 이제 예수의 피가 우리 마음속에 믿어지면 그리스도의 피는 죄악의 쇠사슬을 모두 다 꺾어 버리고 마는 것입니다. 하나의 사슬도 예수의 피 앞에 견뎌내지 못합니다. 마치 검불이 불길 앞에서 타 버리는 것처럼, 예수의 보혈 앞에서 모든 죄악은 다 불타버리고 마는 것입니다. 이렇기 때문에 어떠한 죄악의 흉악한 습관도 예수 그리스도의 보혈 앞에서는 다 꺾어져 버리고 마는 것입니다.

이러므로 오늘 우리 문제의 해결은 예수의 보혈에 있습니다. 죄가 용서함 받을 뿐 아니라 죄악의 악한 습관에서 우리가 벗어 날 수 있는 것은 예수 그리스도의 보배로운 피의 능력밖에 없습니다. 나의 죄를 씻기는 예수의 피 밖에 없네. 다시 정케 하기도 예수의 피 밖에 없네. 예수 그리스도의 피는 우리에게 음란하고, 방탕하고, 살인하고, 이 세상에서 거짓하고 온갖 습관에 묶여있는 그 습관을 완전히 다 꺾어 버리고 마는 것입니다. 보혈에는 그 힘이 있습니다. 그 보혈의 힘으로 우리는 죄악에서 벗어날 수 있습니다. 우리 보혈의 능력으로 죄악에서 해방을 받으시기를 바랍니다.

둘째, 우리는 보혈로써 원수 된 곳에서 벗어나올 수 있다. 우리는 하나님과 사람사이에 원수가 되었고, 사람과 사람사이에 미움과 원수가 되어서, 그 미움의 쇠사슬에 묶여 있었는데, 예수 그리스도의 보혈을 우리가 받아들이면 이 보혈은 원수 된 마귀의 사슬에서 벗어나게 합니다. 하나님과 우리가 보혈로 말미암아 화목하게 되어서 아버지가 되고, 아들이 될 수 있게 되었습니다. 이웃과 원수 된 것이 예수의 보혈로 말미암아, 그 원수가 사라지고 서로 친밀해 지고 형제가 될 수 있는 것입니다. 예수님의 피는 우리 모두와 화평함을 이루게 하시는 보배로운 피입니다.

셋째, 예수님의 피는 고통에서 벗어나게 해주는 것이다. 예수의 보혈의 능력은 우리가 오랫동안 질병의 노예생활을 한 것을 다 청산하고 질병의 종살이에서 우리는 하나님의 능력으로 벗어나서 자유를 얻어 나오게 되는 것입니다. 예수의 피는 오늘날도 우리를 질병의 감옥에서 벗어나게 하는 위대한 힘이 되는 것입니다.

넷째, 예수 그리스도의 피는 가난과 저주에서 벗어나게 한다. 아담과 하와 이후로 이 땅은 가시와 엉겅퀴가 나고 사람들은 이마에 땀을 흘려야 먹고살게 되며, 가난과 저주 속에서 수 천 년의 세월을 몸부림치고 살았습니다. 이 가난과 저주의 사슬로 마귀는 우리를 묶어놓고 종살이 시켰었습니다. 이스라엘 백성이 애굽에서 얼마나 가난하고 얼마나 헐벗고 굶주렸습니까? 그러나 예수 그리스도의 보혈의 역사는 우리를 가난과 저주에서 해방시켜버리고 마는 것입니다. 그 사슬에서 풀려나서 젖과 꿀이 흐르는 땅으로 향하게 만들어 주는 것입니다.

다섯째, 우리를 죽음과 영원한 지옥 형벌에서 해방시켜 준다.
예수 그리스도의 피는 우리를 죽음과 영원한 지옥의 종살이에서 해방시켜 줍니다. 사람들은 죽어서 지옥으로 떨어지고 영원한 세월동안 사망의 종살이를 합니다. 이미 예수 믿지 않고 이 세상을 떠난 사람은 음부에 들어가서 불 가운데서 영원히 고생하는 것입니다. 그러나 예수의 피가 오면, 이 사망과 음부에서 우리를 자유케 해서 우리로 하여금 눈물과, 근심과, 탄식과, 이별하는 것이나, 곡하는 것이나, 앓는 것이나, 죽는 것이 없는 천국의 영생을 누리게 만들어 주시는 것입니다.

이러므로 오랫동안 이 세상의 마귀의 애굽 세상에서 마귀인 바로에게 종살이하는 우리들은 예수 그리스도 우리 주님께서 유월절 어린양이 되어서 십자가에서 피를 흘렸으므로 그 피를 마시고, 그 살을 먹으므로 말미암아, 우리는 오늘 이 시간에 단호하게 일어나서 마귀로부터 해방을 주장하고, 그 바로 왕의 포로에서 나와야만 하는 것입니다. 성경에는 진리를 알지니 진리가 너희를 자유케 하리라고 말씀한 것입니다. 오늘날 기독교는 그저 교회에 왔다 갔다 하는 것이 아닙니다. 종교적인 형식이나 의식만 가지는 것이 아닙니다. 우리의 실제적인 생활 속에서 자유를 선포하고 이어서 자유를 얻고 나와야 되는 것입니다.

　우리는 종살이에서 벗어나서 우리의 영혼이 잘됨같이 범사에 잘되며 강건하고 생명을 얻되 넘치게 얻는 실제적인 하나님의 역사가 우리 생활 속에 나타나야만 하는 것입니다. 이것 없이 교회를 그냥 왔다 갔다 하면은 이스라엘 백성들이 유월절 피를 문설주에 바르고, 고기를 먹고도 애굽에서 안 나오는 것과 같습니다. 이스라엘 백성이 애굽에서 안 나오는 것은 자기들이 나오기 싫어서 안 나오는 것이지 하나님께서 못 나오게 한 것은 아닙니다. 이미 하나님은 바로를 심판하시고 바로의 군대를 심판하시고 이스라엘을 나오게 만들어 주신 것입니다. 그러므로 그렇게 하고도 안 나온다면 이것은 하나님의 책임이 아니라, 이스라엘 백성들의 책임이 될 것입니다.

　오늘날 하나님께서는 이천 년 전에 이미 예수 그리스도를 십자가에 못 박아서 그 몸을 찢고, 그 피를 다 흘리게 해서 우리의 유월절 어린양으로서 죽임을 받았는데, 그 피로 말미암아 이미 사탄은 심판을 받아 버렸고, 우리에게는 자유가 선포되었는데, 죄악에서 나와야 됩니다. 원수 된 자리에서 나와야 됩니다. 질병에서 나와야 됩니다. 가난과 저주에서 나와야 됩니다. 죽음과 지옥에서 나와야 됩니다. 이것은 우리가 믿음으로 말미암아 타협하지 말고 나와야 됩니다. 눈에는 아무 증거 안보이고 귀에는 아무 소리 안 들리고 손에는 잡히는 것 없어도 믿습니다, 로 억척같이 나와야 됩니다. 한시라도 더 이상 잡혀있을 필요가 없어요. 순간이라도 더 이상 잡혀있을 필요가 없어요. 나사렛 예수 이름으로 그 보혈을 의지하고 일어나 이 모든 마귀의 쇠사슬을 풀어버리고 나오게 되시기를 주의 이름으로 소원합니다.

우리는 이미 자유를 얻었습니다. 우리의 감옥 문은 이미 열려있습니다. 우리를 묶어놓은 쇠사슬은 이미 다 끊어 졌습니다. 이것을 아십시오. 그리고 믿으십시오. 그리고 믿음으로 일어나서 나오십시오. 더 이상 사탄에게 짓밟혀서 서럽고 고달픈 삶을 살 필요가 어디 있습니까? 우리 주 예수께서 이미 희생이 되셨습니다. 하나님은 그 아들 예수를 보내시사, 우리의 유월절 어린양으로서 이미 희생을 시키셨습니다.

이미 마귀의 속박에서 우리는 자유함을 선포 받았었습니다. 이렇기 때문에 예수께서 말씀하기를 하나님께서 나를 보내신 것은 포로 된 자에게 자유를, 눈 먼 자에게는 다시 보게 함을 전파하며, 눌린 자는 자유케 하고 하나님의 은혜의 해를 전파하게 하려 함이라고 주님께서 말씀하셨습니다.

그러므로 이것은 하나의 종교가 아니요. 의식이 아닙니다. 우리로 하여금 실제적으로 이 세상에서 사탄의 권세에서 하나님의 아들의 나라로 옮겨지면서 모든 묶음에서 놓여남을 받고 자유를 얻게 되는 것입니다. 이것은 오늘 우리가 실제로 예수 그리스도의 흘린 피를 마시고 깨어진 몸을 먹음으로 말미암아 유월절을 선포하기 때문인 것입니다. 예수 그리스도의 피는 마귀에게 심판을 의미하고, 우리에게 구원을 의미하고, 그 깨어진 몸은 우리에게 치료를 의미하며, 우리에게 축복을 의미하며 우리에게 영생을 얻어 부활을 하는 부활의 씨앗이 되는 것입니다.

내 살을 먹고 내 피를 마시는 자는 내 안에 거하고, 나도 저 안에 거하나니, 내가 나를 보내신 이로 말미암아 사는 것처럼 나를 먹는 자는 나로 말미암아 살리라고 했습니다. 우리는 예수로 말미암아 자유를 얻어 살지 예수로 말미암아 죽지 않습니다. 도적이 오는 것은 도적질하고 죽이고 멸망시키는 것뿐이요. 인자가 온 것은 양으로 생명을 얻게 하되 더욱 풍성히 얻게 하려 왔노라 하셨습니다. 예수를 먹고 마시고 예수로 말미암아 자유를 얻게 되시기를 주의 이름으로 소원합니다.

이스라엘 백성들이 하나님의 강한 손과 편 팔로 의기양양하게 사백 삼십 년 동안 종살이하던 세계에서 벗어 나오자마자, 하나님은 즉시로 그들 앞에 구름기둥을 보내고 불기둥을 보냈었습니다. 밤에는 휘황찬란한 불기둥이 그들 앞을 비춰면서 인도해 가셨습니다. 낮에는 그 불기둥이 변해서 구름기둥이 되어서 그들을 이끌어가셨습니다. 광야의 길을 어디로 가야할지 모르는 그들에게 하나님께서는 구름기둥과 불기둥을 보내셔서, 그들을 보호하고 인도하셨던 것입니다. 오늘 예수 그리스도를 믿고서 우리가 그리스도의 보혈로 마귀에게서 놓여남을 받고 하나님의 심판에서 벗어남을 받아, 이제 큰 생명의 능력으로 신앙생활에 들어오면 하나님은 즉시로 우리에게 구름기둥과 불기둥인 성령을 보내 주시는 것입니다.

그러면 우리 속에 있는 성령께서 자신을 인도하고 계시는 것입니다. 하나님의 성령이 구름기둥과 불기둥처럼 인도하고 계시는 것입니다. 우리가 성령의 구름기둥과 불기둥을 따라서 가려면 기도생활을 해야 하는 것입니다. 왜냐하면 성령은 기도생활 속에서만 우리와 교제하기 때문인 것입니다. 기도하지 않을 때는 성령이 우리와 교제 할 수 없습니다. 성령은 영적인 세계에서 인도하기 때문에 우리가 기도하면 영적인 세계로 들어가는 것입니다. 성경에는 하나님의 성령으로 인도함을 받는 그들은 곧 하나님의 아들이라고 말씀했는데 우리가 하나님의 자녀가 되었으면 성령의 인도를 받아야 됩니다.

성령은 지혜의 구름기둥으로, 지식의 구름기둥으로, 판단력의 구름기둥으로, 혹은 우리에게 영감의 불기둥으로 인도하여 주시는 것입니다. 우리가 기도할 때 하나님의 성령은 우리의 일상생활에서 친히 같이 하여 주셔서 우리에게 지혜를 주시고, 지식을 주시고, 판단력을 주시고, 능력을 주셔서, 이 어려운 광야의 생활에서 올바른 판단을 하고서 승리하며 살아갈 수 있도록 이끌어 주시는 것입니다. 이렇기 때문에 하나님의 성령 없이 여러분 성공적인 인생을 살아갈 수 없습니다. 예수 믿는 사람은 반드시 우리가 고아와 같이 버림받지 아니합니다.

아버지께서 나에게 보혜사를 주신 것을 알고, 믿고, 성령님을 인정하고, 환영하고 주인으로 모셔 들이시기를 바랍니다. 내 안에 오신 성령께 의지하고, 기도하므로 성령의 인도를 받아서 진실로 영혼이 잘됨같이 범사에 잘되며 강건하고, 생명을 얻되 넘치게 얻어서 남에게 꾸어주고 사는 삶을 살게 되시기를 주의 이름으로 소원합니다. 성령 없는 신앙생활은 예수 그리스도를 믿었다고 볼 수 없습니다. 애굽에서 나온 사람마다 성령께서 붙잡아 이끌어 주시는 것입니다. 그리고 우리 생활에 필요한 것은 기적입니다. 오늘날 많은 사람들이 기적은 일어나지 않는다. 기적은 지나갔다고 말하는데 이것은 모두다 사탄에게 속아서 하나님의 뜻을 분명하게 알지 못 하기 때문인 것입니다. 이스라엘 백성이 애굽에서 나와서 광야를 지나가는데 기적 없이 어떻게 지나갑니까? 그들이 홍해수가에 모였었을 때 어떻게 홍해수를 건넙니까? 배도 없고 다리도 없는데. 모든 사람들이 원망하고 불평하고 탄식해도 모세만은 하나님께서 기적을 허락하신 걸 알고 엎드려 기도하니까, 기도를 통해서 하나님께서 역사 하셔서 홍해수가 갈라지고 그 홍해수를 마른땅처럼 지나갔었습니다. 기적이 일어납니다.

그들이 광야로 들어가 사흘 길을 걸어가나 물이 없어 수로광야에서 목말라 죽겠다고 다 불평할 때 연못물을 발견했으나, 그 물이 써서 못 먹어 사람들이 통곡할 때 모세는 기적이 일어날 것을 믿고 기도한즉 하나님이 나뭇가지를 지시한지라, 그 나뭇가지를 꺾어서 던져 넣으니 물이 달아져서 다 먹고 마셨습니다. 혹은 바위를 치니 바위에서 물이 솟아 나와요. 혹은 하늘에서 만나가 내려와서 만나를 먹을 수 있게 하시고, 혹은 기도하니 메추라기가 와서 메추라기가 떨어져서 고기를 먹게 하시고, 요단강도 갈라지고, 여리고 성도 무너졌었습니다. 오늘날도 우리가 광야와 같은 인생을 살아가는데 우리는 기적이 필요합니다. 그래서 하나님께서는 오늘 예수를 믿고, 성령의 능력으로 하나님 따라 세상에서 하나님에게 나온 사람에게는 우리의 기도를 응답해서 인간으로 상상할 수 없는 기적들을 행하여 주시는 것입니다.

12장 깨닫고 알게 하시는 성령 하나님이 계신다.

하나님은 예수를 믿는 성도가 성령을 알고 성령으로 세례를 받고 성령과 인격적인 관계를 맺으면서 살아가기를 소원하고 계십니다. 무지하기만 하던 필자도 성령을 알고 성령을 체험하고 성령과 인격적인 관계를 맺으면서 많은 영적인 변화를 체험하고 기쁜 마음으로 목회를 하고 있습니다. 성령께서는 우리를 인도하실 때 밤같이 어둡고 캄캄한 시련을 당할 때면 낙심과 절망으로 얼어붙은 마음을 녹여주시고 훈훈하게 해 주셔서 믿음과 용기를 우리 마음속에 부어주고 앞길을 안내하시는 것입니다. 또 우리를 보호하시고 밝은 길로 인도하시며 대낮의 삶의 생존 경쟁에서 힘들고 지칠 때, 낙심할 때 우리를 위로해 주시고 상쾌하게 해주시고 쉬게 해주시고 기쁨과 소망을 주심으로 이 광야 같은 세상을 우리들이 승리로 살아가게 만들어 주시는 것입니다. 이스라엘 백성이 낮에는 구름기둥, 밤에는 불기둥이 없이는 절대로 광야를 통과할 수 없습니다. 그들은 광야에서 다 희생되고 죽었을 것입니다. 그처럼 오늘 우리가 예수 믿고 이 상막한 세상을 신앙생활에 나가려고 할 때 우리 속에 와 계신 성령이 구름기둥과 불기둥처럼 우리에게 희망과 용기와 능력과 위로와 평안을 주시지 아니하신다면 우리의 신앙생활은 결코 성공할 수가 없습니다.

첫째, 성령님은 누구신가? 이것을 우리가 잘 알아야 되는 것입니다. 예수님께서 3년 반 동안 제자들과 함께 이 땅에 사역하시다가 주님께서 떠나야 하시겠다고 말씀하실 때에 예수님의 제자들의 심정은 처참했습니다. 그들은 고향 산천 다 떠나서 예수님을 따라 3년여 동안 헌신했는데 이제 주님께서 갑자기 그들을 떠나신다고 말합니다. 그것도 비참하게 죄인의 한사람처럼 잡혀서 십자가에 처형을 당하여 세상을 떠난다고 하시니까 제자들은 이제는 살길이 막연했습니다. 고향 산천 돌아갈 수 없고 이대로 살아갈 수도 없습니다. 이제 모든 유대민족들이 예수님의 제자들을 적대함으로 그들은 완전히 절망에 처했습니다. 그럴 때 예수님께서 말씀하기를 "낙심하지 말라 내가 아버지께 구하겠으니 그가 또 다른 보혜사를 너희에게 주사 영원토록 너희와 함께 있게 하겠다"고 말한 것입니다.

여기에서 말씀은 예수님께서 우리의 처음 보혜사라는 것입니다. 주님이 내가 처음 보혜사 아니냐? 내가 너를 3여 년 동안 인도하고 가르치고 보호하고 돌보고 도움이 되지 않았느냐? 처음 보혜사인 나는 십자가에 죽었다가 부활해서 승천하지만 다음에 다른 보혜사를 하나님이 보내 주신다는 것입니다. 이 다른 보혜사는 바로 성령을 말하는 것입니다. 보혜사는 헬라어로 '파라클레토스'라는 말로서 파라란 말은 '곁에'란 말이고 클래오란 말은 '부른다'는 말인데 이것이 합성어가 되어서 우리를 돕기 위해서 하나님께로부터 부르심을 받아 항상 곁에 계신자라는 뜻인 것입니다. 이러므로 예수님이 제자들 곁에 항상 있었던 것처럼 예수님이 떠나고 난 다음 그리스도가 보내신 성령은 예수님의 제자들 곁에 부르심을 받아 항상 같이 하여 도움을 베풀겠다는 것입니다.

예수님은 처음 보혜사로 오셔서 죄악과, 질병 저주와 죽음에서 건져주시고 유대인들의 시기를 받아 십자가에서 물과 피를 흘리시고 죽으시고 삼일 만에 부활하시어 40일 동안 사람들에게 보이시다가 하늘에 오르사 보좌 우편에 앉으셨고 그다음 다른 보혜사인 성령님으로 오셔서 성도를 도와주시고 신앙생활을 잘하게 하시고 천국까지 올라갈 수 있도록 인도하는 역할을 해 주시는 것입니다. 이러기 때문에 진실로 성령 보혜사의 도움이 없이는 우리는 결단코 성공적인 신앙생활을 할 수가 없습니다. 우리 주님께서도 너희를 고아와 같이 버려놓지 않고 너희에게로 오리라고 말씀한 것입니다. 바로 성령이 오신 것은 예수님이 온 것과 꼭 같은 것입니다. 예수님은 처음 보혜사요, 성령은 다른 보혜사로서 이제 성령은 우리와 함께 거하시고 우리 안에 거하시고 우리를 채우시고 우리와 동행 동거하며 우리를 도우시고 계신 것입니다.

둘째, 성령을 기다렸다. 이 말씀을 들은 예수님의 제자들은 성령이 오시기를 간절히 기다렸습니다. 이제는 그늘은 고아와 같이 되었습니다. 내 동댕이 쳐버리고 버림받은 처지에서 올 때 갈 때 없는 상황에서 성령이 오시기를 기다리는 것입니다. 예수님께서는 부활하사 40일 동안 여러 번, 여러 모습으로 나타나셔서 낙심한 제자들을 다 모으셔서 감람산에 오게 하시고 그곳에서 최대의 명령을 내리시고 그들 보는 앞에서 하늘로 승천해 올라가셨습니다. 사도행전 1장 4~8절에 "사도와 같이 모이사 저희에게 분부하여 가라사대 예수살렘을 떠나지 말고 내게 들은 바 아버지의 약속하신 것을 기다리라. 요한은 물로 세례를 베풀었으나 너희는 몇 날이 못되어 성령으로 세례를 받으리라 하셨느니라. 저희가 모였을 때에 예수께 묻자와 가로되 주께서 이스라엘 나라를 회복하심이 이때니이까 하니 가라사대 때와 기한은 아버지께서 자기의 권한에 두셨으니 너희의 알 바 아니요, 오직 성령이 너희에게 임하시면 너희가 권능을 받고 예루살렘과 온 유대와 사마리아와 땅 끝까지 이르러 내 증인이 되리라 하시니라"고 주님께서 말씀을 하셨습니다. 이 말씀을 듣고 제자들은 예루살렘 마가 요한의 다락방에 모여서 120여명의 남녀 성도들이 열심히 한 열흘 동안 성령 오시기를 간절히 기도하셨습니다. 그러자 오순절 날이 이르자 갑자기 하늘로서 강한 바람 같은 소리가 나며 그들 방에 가득하더니 불의 혀같이 갈라지는 것이 각 사람 머리 위에 하나씩 임하여 그들이 곧 성령의 충만함을 받고 성령의 말하게 하심을 따라 다른 방언으로 말하기 시작했습니다. 그것이 바로 하나님의 성령께서 이 땅에 강림하신 날인 것입니다. 예수께서 부활하사 아버지 보좌 우편에 앉으시매 아버지께로부터 성령을 선물로 받아 제자들에게 부어주신 것입니다.

이래서 그만 성령이 오시고 성령을 받자마자 제자들에게 거대한 변화가 다가온 것입니다. 제자들은 갑자기 성령의 비추심을 통해서 예수님의 십자가 죽음과 부활이 인류 구원의 하나님의 역사인 것을 깨닫게 된 것입니다. 그들은 예수 그리스도의 죽음이 비참한 실패라고 생각하고 그것이 그리스도 복음의 종말인줄 생각하였는데 성령이 와서 비추어주자 그리스도의 십자가의 죽으심과 부활은 바로 인류를 죄에서 구원하는 하나님의 위대한 계획이요,

하나님의 은사요, 하나님의 승리란 것을 깨닫게 된 것입니다. 그리고 예수님이 몸으로 죽었다가 몸으로 부활한 것을 그들이 보고 깨닫자마자 몸이 다시 살고 영원히 사는 것을 알게 되어서 인간은 죽어서 사라지는 것이 아니라 인간은 죽음으로써 다시 부활해서 영원히 산다는 확신을 얻게 된 것입니다.

그리고 하나님과 예수님의 살아계심을 몸으로 체험하고 뜨겁게 사랑하게 되었습니다. 하나님의 성령이 속에 들어와 계심으로 성령의 역사로 말미암아 야! 하나님은 살아계신다! 예수님은 부활하신 우리와 같이 계시는 것을 이제는 들어서 아는 것이 아니라, 몸으로 체험하고 그들은 뜨겁게 하나님과 예수님을 사랑하게 된 것입니다. 그러자 천국의 소망과 기쁨이 충만하게 되어서 이 세상에서 살아가는 인생의 삶은 일부분 같은 생활이나 주께서 예비한 영원한 영광스러운 천국이 확실한 것을 알게 되고 마음의 기쁨이 넘쳐흐른 것입니다. 그리고 겁과 두려움이 사라지고 강하고 담대한 믿음이 생겼습니다.

그들은 일어나서 온 예루살렘의 복음으로 채우고 유대와 사마리아와 땅 끝까지 물밀듯이 그리스도의 복음으로 밀고 나가게 된 것입니다. 그리고 그들이 말과 행동에 하나님의 권능과 권위가 나타나서 귀신이 쫓겨나가고 병든 자가 고침을 받고 하나님의 기적적인 역사가 나타난 것입니다.

당시 사회의 낮은 계층이 소수의 사람들이 일어나 인류와 세계 역사를 뒤바꾸어 놓는 위대한 역사를 베풀게 된 것입니다. 이것이 바로 성령께서 오셔서 그들 생애 속에 일어난 거대한 변화를 말하는 것입니다. 하나님의 성령께서 오늘 우리 가운데 와 계시는데 우리가 이 성령님을 인정하고 환영하고 모셔드리고 충만하면 우리 예수 믿는 성도들의 생활 속에 옛날에 사도들이 체험한 이 거대한 변화가 우리에게도 다가오게 되는 것입니다. 이렇기 때문에 잠자는 교회가 깨어 일어나고 잠자는 성도가 새로운 신앙의 불길을 얻기 위해서는 이와 같은 성령과의 만남, 성령의 체험이 반드시 있어야 되는 것입니다. 오늘날은 주님께서 새삼스럽게 성령을 하늘에서 부어 주실 필요가 없습니다. 성령은 오순절날 이후 2000년 동안 우리 가운데 와 계신 것입니다. 우리가 예수님을 믿고 회개하고 깨닫기만 하면 성령은 바람같이 불같이 생수같이 우리에게 임하여서 역사해 주시는 것입니다.

셋째, 성령이 도와주시기를 원하시는 일들, 성령이 우리 속에 와 계시기 때문에 성령은 우리 속에서 하나님의 계시를 깨닫게 해주시는 것입니다.

1)성령은 지혜의 영이신 것입니다. 이사야11장 2절로 말한 것처럼 "여호와의 신 곧 지혜와 총명의 신이요 모략과 재능의 신이요 지식과 여호와를 경외하는 신이 그 위에 강림하시리니"라고 말한 것처럼, 우리 속에 와계신 성령은 지혜의 영이신 것입니다. 지혜란 뭡니까? 어려운 문제에 부딪쳤을 때 그 문제를 해결할 수 있는 능력을 말한 것입니다. 그러기 때문에 이 세상에 생존경쟁은 바로 지혜의 경쟁입니다. 문제를 해결하고 해결하는 사람은 점점 앞으로 나아가고 문제에 부딪쳐서 전진하지 못하고 주저앉으면

이 사람은 패배하는 것입니다. 이런데 하나님의 성령께서는 지혜의 영으로 우리 속에 와 계십니다.

성경은 말하기를 너희가 누구든지 지혜가 부족하거든 꾸짖지 아니하시고 후히 주시는 하나님께 구하라 그리하면 주시리라고 말씀한 것입니다. 주님이 나를 믿는 백성은 머리가 되고 꼬리 되지 않고 위에 있고 아래 되지 않고 위에 있고 아래 내려가지 않고 남에게 꿔줄지라도 꾸지 않겠다는 것은 주님께서 우리에게 넘치는 지혜를 주시겠다는 것입니다. 이러므로 금을 구하지 말고 은을 구하지 말고 지혜를 구하라고 잠언서에 말한 것처럼 자신의 마음속에 성령이 지혜로서 와 계심으로 항상 성령님께 지혜를 구하십시오! 문제를 당했을 때 어떻게 문제를 해결할지 지혜를 구하십시오! 성령께서는 지혜의 영이십니다.

2)성령께서는 마음속에서 총명의 영이 됩니다. 총명의 영이란 사물을 깨닫는 능력입니다. 하나님의 차원에서 사물을 깨닫게 하는 능력입니다. 마음이 아둔해서 사물을 깨닫지 못합니다. 무엇이 일어나는지 어떻게 되는지 어떻게 될지 모르고 암담하게 있을 때가 많습니다. 요새는 총명이 없이는 생존경쟁에서 살아나갈 수가 없습니다. 온 세계의 역사를 통해서 또 경쟁을 통해서 무슨 일이 일어나는지 빨리 깨닫고 알아 대처해야 됩니다. 총명이 필요합니다. 이 총명은 바로 성령이 우리 속에 계셔서 총명의 영으로서 우리에게 깨달음을 주십니다. 빨리 사태를 깨닫고 거기에 대처하면 사고도 미연에 방지할 수 있고 또 새로운 세계를 열어갈 수 있는 것입니다. 총명은 얼마나 필요한지 모릅니다. 바로 성령이 총명의

영으로 우리 속에 들어와 계신 것입니다.

3)성령은 모략의 영으로 우리 속에 들어와 있는 것입니다. 모략이라고 말하면 사람들은 잘못되게 해석하는데 나쁜 모략이 아니라 모사를 행해 주는 영이라는 것입니다. 성령께서는 일을 성공시키는 가르침을 주는 것이 바로 모략입니다. 어떻게 하면 원만한 가정을 가질 수 있는가? 어떻게 하면 좋은 부부관계를 가질 수 있는가? 어떻게 하면 자녀를 잘 기르는가? 어떻게 하면 사업을 잘 성공시킬 수 있는가? 어떻게 하면 이일을 무사히 잘 해결할 수 있는가? 어떻게 하면 하나님을 기쁘시게 할 수 있는가? 이런 여러 가지 일에 모사를 주시는 것입니다. 성령은 그 카운슬링을 주십니다. 어려운 문제를 당하면 지혜로운 사람에게 카운슬링을 받으러 가지 않습니까? 성령이 바로 모략의 신이신 것입니다. 모사를 베풀어주십니다. 성령께 구하면 성령이 모사를 주십니다. 삶을 살아가다가 당하는 어려움을 성령님과 의논하시기를 바랍니다.

4)성령은 또한 재능의 영입니다. 여러 가지 재능을 주셔서 능력 있게 인생을 살게 합니다. 사람들 각자를 주님이 택하셔서 여러 사람의 성향에 따라서 특별한 재능을 주시고 특별한 능력을 주셔서 그 재능을 가지고 어떠한 사람은 노래를 잘하고, 어떠한 사람은 가르치기를 잘하고, 어떠한 사람은 설교를 잘하고, 또 어떠한 사람은 기계를 잘 만지고 주님께서 주를 믿는 사람에게 여러 가지 특별한 재능을 주셔서 이를 가지고서 우리 하나님께 봉사하고 인류에 봉사할 수 있도록 만들어 주는 영이신 것입니다.

5)성령은 지식의 영입니다. 지식은 하나님만 알고 계시는 비밀

을 알게 하는 것을 말합니다. 성령께서 우리 속에 사물에 대한 정보, 하나님의 말씀에 대한 지식을 가르쳐 주시며, 영육의 문제를 알게 하십니다. 성령께서 여러 가지 지식을 얻게 해 주시는 것입니다. 성경 읽어서 깨닫게 해주시고 사물에 대한 정보를 올바르게 깨닫게 해주시고 이래서 무식한 자가 되지 않고 모든 것을 알고 깨달아 알 수 있게 도와주는 성령이신 것입니다. 우리가 문제가 있을 때 문제의 원인을 알게 하시는 것이 지식의 영입니다. 나도 모르게 나에게 와있는 문제를 알게 하시는 영입니다. 상담을 할 때 상담의 근본이 되는 문제의 원인을 알게 하여 해결하게 하시는 영입니다. 귀신을 축사할 때 레마로 역사하는 영입니다.

6)성령은 하나님을 경외케 하는 영입니다. 마음속에 하나님을 두려워하게 되고 모시게 합니다. 항상 성령께서 하나님을 경외하라. 하나님을 두려워 모셔라. 하나님을 주인으로 섬겨라. 그래서 마음에 늘 경건함을 가지고 죄악을 두려워하고 하나님을 거역하는 것을 두려워하고 경건하게 하나님을 섬길 수 있도록 회개시키는 이런 역사를 베푸는 영이신 것입니다.

7)성령은 하나님의 영으로서 하나님과 예수님을 깨달아 알고 나타내는 영입니다. 성령은 마치 거울과 같아서 우리가 거울을 들여다보면 거울이 보이지 않고 우리 얼굴이 보입니다. 우리가 성령을 들여다보면 성령은 보이지 않고 하나님 아버지와 예수님만 보이게 되는 것입니다. 이 성령께서 계시의 영으로서 자신 속에 들어와서 이런 역할을 하게 되기 때문에 이것을 알고 구하면 이대로 성령께서 역사하여 주는 것입니다.

8)성령은 우리에게 와서 외적인 능력인 권능과 권위를 베풀어 주시는 것입니다. 성령은 우리에게 치유의 은사를 주셔서 병을 고치게 하시고 기적을 행하시는 은사를 주셔서 기적을 나타내시고, 믿음을 주시는 은사를 주시고, 예언의 영은 하나님 안에 있는 말씀의 비밀을 증거하는 은사를 주시고, 섬기게 하는 은사를 주어서 열심으로 능력 있게 섬기게 해 주시고, 가르치는 은사를 주어서 잘 가르치게 만들어 주시고, 또 권위 즉 위로하는 은사를 주어서 고통당하는 사람이 가서 말로써 잘 위로할 수 있도록 그렇게 해 주시고, 구제하는 은사를 주어서 특별히 많은 재산을 모아 다른 사람들에게 구제할 수 있는 이런 은사도 주님 베풀어 주시고, 다스리는 은사를 주어서 행정력을 가지고 잘 다스리게 만들어 주시고, 또 긍휼을 베푸는 은사를 주어서 사람들을 불쌍히 여기고 그들을 도와서 고아와 과부를 잘 감싸주는 이러한 은사도 우리에게 주시는 것입니다.

그러므로 로마서12장 6~8절에 "우리에게 주신 은혜대로 받은 은사가 각각 다르니 혹 예언이면 믿음의 분수대로, 혹 섬기는 일이면 섬기는 일로, 혹 가르치는 자면 가르치는 일로, 혹 권위하는 자면 권위하는 일로, 구제하는 자는 성실함으로, 다스리는 자는 부지런함으로, 긍휼을 베푸는 자는 즐거움으로 할 것이니라" 이와 같은 은사를 성령께서 각자에게 나누어주심으로 내게 어떠한 은사가 있는 지를 살펴보고 그 은사를 받는 데로 열심을 다해서 충성스럽게 하나님을 주인으로 모시고 살아계신 하나님을 세상에 나타내야 되는 것입니다. 성령이 와 계신 사람에게는 여러 종류의 은사가 와 계신 것입니다. 자기의 힘으로 하면 안 됩니다. 자기에게 와 있는 그 은사를 사용해야 합니다. 남의 은사를 흉내 내서는 안 됩니다. 성령은 각자에게 적당한 은사를 주셨기 때문에 자기가 받은 은사를 생각하고 성령께 기도해서 은사를 나타나게 하여 그 은사를 통해서 일하면 인간의 힘으로 상상할 수 없는 큰 역사가 일어나게 되는 것입니다.

넷째, 성령님과 우리는 매일 같이 교통하면서 살아야 되는 것이다. 고린도후서 13장 13절에서 "바울 선생은 축도하기를 주 예수 그리스도의 은혜와 하나님의 사랑과 성령의 교통하심이 너희 무리와 함께 있을지어다"라고 말한 것입니다. 천지를 지으신 하나님은 보좌 우편에 보좌에 앉아 계시고 예수님은 아버지 보좌 우편에 앉아 계셔서 아버지 하나님과 예수님이 천지를 다스리고 있습니다. 성령은 지금 오셔서 2000년 전부터 예배당과 하나님의 성전인 믿는 사람들 안에 와서 거하시고 세상에서 역사하시며 예수를 믿는 사람들의 속에 와서 지금 역사하고 계신 것입니다. 그러므로 성령은 2000년 전부터 지금까지 그 계시는 본부가 바로 교회요, 예수 믿는 사람의 마음인 것입니다.

아버지는 보좌에 계시고 예수님은 보좌 우편에 계시고 성령은 우리 속에 계십니다. 그러므로 성령을 통해서 아버지도 예수님도 우리와 함께 거하시게 되는 것입니다. 이러므로 성령님은 인격자이신 것입니다. 성령은 우리들 도우시는 역할을 하고 있기 때문에 인격자인 성령님을 인격자로서 모셔야 됩니다.

13장 선한 천사들이 운행하며 성도들을 돕고 있다.

하나님은 믿는 우리가 천사의 도움을 받으면서 살아가기를 원하십니다. 우리가 예수를 믿고 거듭나서 성령의 인도를 받으면서 신적인 세계에 돌입하면 천사의 도움을 받습니다. 그러므로 우리는 천사에 대하여도 알아야 천사의 도움을 받고 구할 수가 있는 것입니다. 하나님께서는 하나님을 섬기는 영적 존재인 수많은 천군과 천사를 거느리고 계십니다. 이 천군과 천사들은 항상 하나님을 찬미하고 하나님을 호위하고 하나님의 명령을 수행하는 역할을 하고 있는 것입니다. 이 천사들은 인간보다 훨씬 먼저 지음을 받은 피조물들인 것입니다.

우리가 시화에서 목회를 할 때입니다. 어느 집사님의 소개로 독일에서 평신도 선교사를 하시는 부부 집사님이 와서 치유 받고 가신 적이 있습니다. 그 때 여 집사님이 임신하여 육 개월이 된 상태이고, 5살 정도 먹은 딸을 데리고 와서 치유를 받았습니다. 그런데 치유기도 시간에 제가 여 집사님을 안수하니까, 이 딸이 엄마에게 자꾸 엄마 머리를 잡으려고 다가오는 것입니다. 그래서 엄마가 힘이 드니까, 저쪽에 떨어져서 놀라고 하는데도 자꾸 달려드는 것입니다. 이상하다고 생각하기는 했지만 그냥 사역을 진행했습니다. 그런데 그 다음날 그분들을 소개하여 준 여 집사님에게서 전화가 왔습니다.

어제 치유 집회할 때 천사들이 사람마다 앉아서 치유를 도왔다는 것입니다. 그래서 자초지정을 물으니까? 그 아이가 눈이 열려서 천사를 보는데 천사가 엄마 머리에 앉아 있어서, 엄마 머리가 무거울까봐 천사를 때어 내려고 했다는 것입니다. 제가 믿지 않을 것인데 5살 먹은 아이가 거짓말 할리가 만무하여 믿기로 했습니다. 이렇게 천사는 성령의 사역을 돕기도 합니다.

이러므로 우리 하나님께서 명령하신 사실을 준행하기 위해서 하나님의 사자들은 이 지구상에서 하나님의 보좌 앞으로 번개같이 왔다 갔다 하고 있는 것입니다.

첫째, 하나님의 소식을 전하는 메신저. 하나님의 천사는 하나님의 소식을 우리에게 전하는 메신저라는 것을 알아야 되는 것입니다. 예수님의 양아버지 요셉에게 천사가 현몽하여 잉태한 마리아를 집에 데려오기를 두려워하지 말라고 말했습니다. 요셉이 마리아하고 정혼을 했는데 같이 결혼해서 동침하기 전에 마리아가 잉태하여 배가 불러가니 요셉으로서 난처하지요, 그러나 요셉은 좋은 사람이라 시끄럽게 하지 않고 마리아를 그냥 내 보내서 이혼하려고 했는데 밤에 꿈에 천사가 나타났습니다.

주의 사자가 현몽하여 가로되 다윗의 자손 요셉아! 네 아내 마리아 데려오기를 무서워말라! 저에게 잉태한 자는 성령으로 된 것이라! 아들을 낳으리니 그 이름을 예수라 하라! 이는 그가 자기 백성을 저희 죄에서 구원할 자이심이라! 그렇게 말씀을 하셨습니다. 요셉이 잠을 깨어나서 주의 사자의 분부대로 행했다고 말한 것입니다. 여기에 보면 주의 사자, 즉 주님의 천사가 꿈에 요셉에게 나타나서 요셉에게 하나님의 메시지를 전해주신 것을 볼 수가 있는 것입니다.

예수님의 탄생의 소식도 목자들에게 천군과 천사들이 와서 그 메시지를 전했었습니다. 성경 누가복음 2장 8절에서 14절을 보면 "그 지역에 목자들이 밤에 밖에서 자기 양 떼를 지키더니 주의 사자가 곁에 서고 주의 영광이 그들을 두루 비추매 크게 무서워하는지라. 천사가 이르되 무서워하지 말라, 보라 내가 온 백성에게 미칠 큰 기쁨의 좋은 소식을 너희에게 전하노라. 오늘 다윗의 동네에 너희를 위하여 구주가 나셨으니 곧 그리스도 주시니라. 너희가 가서 강보에 싸여 구유에 뉘어 있는 아기를 보리니 이것이 너희에게 표적이니라 하더니 홀연히 수많은 천군이 그 천사들과 함께 하나님을 찬송하여 이르되 지극히 높은 곳에서는 하나님께 영광이요 땅에서는 하나님이 기뻐하신 사람들 중에 평화로다 하니라"고 말했습니다. 여기에 보면 예수 그리스도를 잉태하실 때도 가브리엘 천사가 마리아에게로 와서 성령이 임하여 네가 남자를 알기 전에 잉태하겠다고 말했습니다.

또 천사가 나타나서 요셉에게 꿈에 마리아 데려오기를 걱정하지 말라고 말했었습니다. 천사들이 목자들에게 가서 그리스도의 태어난 소식을 알리고 천군과 천사가 듣는 앞에서 찬양을 드리고 하늘로 올라가는 모습을 본 것입니다. 이것을 보게 될 때 하늘나라를 형성하는 데는 하나님의 천군과 천사가 절대적인 역할을 한다는 사실을 우리는 잘 알 수 있는 것입니다. 천사가 고넬료 집에 와서 소식을 전한 사실도 우리가 잘 알고 있습니다.

가이사랴에 고넬료라는 사람이 있으니 이달리야 부대라 하는 군대의 백부장이라 하는데, 그가 경건하여 온 집으로 더불어 하나님을 경외하며 백성을 많이 구제하고 하나님께 항상 기도하더니 하루는 구시, 즉 오후 세시기도 시간에 기도를 하는데 환상 중에 하나님의 천사가 들어와서 가로되 고넬료야! 하니 고넬료가 주목하여 보고 두려워 가로되 주여 무슨 일이니이까 천사가 가로되 네 기도와 구제가 하나님 앞에 상달하여 기억한바 되었으니 네가 지금 사람을 욥바에 보내어 베드로라 하는 시몬을 청하라 저는 피장 시몬의 집에 우거하니 그 집은 해변가에 있느니라고 말을 했습니다. 그래서 하나님께서 천사를 보내어서 이방인 이달리야의 군대의 백부장인 고넬료에게 메세지를 전하여 고넬료가 예수 그리스도를 믿을 수 있도록 도와주신 것입니다.

이러므로 이 하나님의 천사들은 종종 사람의 모습으로 나타나기 때문에 사람들은 그냥 이웃 사람인 줄 알고 있는 것입니다. 히브리서 13장 1절로 2절에 "형제 사랑하기를 계속하고 손님 대접하기를 잊지 말라 이로써 부지중에 천사들을 대접한 이들이 있었느니라"라고 말씀하고 있습니다.

지금까지 살아오면서 많은 경우에 천사를 만나고 천사와 악수도 하고 했지만, 그러나 보통 사람인 줄 알고 지나간 경우가 많습니다. 성경에 보면 아브라함이 자기 집 문 앞에 앉아 있는데 세 사람이 걸어왔습니다. 그래서 아브라함이 일어나서 그들을 보고서 그냥 지나가지 말고 여기서 발을 씻고 나무 그늘에 좀 앉아 쉬라고, 내가 음식을 대접하겠다고 그랬습니다.

발을 씻기고 송아지를 잡아서 요리를 해서 주니 세분이 다 잡수셨습니다. 그 이후에 보니까 그중에 한 분은 천사로 가장한 예수님이셨고 두 사람은 천사로서 소돔과 고모라의 형편을 살피러 간 것을 알게 된 것입니다. 내내 아브라함은 보통 사람인 줄 알았는데 나중에야 그 사실을 알게 된 것입니다. 천사는 사람의 모습으로 우리에게 종종 나타나서 우리를 도와주고 바람처럼 사라질 때가 대단히 많습니다. 그러기 때문에 우리는 언제나 천사가 우리 주위에 있다는 사실을 늘 마음속에 긴장을 하고 알고 있어야 되는 것입니다. 그래서 집에 방문하는 사람을 잘 대접해야 합니다.

둘째, 하나님의 천사가 성도가 하는 일은 보호하는 일을 하는 것이다. 우리는 이 세상에 살면서 많은 원수에게 둘러싸여 있고 공격을 당하고 위험에 처할 때가 많습니다. 그러므로 하나님의 천사들이 와서 끊임없이 우리를 보호하지 않았으면 오늘날 우리가 이처럼 살아남아 있지 못할 것이라고 저는 생각을 합니다. 이스라엘의 엘리사가 도단성에 가 있을 때, 아람 왕이 군대를 파견해서 엘리사를 사로잡으라고 했습니다.

밤새도록 도단성을 아람 군대가 첩첩이 둘러쌓습니다. 아침에 일찍이 엘리사의 종 게하시가 밖에 나가보니 성 밖 온 천지에 창이요, 깃발이 휘날리고 군대가 첩첩이 성을 둘러싸고 있었습니다. 그는 기진맥진했습니다. 두려워서 벌벌 떨고 방안에 기어 들어왔습니다. 엘리사 선생이여! 이제 큰일 났습니다. 우리는 이제 다 잡혔습니다. 도단성 주위에 천천만만의 아람 군사들이 우리를 둘러싸고 있습니다. 이제 우린 못 달아납니다. 꼼짝 없이 잡혀 죽겠습니다.

그럴 때 엘리사가 말하기를 하나님이여! 이 사람의 눈을 열어서 보게 하여 주옵소서 그러자 이 게하시의 눈이 열리니깐 저가 보니 불 말과 불 병거가 산에 가득하여 엘리사를 둘러싸고 있는 것을 보았습니다. 원수들이 있는 그 뒷전과 엘리사가 있는 그 집 사이에 하나님의 천군과 천사들이 불 말과 불 병거를 타고 잔뜩 둘러 진치고 있었습니다. 그러므로 도저히 하나님의 군대를 대적해서 아람의 군대가 엘리사를 사로잡을 수 없었습니다.

엘리사가 나가서 유유히 그들에게 물었습니다. 너희가 누구를 찾는고? 엘리사를 찾습니다. 아! 이 성은 그 성도 아니고, 나는 그 사람도 아니니 날 따라 오너라. 엘리사는 아람 전 군대를 데리고 사마리아성에 들어가서 앉혀 놓고 눈을 뜨게 하니까, 적군 속에 들어가서 완전히 사로잡힌 것을 발견하게 되었던 것입니다. 이처럼 오늘날도 하나님께서 주의 자녀들이 위기에 처하면 불 말과 불 병거를 보내서 우리를 지켜주시는 것입니다.

천사를 만나서 도움을 받은 이야기는 굉장히 많습니다. 어떤 미국의 한 가족이 오래간만에 가족들을 데리고 캠핑을 갔습니다. 산속 깊은 곳에 캠핑을 가서 연못가에 천막을 쳐놓고 애들이 너무나 즐거워하고 또 부인은 바쁘게 점심을 준비하는데, 남편은 그 옆에 와서 끊임없이 애들과 부인을 향해서 카메라를 찍었습니다. 아 그런데 오토바이 소리가 요란스럽게 나더니 폭주족 깡패들이 대거 몰려왔습니다.

몰려오더니만 남편의 손에서 카메라를 탁치고, 그리고 난 다음에 그 가족들을 공격하려고 하다가 그만 갑자기 눈을 부릅뜨더니만, 뒤로 돌아서더니 걸음아 날 살려라, 하고 오토바이를 타고 도망을 쳐버렸습니다. 거참, 이상하다 이 호젓한 산에 와서 얼마든지 우리를 탈취할 수 있는데 왜 도망을 쳤을까? 나중에 카메라의 필름을 뽑아서 인화를 해보니까, 그 남편이 애들과 부인이 요리를 하는데, 그 모습을 찍은 그 필름 속에 천사가 그 가운데 같이 서있었던 것입니다. 그들은 보지 못했는데 폭주족들은 그들을 보았단 말입니다.

그래서 달아나 버린 거예요. 이처럼 우리가 알지 못하는 사이에 하나님의 사자들이 우리를 위험에서 건져주고 있는 것입니다.

셋째, 하나님의 천사는 우리를 위험에서 건져줍니다. 헤롯이 요한의 형제 야고보를 죽이고 베드로를 처형하기 위해서 감옥에 가둬 놨는데 군사 열여섯 명이 베드로 한사람을 지킵니다. 잠을 잘 때에는 옆에 두 사람, 이쪽 옆에 두 사람, 이렇게 네 사람이 끼고 있었고, 그 다음에 문 하나에 네 사람, 또 문 밖에 네 사람이 지키고 있었습니다. 내일이면 끌려 나가서 처형을 받을 텐데 예루살렘 교회에서 베드로를 위해서 열심히 기도를 하고 있었습니다.

밤중에 누가 옆구리를 툭툭 차기에 베드로가 눈을 뜨니까 천사가 와 있었습니다. 천사가 베드로에게 일어나라고 했습니다. 베드로가 일어나려고 하니까 쇠고랑이 철렁철렁 풀러지거든. 겉옷을 걸쳐 입어라. 옷을 입으니깐 신을 묶어라! 가자, 베드로가 따르니까 첫째 문도 스르르 열리는데 거기에 있는 모든 병사들이 눈을 뜨고도 보지 못합니다. 둘째문은 시내로 가는 문인데 역시 스르르 자연적으로 열립니다.

거기에 천사들도 함께 가는데 병사들이 눈을 뜨고도 보지 못합니다. 베드로가 밖에 나가서 길거리를 한참 걸어 갈 동안에 천사가 같이 하다가 안전한 시기가 오자 천사가 떠나가 버리고 말았습니다. 내내 베드로는 자기가 꿈을 꾸고 있는 줄 알았는데 나중에 알고 보니 천사가 그를 죽음에서 건져내어 준 것을 알게 된 것입니다. 사도행전 5장 19절에 보면 사도들이 옥에 갇혀 있을 때 천사가 와서 옥문을 열고 나가서 예수 그리스도의 복음을 열심히 전도하라고 말했습니다.

우리는 사도시대에 보면 천사들이 활발하게 늘 같이 하고 도와주는 사실을 볼 수가 있는 것입니다. 이처럼 오늘날도 천사들이 활발하게 우리를 위해서 무진 애를 쓰고 일하고 있는 것입니다.

넷째, 천사는 우리에게 와서 용기와 힘을 주는 일을 하는 것입

니다. 예수님께서 겟세마네 동산에서 기도하실 때 그는 너무나 무겁고 고통스러운 죄 짐으로 몸부림을 쳤습니다. 성경에 보니 가라사대 아버지여! 만일 아버지의 뜻이거든 이 잔을 내게서 옮기시옵소서! 그러나 내 원대로 마옵시고 아버지의 원대로 되기를 원하나이다 하시니, 사자가 하늘로부터 예수께 나타나 힘을 돕더라 그렇게 말했습니다. 예수께서 힘쓰고 애써 더욱 간절히 기도하시니 땀이 땅에 떨어지는 핏방울같이 되더라, 예수께서 도저히 인간의 힘으로써 한계점에 도달한 그러한 어려운 고비 가운데서 간절히 기도를 하는데 인간의 힘으로 견딜 수 없는 고통이 다가올 때 하나님의 천사가 와서 예수님에게 힘을 준 것입니다. 천사가 힘을 주어서 도와주신 것입니다.

　이러므로 하나님의 천사는 오늘날 우리가 낙심하고 좌절하고 절망에 처할 때 우리에게 와서 용기를 넣어주고 힘을 주고 하나님의 도움을 베풀어주는 이런 역사를 베푸는 것입니다. 그러기 때문에 예수님께서 사십일 금식했었을 때도 천사들이 들에 와서 예수님을 돌보셨다고 하셨으며, 우리 주님이 체포할 때 주님께서 말씀하기를 "너는 내가 내 아버지께 구하여 지금 열두 군단 더 되는 천사를 보내시게 할 수 없는 줄로 아느냐(마 26:53)" 그렇게 말했습니다.

　주님이 부르셨더라면 열두 군단이 더 되는 천사가 와서 우리 주 예수 그리스도를 도와주었을 것입니다. 또한 우리는 바울 선생을 보면 바울 선생이 잡혀서 로마로 재판받으러 갈 때 그들이 그레데

해변에서 큰 풍랑을 만났었습니다. 여러날 동안 해와 별이 보이지 아니하고 큰 풍랑이 그대로 있어 구원의 희망이 없고 절망에 처했을 때 하나님의 천사가 그 배에 나타났습니다. 그리고 바울에게 말했습니다. 이 배는 파선되지 아니하고 얼마 후에 섬에 도착하리라 이 배에 있는 모든 사람들을 다 너에게 주었으니 안심하라고 그렇게 말했습니다.

그래서 바울이 일어나서 근 열흘 동안 풍랑에 시달려 못 먹고 고통에 처하고 절망에 처한 사람들에게 너희들이 내 말을 듣고, 그레데에서 안 떠났더라면 좋을 뻔 했도다, 그러나 이제 안심하라 나의 섬기는바 나의 속한 하나님의 천사를 보내어 나보고 말씀하시기를 이 배는 파손되지 아니하고 너희들은 다 구원 받을 것이라고 말했다. 그래서 그들이 다 용기를 얻고 힘을 얻고 음식을 먹고 그리고 조그만 섬에 도착하게 된 것입니다.

천사들은 오늘 하나님 아버지와 예수 그리스도와 성령님의 뜻을 받들어서 이 땅에 와서 우리들을 시시각각으로 도와주고 있는 것입니다.

하나님의 천사는 우리가 알지 못하는 사이에 우리 주변에서 끊임없이 역사하고 있습니다. 그러므로 우리는 항상 이렇게 말할 수 있습니다. 하나님 아버지여! 주의 사자를 보내사 나를 둘러 진쳐 주시옵소서! 하나님이여! 주의 사자를 보내사 나에게 힘을 주시옵소서! 하나님이여 주의 사자를 보내사 나를 보호하여 주시옵소서! 주의 사자를 보내사 나에게 용기와 힘을 주게 하여 주옵소서,

그리고 천사들아 나를 도우라! 우리가 천사에게 직접 명령해도 됩니다. 그는 우리를 돕는 피조물이기 때문에 우리가 요청하면 우리를 도와야 합니다. "모든 천사들은 섬기는 영으로서 구원 받을 상속자들을 위하여 섬기라고 보내심이 아니냐(히1:14)" 그러나 천사에게 예배하거나 섬김의 대상이나 기도의 대상은 아닙니다. 그러나 우리가 하나님께 부탁하면 하나님의 천사를 보내서 우리들을 끊임없이 붙들어주고 도와주고 이끌어 주고 있는 것입니다. 그리고 천사들에게 도움을 요청해도 됩니다. 이러므로 오늘 이 시간에 우리 주위에도 하나님의 천사가 가득히 있습니다. 왜냐하면 제가 이 책을 기록하고 있은 때 하나님이여! 주의 천사들을 보내서 우리 책을 읽는 성도들을 붙들어주고 도와주시고 복을 허락하여 주시옵소서, 그렇기 때문에 기도를 응답하신 하나님께서 주의 사자들을 지금 이곳에 보내주신 것입니다. 믿음으로 받아들이면 복이 됩니다.

가정에서나 사업장에서나 직장에서 학교에서 천사의 도움을 요청하시기를 바랍니다. 천사들아 우리 가정을 보호할 지어다. 천사들아 우리아이를 보호할 지어다. 천사들아 사업장에 손님들을 많이 모시고 올지어다. 만약에 이사를 가야하는데 집이 나가지 않는다면 천사들아 이집 새 주인을 모시고 올지어다. 이집이 **빨리 나가도록 도울지어다.** 하고 천사의 도움을 요청하는 기도를 하시기 바랍니다.

4부 사단의 세계는 이렇게 어우러져 있다.

14장 사단 마귀 귀신은 어떤 존재들인가

믿는 자들에게 이처럼 표적이 따르리니 저가 내 이름으로 귀신을 쫓아내며 새 방언을 말하며 뱀을 집으며 무슨 독을 마셔도 죽지 아니하며 병든 자에게 손을 얹은즉 나으리라고 말씀하셨습니다. 예수님은 40일 금식하신 후 마귀와 직접 논쟁하셨고 3년 동안 사역하실 때 사람에게 붙었던 더러운 귀신을 가는 곳마다 쫓아내셨습니다. 그리고 우리 주님께서는 빈집의 예화를 통하여 주님을 배반한 사람이 일곱 화를 당할 것을 말씀을 하셨습니다. 그러므로 주님을 믿는 사람들은 귀신이 들끓는 세상에서 살고 있으므로 끊임없이 귀신을 대적하며 귀신을 쫓아내는 삶을 살아야 여러분 마음속에 참된 의와 평안과 기쁨을 가지고 살 수 있는 것입니다.

첫째, 귀신의 출처. 이 흑암의 세력은 하나의 거대한 영적인 나라를 구성하고 있습니다. 사탄이 제일 우두머리고 그 밑에 타락한 천사들이 있고 그 밑에 귀신들이 있었습니다. 그래서 그들은 이런 조직을 가지고 하나님의 백성을 무시해서 사람들을 도적질하고 죽이고 멸망시킨 일을 하려고 합니다.

원래 이 사탄은 처음부터 마귀는 아니었습니다. 처음에는 하나님의 피조물로서 가장 아름다운 천사 장이었습니다. 그러나 그가 교만해져서 피조물인 사탄이 하나님이 되려고 하다가 버림을 받은 것입니다. 이사야서 14장 12절에서 15절에 보면 "너 아침의 아들 계명성이여 어찌 그리 하늘에서 떨어졌으며 너 열국을 엎은 자여 어찌 그리 땅에 찍혔는고 네가 네 마음에 이르기를 내가 하늘에 올라 하나님의 뭇별 위에 나의 보좌를 높이라 내가 북극 집회의 산 위에 좌정하리라 가장 높은 구름에 올라 지극히 높은 자와 비기리라 하도다 그러나 이제 네가 음부 곧 구덩이의 맨 밑에 빠치우리로다." 이와 같이 원래 마귀는 루시퍼로써 계명성으로 아름다운 천사로 하나님을 경배하게 만들어 놓았는데 그가 마음에 교만이 들어와서 지음을 받은 존재가 지은 자처럼 되려고 하나님 앞에 대결했습니다. 그 결과로 그는 하나님께로부터 내어 쫓김을 받았습니다. 부패하고 더럽고 반역한 사탄이 되고 만 것입니다.

그런데 이 사탄이 타락할 때 자기 밑에 있던 천사 삼분의 일이 거느리고 같이 타락했습니다. 요한계시록 12장 3절에서 4절을 보면은 "하늘에 또 다른 이적이 보이니 보라 한 큰 붉은 용이 있어 머리가 일곱이요 뿔이 열이라 그 여러 머리에 일곱 면류관이 있는데 그 꼬리가 하늘 별 삼분의 일을 끌어다가 땅에 던지더라" 여기 별들은 천사들을 상징합니다.

하늘에 별 삼분의 일을 끌어다가 땅으로 타락시켰습니다. 이것은 원수마귀가 타락할 때 하늘에 별 삼분의 일을 함께 데리고 공모해서 하나님께 반역한 것입니다. 그리고 그 밑에서 최하의 자리에 마귀의 군사로써 존재가 바로 귀신들이었습니다.

귀신은 어디서 생겨났는지 근원은 성경에 말하고 있지 않습니다만 사탄을 최정점으로 하고, 그리고 그 밑에 타락한 천사들이 있고 그 밑에 최하의 병사들이 있었습니다. 이 귀신들이 나가서 이 세상을 고통스럽게 만드는 것입니다.

둘째, 귀신의 정체에 대한 견해입니다. 이 귀신을 타락한 천사의 영 이냐 그렇지 않으면 죽은 사람의 영이냐 (베뢰아 김기동 이단) 로 이단 시비가 많습니다. 저의 견해는 타락한 천사의 영입니다. 성경에 분명히 나와 있습니다(눅16:19-31). 사람이 죽으면 지옥과 천국에 들어가기 때문입니다. 이 사람의 논리를 가지고 시간을 낭비할 필요가 없습니다. 이는 영적 세계를 바로 이해하고, 영의 실체를 바로 알고, 성경을 바로 알고, 예수님의 구원 사역을 바로 알면, 이러한 문제는 해결 될 수가 있습니다. 예수님은 오늘날처럼 변질된 세상에 사람의 이론이 아니라, 하나님의 살아있는 말씀 천국 복음을 전했습니다.

이 천국 즉 하나님의 나라는 여기 있다 말고, 저기 있다 말고, 우리 마음속에 있다고 하신 것처럼, 사단의 나라도 우리 마음속에 있는 영적 세계입니다. 천국이나 지옥과 같이 시공간을 초월하는 영적 세계는 우리의 3차원적인 사고방식으로는 온전하게 이해하기 어려운 것입니다. 그러나 하나님의 나라와 사단의 나라는 다 같이 우리들이 처한 3차원과는 달리 4차원 이상의 영적 세계에 속합니다.

영적 세계는 4차원 이상의 영적 상태와 그 실체를 말합니다. 이 영적 세계는 3차원의 세계와는 달리 천년이 하루 같고, 하루가 천년 같은 세계이며, 일리가 천리 같고 천리가 일리 같은 시공간을 초월하여 함께 있는 것입니다.

예수 믿는 사람에게도 성령의 역사를 회방하면 귀신이 침입할 수 있기 때문에 전신 갑주가 필요하다고 성경에 말하고 있는 것입니다. 사단이나 귀신에게 지배당하는 심령이 죽은 자의 영은 사단의 나라에 속한 영입니다. 그러기에 그것이 타락한 천사의 영이든, 죽은 사람의 영이든 축사 사역에서는 굳이 구별하면서 시간을 낭비할 필요성이 없는 것입니다.

중요한 것은 어떻게 하면 이러한 사단이나 귀신의 세력에서 벗어나느냐가 중요한 것이요, 사단이나 귀신을 축출하는 것이 더 중요한 문제인데, 이 중요한 문제가 사소한 귀신의 정체 문제로 귀신을 축출하는 행위를 꺼려하는 것이 더 문제입니다.

반대로 모든 질병이 무조건 귀신으로부터 주어진다 는 무지한 주장으로 많은 사람들에게 사단이나 귀신 축사에 대하여 비 성경적으로 보게 하여 축사 사역을 멀리하게 하는 것이 더 큰 문제입니다. 우리는 세월을 아껴야 하기 때문에 천사의 영이든 사람의 영이든 다 같이 같은 4차원 이상의 영적 세계에 있기 때문에 여러 견해를 따지며 시간을 낭비할 필요가 없는 것입니다.

욥기에는 천국에서 천상 회의가 벌어졌을 때, 하나님 앞에 사단이 있었습니다. 그러나 그 사단은 천국에 가지 못했으며, 사단의 세계인 지옥에 있었습니다. 사단에 속한 영이 어디 있든지, 그 곳은 바로 사단의 나라요, 천국에 속한 영은 어디에 있든지 천국에 있는 것입니다. 예수의 영이 있는 곳이 어디라 할지라도 그 곳은 천국입니다. (고후3:17)"주는 영이시니 주의 영이 계신 곳에는 자유 함이 있느니라."

그래서 성경은 우리의 씨름은 혈과 육이 아니라, 우리에게 역사하는 공중 권세 잡은 자들과 통치자와 권세와 하늘에 있는 악한 영들과의 싸움이라 했습니다. 하나님을 안다는 것은 바로 성령을 통하여 신령한 것을 분별하게 되고, 이 영적 세계를 바로 이해하는 능력이 있어야 좀 더 분명하게 알게 될 것입니다.

예수님은 하나님 나라에 대하여 가르쳤습니다. 그러므로 이 영적 세계에 속한 하나님 나라와 하늘의 악한 영들에 대하여 잘 알지 못하거나 이 영적 능력을 잘 알지 못하면 하나님과 성경을 잘 알 수가 없는 것입니다. 그래서 악한 영들의 세계를 공부해야 하는 것입니다. 그래서 예수님은 영적인 문제들을 가르치신 것입니다.

(마 22:23-33)"부활이 없다 하는 사두개인들이 그 날에 예수께 와서 물어 가로되 (24) 선생님이여 모세가 일렀으되 사람이 만일 자식이 없이 죽으면 그 동생이 그 아내에게 장가들어 형을 위하여 후사를 세울지니라 하였나이다 (25) 우리 중에 칠 형제가 있었는데 맏이 장가들었다가 죽어 후사가 없으므로 그의 아내를 그 동생에게 끼쳐두고 (26) 그 둘째와 셋째로 일곱째까지 그렇게 하다가 (27) 최후에 그 여자도 죽었나이다 (28) 그런즉 저희가 다 그

를 취하였으니 부활 때에 일곱 중에 뉘 아내가 되리이까 (29) 예수께서 대답하여 가라사대 너희가 성경도, 하나님의 능력도 알지 못하는 고로 오해하였도다 (30) 부활 때에는 장가도 아니가고 시집도 아니가고 하늘에 있는 천사들과 같으니라 (31) 죽은 자의 부활을 의논할진대 하나님이 너희에게 말씀하신 바 (32) 나는 아브라함의 하나님이요 이삭의 하나님이요 야곱의 하나님이로라 하신 것을 읽어 보지 못하였느냐 하나님은 죽은 자의 하나님이 아니요 산 자의 하나님이시니라 하시니 (33) 무리가 듣고 그의 가르치심에 놀라더라."

이 말씀은 성경에서 부활 후의 영적 상태를 설명하는 구절로서 우리의 영은 천사들의 영과 같은 형태인 것을 말하고 있기 때문에 하나님께 속하지 않은 영은 그 곳이 어디이든 그 곳은 지옥이요, 그 영이 어떠한 영이든 타락한 천사들과 같은 영적 존재인 것을 성경이 말하고 있습니다.

3차원의 세계를 벗어나서 4차원 이상의 시공간을 초월한 부활 후의 신적 상태를 이해하지 못하는 것을 너희가 성경도 하나님의 능력도 알지 못하였다 고 말씀하시는데 왜? 예수님이 그렇게 말씀하시는가를 분명히 이해해야 합니다.

셋째, 귀신의 실체: 하나님의 생기(生氣)로 만들어진 것이 인간 영의 실체입니다. (창2:7) "여호와 하나님이 땅의 흙으로 사람을 지으시고 생기를 그 코에 불어넣으시니 사람이 생령이 되니라." (요

20:22)"이 말씀을 하시고 저희를 향하사 숨을 내쉬며 가라사대 성령을 받으라" 그러므로 성경에서 영의 실체를 뼈와 살이 없는 기(氣)의 형체로 되어 있는 인격체로 말하고 있습니다. 악령은 살리는 생기(生氣)가 아니라, 죽이는 사기(邪氣, 死氣)로 되어 있는 인격적인 존재입니다.

(창 2:7)"여호와 하나님이 흙으로 사람을 지으시고 생기를 그 코에 불어넣으시니 사람이 생령이 된지라" (요 6:63)"살리는 것은 영이니 육은 무익하니라 내가 너희에게 이른 말이 영이요 생명이라"

이 악한 영이 인간의 영과 혼과 몸에 침입하여, 생각과 마음과 몸을 지배합니다. 그리하여 사단이 주장하는 이론이나 생각이나 마음이나 육신을 장악하여 자기들과 같은 악한 형태의 인격으로 만들려고 합니다. 반대로 성령은 구원받은 하나님의 백성을 하나님의 인격으로 만들어 갑니다. (엡 2:22)"너희도 성령 안에서 하나님의 거하실 처소가 되기 위하여 예수 안에서 함께 지어져 가느니라"

성경은 하나님의 말씀이요, 이론이요 진리입니다. 이 진리를 하나님 나라의 생명과 성령의 지배 하심으로 엘리야의 심령을 가진 사람이 성령의 기름부음을 따라, 말씀을 전하는 게 하나님의 말씀이요, 이것이 영이요 생명입니다. 이 말씀 즉 진리의 영을 받아 드리면 우리의 생각은 달라지고 심령에는 생기가 살아나고 생명이 살아납니다. 사단에 속한 사람의 이론이나 말을 들으면 기가 죽고 낙심이 되거나 시험이 들고 죄를 범하게 됩니다. 성경에 관한 진리를 왜곡하여 사단이 주장하는 이론(세상 풍속이나 공중 권세) 으로 각색하여 주장하면 사단이 지배하는 이론이나 거짓 진리를 선포하면 거짓 영이 나오게 되어 영을 죽이기도 합니다.

(대하 18:22-23) "이제 여호와께서 거짓말하는 영을 왕의 이 모든 선지자의 입에 넣으셨고 또 여호와께서 왕에게 대하여 화를 말씀하셨나이다 (23) 그 나아나의 아들 시드기야가 가까이 와서 미가야의 뺨을 치며 이르되 여호와의 영이 나를 떠나 어디로 말미암아 가서 네게 말씀하더냐"

하나님은 거짓말하는 영을 사람에게 보내어 거짓을 예언하게 하실 수도 있다는 경고의 말씀입니다. 그래 예언하는 영을 분별해야 합니다. 귀신을 축출하다 보면, 반응하지 않는 벙어리 귀신이 있습니다. 이러한 귀신은 독종이라서 전혀 반응하지 않는 경우도 있지만, 대개는 침입한 사람의 인격을 장악하지 못한 상태의 경우입니다. 이러한 인격을 갖추지 않은 상태는 사단이나 귀신의 세력이 인간의 몸에 침입하여, 그 인격을 장악하여 영적 능력화가 되지 않은 상태를 말합니다. 그래서 들어 있기는 있지만, 명령해도 반응을 하지 못하는 것입니다.

그렇지 않으면 단순히 사기(邪氣)의 덩어리에 접목되거나, 인간의 육체가 파괴된 질병의 상태에서 분출되는 사기(邪氣)일 경우입니다. 그러나 귀신의 실체는 인격적인 영적 생명체이며, 악하고 독하고 더러운 에너지의 덩어리인 사기(死氣)로서 인간을 공격하고, 인간의 영과 혼과 몸을 파괴합니다. 이런 경우는 그 사기가 뭉쳐진 곳에 성령의 불을 집어넣어 녹이고, 탁 건드려서 충격을 준 다음

축사해야 합니다. 사단과 귀신은 먼저 혼(정신)을 혼미케 하고 몸을 파괴하고 마지막 영을 파괴하려 합니다.

이 사기들이 독기(毒氣)의 형태로 우리 육신에 침입하면 영적으로 민감한 사람은 성령의 나타남을 즉시 간파하듯이, 즉시 이를 간파 할 수가 있지만 영적으로 둔한 사람은 이를 지각하지 못합니다. 하나님의 생명의 씨앗이 우리 속에서 자라듯이 이 사단의 생명의 씨앗도 우리 속에서 세력을 확장하고 자라나게 됩니다. 독한 귀신에게 강하게 접촉되지 않으면 대부분의 사람이 성령의 은사가 초신 자에게 잘 나타나지 않듯이, 귀신에 침입 당한 초기에는 별로 느끼지 못하고 살아갑니다.

귀신의 실체가 들어날 때는 이미 상당한 시간이 경과한 후에 어느 계기가 되면 드러나게 됩니다. 악한 영이 실체를 들러내는 계기란 여러 스트레스로 정신을 집중하지 못하고 혼미한 환경이 되면 정체를 그러냅니다. 악한영이 그때 까지 인내하며 기다리는 것입니다. 여러분 악한영의 인내력을 보통으로 생각하면 낭패를 당합니다.

그러나 반드시 이렇게 오랫동안 잠복 되어 있기만 하는 것이 아니라, 종류에 따라서 강한 독종은 침입한 즉시 능력을 행사하고, 그 실체를 나타내는 경우도 있습니다. 이 독하고 더러운 에너지의 덩어리가 우리 몸에 침입하여, 기와 혈액의 흐름을 막고 신경의 흐름을 차단하고, 각종 호르몬의 흐름을 차단하여 질병을 일으키고 여러 가지 장애를 유발시킵니다.

이 잠복된 악령이 두통을 유발시키고, 가슴을 답답하게 하며 신경장애를 유발시키고, 여러 가지 고통과 장애를 유발시키다가 여러 가지 방편을 통하여 성령의 기름부음이 있게 되면 견디기 어려워서 외부적으로 나타날 때는 발작하거나 정체를 드러내며, 몸을 파괴한 부산물인 가래를 뱉고 더러운 이 물질을 토하기도 하며, 기침을 사정없이 하기도하고, 떠나가지 않으려고 발버둥을 칩니다.

넷째, 귀신이 하는 일: 귀신이 하는 일은 무엇이냐, 귀신은 항상 인간에게 붙어서 살려고 합니다. 귀신은 인간을 떠나있으면 괴로워서 떠나질 못합니다. 마치 물 없는 사막으로 돌아다니는 것 같습니다. 그러므로 귀신은 어찌하든지 사람에게 붙어서 사람을 악마화 시키려고 하는 것입니다. 귀신이 가지고 있는 성격과 질병 등 모든 것을 사람에게 전이시켜 점차 귀신의 인격을 닮아가게 하는 것입니다. 사람에게 붙지 못하면 짐승들에게라도 들어가려고 하는 것입니다. 거라사인의 지방에 예수님이 귀신들린 자를 쫓아내시니, 귀신이 돼지에게 들어가매 이천 마리가 되는 돼지가 모두 다 뛰어 들어가서 바다에 몰살해 죽은 것이 기록되어 있는 것입니다. 그러므로 귀신은 인간에게 와서 무엇을 하느냐. 인간은 몸과 마음과 영으로 되어있는데 귀신이 사람의 영으로 붙어서는 거짓 종교를 믿게 합니다.

참 신앙인 예수그리스도와 하나님을 믿지 못하게 하고 세상에 잡다한 마귀가 만든 여러 가지 종교를 믿게 만드는 것입니다. 여러

분 길은 한 길 밖엔 없습니다. 예수께서 "내가 곧 길이요. 진리요. 생명이니 나로 말미암치 않고는 아버지께로 올 자가 없다"고 말씀하고 계십니다. 천지를 지으신 하나님은 한 하나님이요. 하나님과 사람 사이의 중보자도 예수님밖엔 없습니다.

이 길을 저 버리고 세상에 여러 가지 잡다한 종교나 우상과 사신을 만들어 가지고서 귀신들이 그리 사람을 끌고 가서 구원을 받지 못하게 하는 것입니다. 그리고 영적으로 이단을 만들고 따르게 합니다. 예수님 믿는 사회 속에서도 이단을 만들고서 사람을 세워서 자기가 동방의 의인이니, 자기가 재림한 예수이니, 자기가 선생이니, 이러한 이단을 만들어서 그래서 참 신앙에서 부패하게 만듭니다.

또 귀신은 거짓 계시를 줍니다. 환상이나 꿈이나 음성을 주어서 거짓 계시를 통해서 사람들이 잘못된 길을 가게 만드는 것입니다. 그뿐 아니라 정신적으로 귀신은 사람의 마음을 눌러서 하나님에 대한 반역을 일으킵니다. 사람의 마음이 귀신에게 눌리면 무신론자가 되는 것입니다.

그래서 인간은 인본주의자가 되고, 이성과 과학 만능주의자가 되고, 하나님을 부인하게 되고, 하나님께 대한 반역을 하게 만드는 것입니다. 그뿐 아니라 사람의 마음에 들어와서는 시기, 분노, 질투, 분쟁 혹은 정신병을 유발합니다. 마음에 들어와서 귀신은 자기의 정체를 사람의 마음을 통해서 나타내는 것입니다.

그뿐 아니라 음란하게 만들고 방탕하게 만들고 각종 약물중독자가 되어서 인간이 파탄이 되도록 만드는 것입니다. 그뿐 아니라 귀신이 사람의 육체에 붙으면 사람의 육체를 허약하게 만드는 것입니다. 하나님은 우리가 강건하기를 원하는데 귀신은 우리를 허약하게 하고 육체에 붙어서 병들게 만드는 것입니다.

그러므로 오늘날 우리가 귀신의 세계를 잘 알고 귀신을 세계를 영적으로 육체적으로 대결해서 내어 좇지 아니하면 많은 사람들이 일평생을 살면서 귀신들로 말미암아 수많은 상처를 입고 해를 입게 되는 것입니다. 원수 마귀는 천사들을 동원해서 그 귀신들이 뒤에서 힘을 주어서 귀신의 병사를 통해서 우리를 영적으로 정신적으로 육체적으로 파탄에 이르게 만들고 파멸시키려고 하는 것입니다.

결론입니다. 악한 영의 궤계를 알고 대적하여 승리합시다. 영적인 싸움에서 우리가 이겨야 됩니다. 우리 눈에 보이는 이 세계 배후에 거대한 영적인 전쟁이 순간, 순간 일어나고 있는 것입니다. 우리 배후에 눈에 안 보이는 세계는 하나님의 나라와 사탄의 나라가 서로 우리를 점령하기 위해서 싸우고 있는 것입니다.

그러나 우리가 예수 안에만 들어오면 넉넉히 이기고 남음이 있습니다. 예수 밖에 있으면 우리는 사탄의 종이 되고 마귀에게 잡혀서 세상 탐욕에 휩쓸려 가다가 나중에 하나님께 심판을 받아 영원한 멸망으로 떨어져 버리고 마는 것입니다. 마귀와 그 종자들은 불과 유황으로 타는 못에 들어가 참미하게 되는 것입니다.

15장 귀신에 대하여 꼭 알아야 할 것은

　예수를 믿는 우리가 먼저 알아야 할 것은 4차원 이상의 보이지 않는 신적인 세계입니다. 신적인 세계는 보이지 않지만 살아서 역사하는 것입니다. 적을 알아야 합니다. 하나님의 성령은 예수를 영접한 인간의 영을 먼저 장악하여, 신적인 변화를 일으켜서 인간의 혼의 기능인 지, 정, 의를 변화시키어, 감동하게 하거나, 새 마음을 주어 기쁨이나 슬픔을 주어, 감격의 눈물을 흘리게 하거나, 질병을 치유하여 마지막으로 육체를 변화시킵니다.

　성령은 예수를 믿는 사람 안에서 밖으로 역사하고, 사단은 그 반대로 밖에서 안으로 역사 합니다. 사단 마귀 귀신은 육을 통하여 마음을 **빼앗**으려고 하고, 최후 마지막 공격의 대상은 영을 소유하려고 합니다. 그러나 악령은 혼의 기능 가운데서 생각을 공격하여 인간의 마음을 점령하려고 합니다. 그리고 그 다음은 신경 세포나 인체의 여러 가지 생리적인 호르몬이나 체액이나 혈액이나 기의 흐름을 통하여 여기 저기 육체에 침투하여 질병을 유발시킵니다. 이 마음을 **빼앗**은 사단은 영을 **빼앗**으므로 완전하게 자신의 소유물로 만들려고 합니다. 때로는 접촉을 통하여 몸을 직접 공격하거나, 호흡을 통하여 침입하기도 합니다. 육신이 병이 들면 악령의 공격에 전이되기 쉽습니다. 사단과 악령의 역사는 먼저, 우리들의 육을 자극하여, 생각(이성)속으로 틈을 비집고, 파고 들어가 신경 세포를 충동하고, 자극하여 마음을 격동시키는 과정을 거칩니다.

첫째, 마귀 귀신의 존재입니다.

1) 피와 살이 없는 영적 존재이며 인간의 육안으로 보이지 않습니다.

2) 지성, 의지, 감정을 가진 인격적 존재입니다. 그러므로 마귀는 같은 인격적 존재인 사람을 좋아합니다. 그래서 그 사람의 인격을 마귀의 인격으로 바꾸어 가는 것입니다. 자기의 성품을 그 사람에게 뿌려줍니다.

3) 악한 영은 크리스천이라도 공격하지만, 크리스천의 영에는 침범하지 못합니다. 크리스천의 영에는 하나님의 영이 들어와 계시기 때문입니다. 그러나 마음, 감정, 의지(혼)와 육은 공격할 수 있습니다. 그러나 불신자의 경우 악한 영은 그들의 영에까지 침입하여 단단히 장악할 수 있습니다.

둘째, 마귀 귀신의 능력입니다.

1) 마귀 귀신은 초능력과 비자연적인 힘을 지닙니다. 초자연적 능력과 비자연적인 능력은 서로 다릅니다. 초자연적 능력은 자연의 섭리를 바꾸는 능력이며, 오직 자연의 섭리를 창조하시고 주관하시는 하나님만이 하실 수 있습니다. 초자연적인 능력은 바다를 가르심, 하늘에서 만나를 내리심, 태양을 멈추게 하심, 오병이어, 사랑, 희생, 부활 등입니다.

비자연적 능력은 초자연적인 능력의 예속적인 능력으로 자연의 법칙을 바꾸는 것이 아니라, 자연의 힘을 조절, 변화시키는 능력입니다. 예를 든다면 홍수, 가뭄, 질병, 전염병을 퍼뜨림, 저주, 사람을 죽게 함 등입니다.

2) 마귀 귀신은 인간, 동물에게 영향을 줄 수 있습니다. (눅 8:33) "귀신들이 그 사람에게서 나와 돼지에게로 들어가니 그 떼가 비탈로 내리달아 호수에 들어가 몰사하거늘" 돼지는 절제를 하지 못함으로 목숨을 끊습니다. 마귀가 인간에게 들어올 때에도 같은 방법으로 인간의 절제력을 빼앗아감으로 결국 생명을 파괴시킵니다.

3) 귀신은 질병을 유발합니다. 그러나 생기게는 못하고 약한 부분이 병들게 합니다.

4) 귀신은 인간을 유혹, 괴로움을 줍니다. 정신적인 문제, 불면, 우울, 두통 등등

5) 자연계의 장벽과 공간에 제약받지 않습니다. 피와 살이 없는 영체이기 때문입니다.

셋째, 마귀 귀신의 활동의 한계성입니다.

1) 마귀는 영물이지만 피조물이며, 유한한 존재이기에 능력과 활동에 제한을 받습니다. 마귀는 불평이나 의심과 같은 것에 숨어서 활동하는 존재입니다. 즉 마귀는 어두움의 존재이므로 밝음(영적, 도덕적)에서는 활동이 제한됩니다.

2) 예배, 기도, 성경, 크리스천과의 교제와 같은 신적인 추구는 마귀의 힘을 점차로 약화 시키며 기반을 잃게 합니다.

3) 마귀 귀신은 인간의 인격인 의지의 허락을 받지 않고는 그 사람을 지배할 수 없습니다.

4) 마귀 귀신은 하나님께서 허락하신 법칙 안에서만 일할 수 있습니다.

5) 마귀 귀신은 성령님의 능력에 의하여 제한을 받습니다.

6) 마귀 귀신은 현재 기승을 부리지만 이미 패배한 상태입니다. 예수께서 십자가에서 이미 사단에게 승리하셨습니다.

(골2:13) "정사와 권세를 벗어버려 밝히 드러내시고 십자가로 승리하셨느니라"

7) 마귀 귀신의 힘은 그가 본래 가진 힘과 그가 들어가 거주하는 사람의 상처의 크기, 침입한 경로, 거주한 기간, 본인의 성품, 삶의 태도, 현재의 가정환경들에 의해 다르게 나타납니다. 그러므로 우리는 지속적으로 영적 전쟁을 하여야 합니다. 지속적으로 하나님과의 바른 관계를 유지하고, 늘 하나님 주시는 은혜, 빛, 능력 속에서 생활하여야 합니다.

'빛 되신 주님, 늘 내 심령 속에 역사 해주세요. 나를 도와주세요. 주님 사랑해요' 부드럽게 기도하세요. 오랜 시간 기도해도 '주님을 사랑해요!' '주님의 마음을 주세요!' 하고 같은 말을 되풀이 하세요. 그러면 마음속에서 편안함이 올라옵니다. 사람들에게 편안함을 준다. 편안하게 사람들을 대하게 됩니다.

넷째, 사람과 이 신적 세계와는 어떻게 관계를 맺는가?

인간이 어떤 영적 능력과 권세를 소유하고, 누릴 수 있는 것은 영적 세계의 존재와 관계를 맺음으로 가능하며, 이 관계는 충성과 순종함으로 이루어집니다.

1) 예수님은 제자들에게 모든 귀신과 질병을 제어할 수 있는 권세와 능력을 부여 하셨습니다. (눅 9:1-)"예수께서 열 두 제자를 불러 모으사 모든 귀신을 제어하며 병을 고치는 능력과 권세를 주시고 하나님의 나라를 전파하며 앓는 자를 고치게 하려고 내어 보내시며" (행 1:4-) "사도와 같이 모이사 저희에게 분부하여 가라사대 예루살렘을 떠나지 말고 내게 들은바 아버지의 약속하신 것을 기다리라 요한은 물로 세례를 베풀었으나 너희는 몇 날이 못되어 성령으로 세례를 받으리라 하셨느니라 저희가 모였을 때에 예수께 묻자와 가로되 주께 권한에 두셨으니 너희의 알바 아니요 오직 성령이 너희에게 임하시면 너희가 권능을 받고 예루살렘과 온 유대와 사마리아와 땅끝까지 이르러 내 증인이 되리라 하시니라" (요 14:12)"내가 진실로 진실로 너희에게 이르노니 나를 믿는 자는 나의 하는 일을 저도 할 것이요 또한 이보다 큰 것도 하리니 이는 내가 아버지께로 감이니라 (13) 너희가 내 이름으로 무엇을 구하든지 내가 시행하리니 이는 아버지로 하여금 아들을 인하여 영광을 얻으시게 하려 함이라"

2) 사단도 자신을 추종하는 자들에게 자신의 능력을 줄 수 있습니다. ex)점치는 능력, 초능력, 마술, 신비 술 등….

3) 신적인 능력은 사물, 장소, 물건에까지 전달될 수 있습니다. 즉 장소와 물건이 바쳐지는 대상에 의하여 신적인 권능이 나타납니다. ex)하나님의 언약 궤, 성전, 예수님의 옷자락, 바울의 손수건…. 우상, 제물, 부적….

4) 영적 존재가 인간의 영역에서 행할 수 있는 일의 범위, 능력의 정도는 이들이 인간으로부터 받는 협조와 깊은 연관성이 있습니다.

ⓐ 하나님과 사단은 인간 영역에서 자신의 계획을 이루어 나갈 때, 인간의 협조 없이 마음대로 하지 않고, 인간의 자유 의지를 통해서 일합니다. 인간은 하나님으로부터 자유 의지를 부여받았으며, 하나님은 스스로 부여하신 질서를 지키십니다. (롬6:16)"너희 자신을 종으로 드려 누구에게 순종하든지 그 순종함을 받는 자의 종이 되는 줄을 너희가 알지 못하느냐 혹은 죄의 종으로 사망에 이르고 혹은 순종의 종으로 의에 이르느니라."

ⓑ 인간의 의지는 사용의 용도에 따라, 하나님의 선물인 영생을 받을 수도, 거절할 수도 있습니다.

ⓒ 하나님은 모든 사람이 구원받기를 원하십니다. 그러나 많은 사람들이 스스로 멸망의 길을 선택합니다.

ⓓ 하나님은 자신의 교회와 성도들이 모두 성령 충만하기를 원합니다. 그러나 많은 교회가 하나님의 뜻을 수용하지 못하고 있습니다.

ⓔ 사단의 가장 큰 계략은, 하나님의 계획이 인간들에게 이루어

지지 못하도록 인간의 자유 의지를 교묘히 이용하여, 이기적·세속적·물질적·근시안적으로 만들어서 하나님의 구원 계획이 우리에게서 이루어지지 못하게 합니다. (고후 4:4) "그 중에 이 세상 신이 믿지 아니하는 자들의 마음을 혼미케 하여 그리스도의 영광의 복음의 광채가 비춰지 못하게 함이니 그리스도는 하나님의 형상이니라"

5) 하나님과 사탄은 인간의 충성과 순종을 통해 권리를 행사할 수 있습니다. (약 4:7) "그런즉 너희는 하나님께 순복 할지어다 마귀를 대적하라 그리하면 너희를 피하리라 하나님을 가까이 하라 그리하면 너희를 가까이 하시리라 죄인들아 손을 깨끗케 하라 두 마음을 품은 자들아 마음을 성결케 하라"

ⓐ 사람이 하나님 또는 사탄에게 순종할 때, 그렇지 않은 때보다 더 많은 능력과 영향력을 그 순종하는 사람 안에서 행사할 수 있게 됩니다.

ⓑ 하나님은 사탄보다 월등히 높으시고, 능력의 정도가 비교될 수 없습니다. 그러나 인간 측에서 하나님에게 불순종하고, 사탄의 속삭임에 순종할 때, 하나님은 그 사람에게 아무 일도 하실 수 없게 됩니다. (마13:58) "저희의 믿지 않음을 인하여 거기서 많은 능력을 행치 아니하시니라"

ⓒ 사람은 영적 공백 상태는 없으며, 인간은 운명적으로 영적인 세계의 지배를 받게 되며, 영적 세계는 신적인 세계의 지배를 받게 됩니다.

ⓓ 노아의 순종으로 하나님께서 자신의 계획을 진행하실 수 있었으며, 아브라함의 순종으로 이스라엘 민족을 이루셨고, 마리아의 순종으로 태를 빌려 메시아를 이 땅에 태어나게 할 수 있었습니다.

ⓔ 불순종은 하나님의 계획을 무산시키게 됩니다. 열 명의 정탐군의 부정적인 보고에 영향을 받은 이스라엘 민족의 불순종은 하나님의 계획에 차질을 주었으며 이스라엘 백성은 불순종에 대한 대가를 받게 되었습니다.

6) 불순종은 인간과 관계를 맺고 있는 존재와의 관계를 파기하지 않지만, 교제는 점점 멀어지게 하며 권리와 능력을 잃게 합니다. 불순종을 빨리 회개하면 회복되지만, 그렇지 않을 경우 계속 깊어지며, 깊어질수록 다시 회복되기에 더 많은 시간과 노력을 요하며 그에 따른 대가가 자신에게 주어집니다.

7) 의식(구약시대의 제사, 예배, 기도)이 하나님의 능력을 강화시킵니다.

ⓐ 의식은 약속을 이행하는 행위로서 의식을 진정과 성실로 드릴 때 하나님은 존귀함을 받으시며, 이로 인하여 사탄은 뒤로 물러나며 세력을 잃게 됩니다. (요 4:23)"아버지께 참으로 예배하는 자들은 신령과 진정으로 예배할 때가 오나니 곧 이 때라 아버지께서는 이렇게 자기에게 예배하는 자들을 찾으시느니라" (갈 5:16-17)"내가 이르노니 너희는 성령을 좇아 행하라 그리하면 육체의 욕심을 이루지 아니하리라 (17) 육체의 소욕은 성령을 거스리고

성령의 소욕은 육체를 거스리나니 이 둘이 서로 대적함으로 너희의 원하는 것을 하지 못하게 하려 함이니라" (갈 6:8) "자기의 육체를 위하여 심는 자는 육체로부터 썩어진 것을 거두고 성령을 위하여 심는 자는 성령으로부터 영생을 거두리라"

ⓑ 계명을 지키며 순종하며 감사하는 삶은 하나님을 기쁘시게 하는 행위입니다. (요 14:15) "너희가 나를 사랑하면 나의 계명을 지키라" (히 11:6) "믿음이 없이는 기쁘시게 못하나니 하나님께 나아가는 자는 반드시 그가 계신 것과 또한 그가 자기를 찾는 자들에게 상주시는 이심을 믿어야 할찌니라"

8) 인간은 육신적 존재이면서 영적 존재이므로, 영적 존재인 하나님 또는 사탄이 사람 안에 거주할 수 있습니다. 하나님과 사탄의 거주에는 차이가 있습니다.

첫째 성령은 사람이 성령을 인식, 의식, 인정하고 의지를 통하여 초청할 때 우리에게 들어오십니다. 그러나 악령, 마귀는 이러한 경로를 통해서도 들어오지만 의도적인 초청이 아니라도 죄를 통해 들어옵니다. 마치 더러운 병균에 감염되는 경로와 같습니다.

9) 하나님과 사탄은 다양한 방법으로 사람에게 영적 능력을 전달 할 수 있습니다. 가장 많이 사용되는 수단은 말, 기도, 접촉, 안수, 능력을 지닌 물체를 소유함으로 능력을 전달합니다.

10) 사람은 섬김의 대상을 바꿀 수 있으며 하나님과 사단을 동시에 섬길 수도 있습니다.

ⓐ 사탄에게 깊이 **빠져있던** 사람도 하나님께 돌아오면 하나님

은 과오를 묻지 않으시고 용서하십니다. 그러나 그 사람에게 깊이 심겨져 있는 악한 영의 세력은 다른 사람의 도움을 받아서 제거해야 합니다. ex)사도행전 8장의 마술사 시몬, 사울 왕의 악귀: 다윗 수금, 사울의 눈: 아나니아가 안수로 뜨게 됨…

ⓑ 하나님께 충성하던 사람들도 그들의 헌신과 은혜를 무시하고 떠나 사탄에게 충성 할 수 있습니다. (딤전 4:1)"성령이 밝히 말씀하시기를 후일에 어떤 사람들이 믿음에서 떠나 미혹케 하는 영과 귀신의 가르침을 좇으리라."

결론입니다. 신적인 지식을 배양하고 모두 분별하여 몰아내야 합니다. 여러분 성령으로 세례를 받고 성령의 임재 가운데 한번 생각해 보시기를 바랍니다. 귀신이 침입하면 낙심하거나 갑자기 불평이 나오고 갑자기 짜증이 생기거나 갑자기 혈기가 생기는 등 이상이 나타납니다. 귀신은 우리의 마음을 강퍅하게 만들고 충동하여 원망과 시기와 혈기를 유발시키고, 이러한 마음의 강퍅 함은 신경세포의 경직을 가져오고 혈액의 흐름을 막아 생명을 단축시킵니다.

이렇게 나타나는 모든 문제는 내면 깊숙이 숨겨져 있는 해결되지 못하고 있는 상처에 붙어있는 악한 영 때문입니다. 응어리 때문입니다. 나는 깊은 내면의 세계인 무의식의 세계를 모릅니다. 그러나 성령 하나님은 그것을 아십니다. 그것을 들어낼 것입니다. 그러면 예수 그리스도의 이름으로 고침을 받을 수가 있습니다.

16장 귀신의 능력의 정도는 어떠한가요?

하나님은 하나님의 자녀답게 강하고 담대하게 귀신과 싸워서 이기라고 하십니다. 우리는 믿는 모두가 귀신으로부터 자신의 **빼앗긴 자유**를 찾기를 원하고, 또, 우리가 다른 사람의 **빼앗긴 자유**를 찾아주는 위대한 하나님의 사역을 하기 위해서는, 귀신이 사람에게 무슨 이유와 근거, 어떤 목적으로 접근하며, 어떤 현상을 일으키며, 또한 귀신은 어떤 근거에 의하여 결박당하며, 쫓겨나가는지에 대한 분명한 이해와 연구가 필요하며, 담대하게 권능과 권위를 행사하려는 믿음이 중요합니다.

이에 앞서서 갈보리 십자가의 공로에 대한 분명하고, 흔들리지 않는 믿음을 지녀야 합니다. 우리는 하나님의 권세가 있는 하나님의 자녀입니다. 반대로 귀신은 이빨 빠진 사자입니다. 엡2:16 "또 십자가로 이 둘을 한 몸으로 하나님과 화목하게 하려 하심이라 원수 된 것을 십자가로 소멸하시고," 우리가 하나님의 자녀가 되는 권세가 주어졌습니다. "예수께서 열두 제자를 불러 모으사 모든 귀신을 제어하며 병을 고치는 능력과 권위를 주시고 하나님의 나라를 전파하며 앓는 자를 고치게 하려고 내보내시며"(눅9:1-2).

첫째, 그리스도인의 권세와 능력입니다.

1) 귀신은 예수 그리스도의 이름의 권세 앞에 복종하도록 되어 있습니다. 예수님의 권위 아래에 있기 때문입니다. (행 16:18) "바울이 심히 괴로워하여 돌이켜 그 귀신에게 이르되 예수 그리스도의 이름으로 내가 명하나니 그에게서 나오라 하니 귀신이 즉시 나

오니라." (눅 10:17) "칠십 인이 기뻐 돌아와 가로되 주여 주의 이름으로 귀신들이 우리에게 항복하나이다."

2) 예수의 이름은 예수님과 인격적인 관계를 지닌 신실한 믿음을 통하여 역사하며, 인격적인 관계없이 마술적인 개념으로 부르는 것은 아무런 도움이 되지 못합니다. (행 19:13-16) "스게와의 일곱 아들들이 이름을 남용했다가 도리어 귀신에게 쫓겨남."

3) 예수를 믿는 자에게 권세와 능력을 주셨습니다. 예수님은 하나님의 아들의 권세로서 질병과 귀신을 향하여 명령하셨으며, 명령에 순종해야 하는 귀신은 떠나갑니다. 이 권세에 근거하여 능력이 나타남으로 치유를 행하셨습니다. 권세가 있는 사람은 능력도 함께 보유하고 있습니다. (요 14:12) "내가 진실로 진실로 너희에게 이르노니 나를 믿는 자는 나의 하는 일을 저도 할 것이요 또한 이보다 큰 것도 하리니 이는 내가 아버지께로 감이니라." (행 1:8) "오직 성령이 너희에게 임하시면 너희가 권능을 받고 예루살렘과 온 유대와 사마리아와 땅 끝까지 이르러 내 증인이 되리라 하시니라."

4) 하나님의 권세는 순종하는 자에게 주어집니다. 주님은 오직 아버지의 뜻에 순종하여 사역하셨습니다. (요 5:30) "내가 아무 것도 스스로 할 수 없노라 듣는 대로 심판하노니 나는 나의 원대로 하려하지 않고 나를 보내신 이의 원대로 하려는 고로 내 심판은 의로우니라."

5) 아버지의 원하시는 뜻을 이루기 위해 권세를 사용할 때 능력과 권위가 뒤따릅니다. (마28:18-20) "예수께서 나아와 일러 가라사대 하늘과 땅의 모든 권세를 내게 주셨으니 (19) 그러므로 너희

는 가서 모든 족속으로 제자를 삼아 아버지와 아들과 성령의 이름으로 세례를 주고 (20) 내가 너희에게 분부한 모든 것을 가르쳐 지키게 하라 볼찌어다 내가 세상 끝 날까지 너희와 항상 함께 있으리라 하시니라."

둘째, 귀신과의 영적 대결은 이렇게 합니다.

1) 질병의 원인은 영적→정신적→육체적으로 시작됩니다. -스트레스 받으면 질병이 나타납니다. 성령으로 기도하여 평안하면 영적-정신적-육체적으로 건강해집니다.

2) 누가복음의 경우 치유 중 약 25%가 귀신과 질병이 직접적인 관계를 갖은 경우이며, 귀신이 질병과 직접적인 관계가 있을 경우 귀신이 물러가면서 치유는 뒤따라 왔습니다. (마 9:32-)"예수께서 회당에서 사지가 꼬부라진 여인을 고치신 후 안식일에 병을 고친다는 불평을 하는 회당 장에게 18년 동안 사탄에게 매인 바 된 이 아브라함의 딸을 안식일에 이 메임에서 푸는 것이 마땅치 않느냐." (행13:6-12)"박수 엘루마와 바울의 능력의 대결."을 보면 알 수가 있습니다.

3) 귀신이 질병의 직접적인 원인으로 작용하는 경우, 증상에 의한 판별보다 성령께서 주시는 영분별의 은사로서 알 수 있습니다. 예를 들어서 소경인 경우 어떤 경우에는 귀신이 작용한 결과이나 다른 경우도 있습니다. 귀신의 영향은 이렇습니다 (마 12:22)"그 때에 귀신들려 눈멀고 벙어리 된 자를 데리고 왔거늘 예수께서 고쳐 주시매 그 벙어리가 말하며 보게 된지라" 귀신이 떠나가자 벙어리가 말하고 보게 됩니다.

다른 경우 (요 9:2-) "제자들이 물어 가로되 랍비여 이 사람이 소경으로 난 것이 뉘 죄로 인함이 오니이까 자기 오니이까 그 부모 오니이까 예수께서 대답하시되 이 사람이나 그 부모가 죄를 범한 것이 아니라 그에게서 하나님의 하시는 일을 나타내고자 하심이니라" 그 사람이나 그 부모가 죄를 범한 것이 아니라, 그에게서 하나님의 하시는 일을 나타내고자 하심이니라. 말씀하셨습니다.

4) 한국인들은 오랫동안 샤머니즘의 영향을 받아 왔으며, 제사, 점술, 부적, 굿, 마술에 직접-간접적으로 개입하여 왔습니다. 개입의 정도에 따라서 각 개인에게 미치는 영향도 다르게 나타납니다. 이 부분이 정리되지 않은 상태에서는 영적인 방황과 혼탁함이 있게 됩니다.

셋째, 영적 전쟁에 방심하고 실패하는 것은 귀신 들림에 대한 12가지 오류 때문입니다.

①그리스도인들은 절대로 귀신 들릴 수 없습니다, 라는 잘못된 가르침입니다. 예수 이름만 들어도 도망간다고 합니다. 그러나 아직 귀신의 영향에서 벗어나지 못한 사람들이 있습니다.

〈딕 케이슨〉 "그리스도인이 귀신들릴 수 있을까? 하는 질문은 마치 그리스도인이 암에 걸릴 수 있을까 라고 묻는 것과 마찬가지이다."

〈메릴 엉거〉 "중생한 사람 속에는 귀신이 거할 수 없다는 이론을 뒷받침할 만한 것이 성경 어느 곳에도 없다."

〈찰스 크래프트〉 "귀신들로부터 자유스러워져야 할 많은 그리스도인들이 있다는 사실은 우리에게 경종을 울려 주는 것이다. 얼마나 많은 수의 사람들이 귀신으로 인해 괴롭힘을 당하고 있는지 정확한 통계를 낼 수 없지만 나는 대략 교회에 출석하고 있는 사람들의 약 삼분의 일 정도가 귀신의 괴롭힘을 받고 있다고 생각한다. 나는 나의 이러한 발언에 대해 비난을 퍼부을 사람도 있다는 것을 모르는 것은 아니다. 또한 그리스도인들이 귀신 들릴 수 있느냐 없느냐 하는 논란은 두 가지 측면에서 생겨난다. 즉 이와 같은 논쟁은 귀신들림에 대한 용어상의 문제와 귀신들린 사람들을 다루어 본 경험이 없는 데서 오는 문제에 기인한다." 사악한 영을 대적하라 책

우리 한국 문화에서 '귀신'이라고 하면 머리를 풀어 헤친 처녀귀신이라는 이미지를 제일 먼저 떠올립니다. 그래서 성도에게는 그러한 귀신이라는 자신 속에 없다고 단정 짓습니다. 그러나 성경에서 말하는 귀신의 개념은 우리 문화에서 말하는 개념하고 조금 다른 의미로 말씀하고 있음을 알아야 합니다. 이를테면 베드로가 신앙고백을 하고 나서 예수 그리스도의 죽으심을 듣자 "주여! 그리 마옵소서. 이 일이 결코 주에게 미치지 아니 하리이다"라고 했을 때 예수께서 베드로를 보고 "사단아 내 뒤로 물러가라 너는 나를 넘어지게 하는 자로다 네가 하나님의 일을 생각지 아니하고 도리어 사람의 일을 생각하는 도다" 라고 하셨습니다.

이 말씀은 지금 예수께서 하나님의 일을 생각지 않고 사람의 일을 생각하는 베드로를 보되, 그 뒤에서 조종하고 있는 사단을 대하여 말씀하신 것입니다. 그러므로 성경에서 말하는 귀신이란 개념은 우리의 생각과 감정, 육신에 영향을 미치는 어떤 영적 세력, 즉 영적 병균과 같은 존재로 말씀하고 있습니다.

따라서 하나님의 자녀라 할지라도 성령으로 충만하여 영적으로 건강하지 않으면 병균과 같은 악한 것들이 가까이하여 하나님과의 관계, 사람과의 관계, 자신과의 관계 등에 역사해서 하나님께서 주신 참된 복을 **빼앗아** 가는 것입니다. 야고보는 약4:7 "마귀를 대적하라. 그리하면 너희를 피하리라"고 깨우치고 있습니다. 이 말씀은 우리가 마귀를 대적하지 않으면 마귀는 떠나가지 않는다는 말씀이 아니겠습니까?

바울은 엡6:10-17 "마귀의 궤계를 능히 대적하기 위하여" 믿는 사람들이 입어야 할 전신 갑주에 대해 말하고 있습니다. 만일 우리가 전신 갑주를 입지 않고 마귀와의 전쟁터에 나간다면 어떻게 되겠습니까? 상처를 입게 됩니다. 만일 우리가 하나님의 말씀과 성령으로 전신 갑주로 우리를 감싸지 않는다면, 무장되지 않은 부분이 공격을 당할 것입니다. 전신 갑주란 성령께서 깨닫게 하시는 말씀과 성령으로 충만한 하나님의 걸어 다니는 성전이 되는 것입니다. 다시 엉거 박사는 "만일 그리스도인이 그의 전신갑주를 이용하지 못한다면, 사단이 믿는 사람들의 도시를 공격하지 않겠는가? 사단이 믿는 사람들을 공격하는 이유는 분명히 그를 노예로 만들어 자기 뜻을 좇게(딤후2:26)하려는 것이다."

이와 같은 것을 볼 때 귀신들이 그리스도인에게도 역사합니다. 들어올 수 있다는 것입니다. 영적으로 볼 때, 예수 그리스도를 영접하여 하나님의 자녀가 된 자의 영속에는 예수 그리스도께서 계십니다. 그러나 아직 육체의 소욕을 좇아 살아가는 옛 사람의 생각과 감정, 육신에는 얼마든지 영적인 존재인 귀신들이 숨어 있거나 붙어서 역사할 수 있다는 것입니다.

② 귀신에 대한 오해로서 사람들은 귀신들에게 사로잡혀 있습니다. 이 같은 용어는 성경에 나오지 않습니다. 귀신에게 눌릴 수는 있습니다. 사람의 육체에 붙을 수도 있습니다.

③ 축사 사역은 단 한 번에 이루어지는 것입니다. 단번에 축사하려는 것은 잘못된 생각입니다. 자신의 영과 정신과 육체를 성령 하나님께서 장악하고 지배하시는데 시간이 걸립니다. 자신이 하나님의 나라 성전되고 영적 능력이 나타날 때까지 말씀과 성령으로 채워야 합니다.

④ 귀신 들림은 단순히 정신병입니다. 그렇지 않습니다. 성격, 질병, 가계의 대물림, 가난도 있습니다.

⑤ 감정적인 문제는 모두 귀신에 의한 것입니다. 그러한 문제들은 귀신들림이거나 감정적인 것, 둘 중에 하나입니다. 사람들은 감정적인 문제를 갖고 있지만, 그것이 귀신들에 의한 것이 아닐 수 있습니다. 상처로 인해서 자라난 환경으로. 사람들은 감정적, 육체적, 정신적 문제를 갖고 있고, 또 아울러 귀신의 영향도 받을 수가 있습니다.

⑥ 교회, 우리 주변에는 귀신 들린 자들이 흔치 않습니다. 모르고 당하고 있는 사람들이 많이 있습니다.

⑦ 귀신 들리는 이유는 죄와 불순종 때문입니다. 꼭 그렇다고 볼 수 없습니다. 자신의 잘못과는 관계없이 귀신이 들릴 수 있습니다. 유전이나 상처로 인하여….

⑧ 은사 있는 사람만 귀신을 쫓을 수 있습니다. 영적 은사에는

축사의 은사는 포함되어 있지 않습니다. 예수를 믿는 자는 모두 축사할 수가 있습니다.

⑨ 내적 음성을 듣거나 인격이 바뀌는 것은 분명 귀신 들린 것입니다. 귀신 들림과 다중인격장애를 구분할 줄 알아야 합니다.

⑩ 축사 사역은 항상 소란함이나 육체적인 폭력을 수반합니다. 아닙니다. 성령으로 장악이 되면 조용히 기침 한번으로 떠나가기도 합니다.

⑪ 귀신 들린 사람들은 다른 목소리를 냅니다. 그렇지 않습니다. 분별해야 합니다. 우리는 분명히 축사를 위하여 이 말씀을 기억해야 합니다. (딤후1:7)"하나님이 우리에게 주신 것은 두려워하는 마음이 아니요 오직 능력과 사랑과 근신하는 마음이니" (사41:10)"두려워 말라 내가 너와 함께 함이니라 놀라지 말라 나는 네 하나님이 됨이니라 내가 너를 굳세게 하리라 참으로 너를 도와주리라 참으로 나의 의로운 오른손으로 너를 붙들리라" 예수 그리스도는 사단의 권세를 깨뜨렸습니다. (골2:15)"정사와 권세를 벗어버려 밝히 드러내시고 십자가로 승리하셨느니라." (단10:13)"그런데 바사국 군이 이십 일일 동안 나를 막았으므로 내가 거기 바사국 왕들과 함께 머물러 있더니 군장 중 하나 미가엘이 와서 나를 도와주므로" (요일4:4)"자녀들아 너희는 하나님께 속하였고 또 저희를 이기었나니 이는 너희 안에 계신 이가 세상에 있는 이보다 크심이라." 그럼 왜 사람들은 귀신으로부터 구원받지 못 합니까?

① 성령으로 세례받지 않고 성령의 지배 가운데 회개하지 않기 때문입니다. 회개와 뉘우침은 다릅니다. (마27:3)"때에 예수를 판

유다가 그의 정죄됨을 보고 스스로 뉘우쳐 그 은 삼십을 대제사장들과 장로들에게 도로 갖다 주며." 회개는 죄악된 행동에서 돌아서는 것입니다. 그리고 그때 들어온 귀신을 축사해야 합니다.

② 죄들을 회개하는데 실패하였기 때문입니다. 특히 간음과 낙태… (약5:6)"너희가 옳은 자를 정죄하였도다 또 죽였도다 그는 너희에게 대항하지 아니하였느니라"

③ 용서하는데 실패하였기 때문입니다. 용서는 자신을 위하여 하는 것입니다. 성령의 지배 가운데… (막11:25)"서서 기도할 때에 아무에게나 혐의가 있거든 용서하라 그리하여야 하늘에 계신 너희 아버지도 너희 허물을 사하여 주시리라 하셨더라"

④ 마술적인 행위를 버리지 못하기 때문입니다. (행19:19)"또 마술을 행하던 많은 사람이 그 책을 모아 가지고 와서 모든 사람 앞에서 불사르니 그 책 값을 계산한즉 은 오만이나 되더라"

⑤ 마귀에게 대적하고 저항하지 않기 때문입니다. (약4:7)"그런즉 너희는 하나님께 순복할찌어다, 마귀를 대적하라 그리하면 너희를 피하리라"

⑥ 교만하기 때문입니다. 교만은 자신도 모릅니다. 자신은 스스로 아무것도 할 수 없는 나약한 존재입니다. 반드시 예수를 믿고 죽고 예수님으로 다시 태어나 성령의 인도를 받아야 합니다.

① 우리의 모든 삶의 영역에서 예수 그리스도를 주로 삼고 그에게 모든 권리를 양도하십시오. 나를 포기하여야 합니다.

② 항상 성령으로 충만하십시오. (엡5:18)"술 취하지 말라 이는 방탕한 것이니 오직 성령의 충만을 받으라"

③ 하나님의 말씀을 믿고 삽시다. 성령으로 말씀을 깨달으면서 살아야 합니다. (마4:4)"예수께서 대답하여 가라사대 기록되었으되 사람이 떡으로만 살 것이 아니요, 하나님의 입으로 나오는 모든 말씀으로 살 것이라 하였느니라 하시니"

④ 하나님으로 항상 은밀한 중에 충만하십시오. (엡6:14-18) "그런즉 서서 진리로 너희 허리띠를 띠고 의의 흉배를 붙이고 (15) 평안의 복음의 예비한 것으로 신을 신고 (16) 모든 것 위에 믿음의 방패를 가지고 이로써 능히 악한 자의 모든 화전을 소멸하고 (17) 구원의 투구와 성령의 검 곧 하나님의 말씀을 가지라 (18) 모든 기도와 간구로 하되 무시로 성령 안에서 기도하고 이를 위하여 깨어 구하기를 항상 힘쓰며 여러 성도를 위하여 구하고"

⑤ 올바른 사람으로 살고, 목회자의 조언을 받아들이시오.

⑥ 영적인 사람과 친하게 지내고, 다른 사람과 올바른 관계를 가지십시오. (히12:14)"모든 사람으로 더불어 화평함과 거룩함을 좇으라 이것이 없이는 아무도 주를 보지 못하리라"

⑦ 예수 그리스도로 하여금 매일 매일의 삶의 모든 중심에 있게 하시오.

⑧ 믿음을 유지하십시오. 구원은 점진적일 수 있습니다. 사람들은 떠나려 하나, 하나님의 말씀을 읽고, 하나님 앞에 무릎을 꿇고, 죄를 자백하고, 진실한 회개를 하고, 성령으로 세례를 받아야 합니다. 하나님은 마귀를 완전하게 쫓아 내기를 원하십니다. 그러나 단번에 몰아내 주는 것이 아니고 말씀과 성령으로 충만해지는 만큼씩 몰아내십니다. 나의 믿음이 성장하여 심령이 하나님의 심령

으로 변화 시키기 위하여 그렇게 하시는 것입니다.

실제적인 축사요령 요약입니다.

① 성령님 임하여 주시옵소서, 강하게 임하여 주시고, 치료하여 주옵소서. 이 시간, 지역, 여기 모든 사람들에게 임하여 보호하여 주시옵소서.

② 머리나 손에 가볍게 손을 대시고, 성령의 임재를 더 충만히, 더 충만히, 더 강하게… 완전하게 사로잡아 주시옵소서… 기다리라.

③ 나타나는 현상에 깊이 유념하여야 합니다. 손의 촉감을 활용하라. 손에 이상현상이 감지됩니다.

④ 배가 꿈틀거리거나, 뛰기 시작하면 집중적으로 축사가 시작됩니다. 환자에게 숨을 깊이 들이쉬고 내쉬면서 기도하게 하세요.

⑤ 예수 이름으로 명령하십시오. 환자가 주여! 주여! 하면서 기도하면 성령으로 충만해지면서 떠나갑니다.

⑥ 다시 오지 못하도록 명령합니다. "나는 이 더러운 귀신들을 이 사람에게서 분리시킨다. 이제 이 사람에게서 떠나 예수님 발 앞으로 갈지어다. 영원한 불 못으로 들어갈지어다. 다시는 오지 말지어다." "부수어놓고 망가지게 한 것 모두 고쳐놓고 떠나갈 지어다."" 지금까지 손해나게 한 것 백배로 변상하고 떠나갈지어다. "

*주의 사항: 한 사람이 명령하세요. 악한 것이 헛 갈림…. 부부가 함께 치유하는 것이 유익합니다. 한쪽은 이상 없고(귀신 들려 있음) 한쪽은 이상이 있을 수가 있음. 공동으로 동일하게 들려있을 수도 있기 때문입니다. 더 상세한 것은 **"귀신축사 알고 보니 쉽게 되네"** 책을 참고하시기를 바랍니다.

17장 마귀 귀신이 자기와 가정을 장악하는 술책

오늘날 성도들이 너무 힘을 잃어가고 있습니다. 왜 일까요, 너무 신적인 면에 무지하기 때문입니다. 신적인 면에 무지하여 방심할 그 때에 문제가 오게 됩니다. 기독교는 예방의 신앙입니다. 문제를 당하기 전에 성령으로 기도하여 알고 예방하는 것입니다. 하나님은 성령으로 기도하는 신령한 성도들에게 문제를 당하기 전에 알려주셔서 미리 예방하게 하신다는 것을 아시기를 바랍니다. "주 여호와께서는 자기의 비밀을 그 종 선지자들에게 보이지 아니하시고는 결코 행하심이 없으시리라(암3:7)" 성령 안에서 영으로 기도하여 미리 예방하시는 분들이 되시기를 바랍니다. 신적인 세계에 눈이 열리시기를 축원합니다. 우리가 옛 통치자와 권세와 세상 주관자를 잘 알아야 하는 것은 이렇습니다.

첫째, 신적인 존재에 대해 알고 속지마라. 하나님이 주신 축복과 영혼을 지키기 위하여 옛 통치자와 권세에 대하여 잘 알고 속지도 말고 싸워 이겨야 합니다. "우리의 씨름은 혈과 육을 상대하는 것이 아니요 통치자들과 권세들과 이 어둠의 세상 주관자들과 하늘에 있는 악의 영들을 상대함이라(엡 6:12)"

1)통치자라는 것은 정부를 말하는 것입니다. 나라를 말하는 것입니다. 예수님도 마태복음 12장 26절에 만일 사탄이 사탄을 쫓아내면 스스로 분쟁하는 것이니 그리하고야 어떻게 그의 나라가 서겠느냐 마귀가 나라가 있어요. 나라에 대통령이나 수상이 있

는 것처럼 마귀도 나라가 있어서 통치자는 흑암의 나라에 임금인 것입니다.

　2)그 다음에는 그 밑에 권세가 있습니다. 권세는 오늘날 정부의 조직에 장관들이 있지 않습니까? 기획재정부 장관. 교육부 장관. 과학기술 정보통신부 장관같이 마귀의 나라에도 장관이 있어 그 장관들이 온 마귀의 세계를 다스리고 돌보고 있는 것입니다. 조직이 있습니다. 누가복음 4장 6절에　이르되 이 모든 권위와 그 영광을 내가 네게 주리라 이것은 내게 넘겨 준 것이므로 내가 원하는 자에게 주노라　고 해서 예수님이 사탄에게 절하면 예수님에게 하늘나라에 장관자리 하나주겠다고 말한 것입니다. 만왕의 왕, 만주의 주인 예수를 보고 사탄이 자기 나라 장관 자리 주겠다고 그런 터무니없는 소리를 하는 것이 마귀의 일인 것입니다.

　3)그리고 마귀는 세상 주관자, 세상의 여러 가지 어두움의 조직을 가지고 있습니다. 세상에 마귀는 오늘날 지사가 있고 시장이 있고 군수가 있고 면장이 있는 것처럼 그런 조직을 가지고 있습니다. 그래서 모든 리 단위까지 개인 가정까지 사탄은 조직을 하고서 자기 조직 관리를 하고 있는 것입니다. 요한일서 5장 19절에　또 아는 것은 우리는 하나님께 속하고 온 세상은 악한 자 안에 처한 것이며　라고 했습니다. 온 세상은 악한자의 이와 같은 세상 주관하는 조직 속에 들어있는 것입니다. 에베소서 2장 2절에　그 때에 너희는 그 가운데서 행하여 이 세상 풍조를 따르고 공중의 권세 잡은 자를 따랐으니 곧 지금 불순종의 아들들 가운데서 역사하는 영이라고 말한 것입니다.

둘째, 영적 정신적 육체적인 문제로 고통당하는 이유. 성도가 영적 정신적 육체적인 인간의 문제로 고통당하면서도 해결하지 못하는 이유는 이렇습니다.

1)성도들이 그리스도의 권세를 깨닫지 못하기 때문입니다. "영접하는 자 곧 그 이름을 믿는 자들에게는 하나님의 자녀가 되는 권세를 주셨으니 이는 혈통으로나 육정으로나 사람의 뜻으로 나지 아니하고 오직 하나님께로부터 난 자들이니라(요1:12-13)" 하나님의 자녀의 권세를 가지고도 사용하지 못하는 것입니다. 우리가 하나님의 자녀의 권세를 활용하지 못하면 마귀의 미혹에 속아서 하나님에게서 떨어질 지도 모릅니다. "형제들아 너희는 삼가 혹 너희 중에 누가 믿지 아니하는 악한 마음을 품고 살아 계신 하나님에게서 떨어질까 조심할 것이요(히3:12)"

경각심을 가지시기를 바랍니다. 예수님은 "이를 내게서 빼앗는 자가 있는 것이 아니라 내가 스스로 버리노라 나는 버릴 권세도 있고 다시 얻을 권세도 있으니 이 계명은 내 아버지에게서 받았노라 하시니라(요10:18)" 예수님은 하나님의 자녀를 빼앗는 자가 있는 것이 아니라 스스로 버린다고 하십니다.

2) 신적인 것에 너무 무지하기 때문입니다. 신적인 세계를 바르게 보고 알아야 인생에서 성공할 수 있습니다.

신적인 세계를 알고 대처하시려고 하시기를 바랍니다. 한마디로 영의 눈을 뜨라는 것입니다. 신적인 분별력을 기르라는 말입니다. 말씀과 성령으로 영안을 여시라는 것입니다. 세상의 모든 문제와 행위에는 배후에 신적인 세계가 결부되어 있기 때문입니다. 말씀과 성령으로 신적 세계를 분별하여 하나님의 군사로서의 사명을 감당하시기를 바랍니다.

3) 신적인 세계를 잘 이해하지 못하기 때문입니다. 하나님은 산 자의 하나님이시고 귀신은 죽은 자의 신입니다. 하나님께서 아브라함에게 고향과 친척과 아비 집을 떠나라고 하셨습니다(창12:1). 이유는 아버지 데라가 우상을 숭배하고 우상을 만드는 사람이었기 때문입니다. 고향에 계속 있으면 아버지를 우상 숭배하게 하는 귀신이 아브라함에게 붙어서 역사하여 아브라함을 망하게 하기 때문입니다. 신적인 세계는 모두 순종과 복종을 통하여 침입하고 역사합니다. 한 번 침입한 신은 좀처럼 떠나가지 않는 것이 본성입니다. 특히 귀신은 더욱 그러합니다. 귀신은 예수를 믿어도 가만히 있습니다. 그러나 성령으로 세례를 받아 온전하게 하나님의 성전이 되려고 하면 악착같이 공격하고 방해 합니다. 하나님도 예수를 믿다가 다른 신을 섬겨도 내버려 두십니다. 그러나 하나님과의 관계는 점점 멀어져서 결국에는 귀신의 의도대로 망하게 되는 것입니다. 부모님이 생전에 고통당하던 그대로 살다가 망하게 한다는 말입니다. 귀신은 죽은 사람이 자꾸 생각나게 합니다. 이는 죽은 사람이 귀신이 된 것이 아니고 생전에 붙어서 살면서 가난하게 하고, 질병으로 고통 당하게 하고, 정신질환으로 고생하게 하는 등등의 저주 뒤에 역사하던 귀신이 자꾸 죽은 사람이 생각나게 하여 떠나가지 않는 것입니다. 그래서 제사를 드리게 하고, 무당을 불러다가 굿거리를 하게 하면서 영원하게 떠나가지 않는 것입니다(출 20:4-6). 귀신은 이 세상에 예수님이 재림하실 때까지 살아서 역사

합니다. 그래서 우리는 귀신을 쫓아내려면 귀신을 불러드리는 행위를 즉, 부모님이 살면서 고통을 당하던 고향을 생각하지 말고, 고향에 가서 부모님이 하시면서 고통 당하던 일을 하지 말고, 제사를 지내지 말고, 부모님을 그리워하지도 말고, 오로지 하나님만 생각하여 살아계신 하나님의 성전으로 살아야 합니다(고전 3:16-17/마6:30-34). 그래서 하나님은 아브라함에게 고향과 친척과 아버지 집을 떠나 내가 지시한 땅으로 가라고 말씀하신 것입니다.

셋째, 악한 통치자와 권세와 세상 주관자는 세상을 장악하고 지배하기 위해 어떻게 역사하는 가?

1) 지도자들을 통해 우리에게 역사합니다. 카리스마를 가진 사람에게 권위를 부여하고 그 휘하 사람들의 생각을 조정합니다. 그래서 한 조직의 일원들을 모두 지배하고 마귀의 생각대로 움직이게 합니다. 이것은 무슨 이야기냐 하면 마귀의 조종을 받고 있는 사람이, 단체의 권위자로 군림하고 있어 휘하에 약한 자들은 어쩔 수 없이 따라갈 수밖에 없게 한다는 말입니다. 신적인 분별력이 없는 사람들이 잘못된 종파에 속해서도 분별력이 없어서 영적 권위자 자의 카리스마만 보고 잘 가고 있는 줄 알고 순종하며 따라가는 사람들을 의미합니다. 악한 통치자와 권세는 직장의 상사, 교회의 목사나 장로, 심지어는 믿는 부모나 불신의 부모. 믿는 남편이나 불신의 남편. 아내를 이용하기도 합니다. 또 자녀를 이용하기도 합니다. 고로 성령으로 분별력을 길러서 속지 말아야합니다.

왕상16장에 이스라엘 아합 왕이 이방 여인 이세벨을 아내로 맞이하여 이세벨의 영으로 인하여 이스라엘 전체가 오염되었습니다.

그래서 하나님은 "너희는 너희가 거주하던 애굽 땅의 풍속을 따르지 말며 내가 너희를 인도할 가나안 땅의 풍속과 규례도 행하지 말고 너희는 내 법도를 따르며 내 규례를 지켜 그대로 행하라 나는 너희의 하나님 여호와이니라(레18:3-4)" "너는 그들과 그들의 신들과 언약하지 말라(출23:32)" 사람을 잘 만나야 합니다. 옛날 말에 장을 잘못 담그면 일 년을 고생하고 배우자를 잘못 만나면 평생을 고생하고, 종교를 잘못 선택하면 영원히 고통 가운데 지옥에서 지내는 것입니다. 친구도 잘 만나야 되고 배우자도 믿음 안에서 잘 만나야 합니다. 특별히 예수님을 만나야 합니다. 분별력을 달라고 기도하시기를 바랍니다. 가정에 악한 마귀가 사람을 통하여 침입하여 그 가정을 파탄의 길로 이끌고 갑니다. 예를 들어 악한 마귀의 수하에 있는 마귀의 자녀가 그 가정에 침입하여 약한자를 공략하여 자기가 의도하는 방향으로 이끌고 가서 필경은 가정이 망합니다. 사람을 잘 만나고 사람을 잘 들여야 합니다. 그래서 불신 결혼을 하지 말라는 것입니다. 이세벨이 아합왕에게 시집와서 이스라엘 전체가 오염된 것을 기억해야 합니다.

  2) 통치자와 권세와 세상 주관자는 둘째, 조직을 통해 역사합니다. 권위를 가진자가 조직을 만들고, 자신의 심복을 조직의 장으로 임명하여 조직을 이끌면서, 조직에 권위에 행사하여 강압적으로 이끌고 가는 것을 의미합니다. 통치자와 권세가 조직의 우두머리인 지도자의 생각을 공격하는 이유는 조직의 장을 장악하여 조직을 마귀들이 원하는 방향으로 이끌고 가기 위함입니다. 하는 일은 조직원들에게 통일된 생각을 부여하게 하려는 목표, 이슈와 강압

을 제공한다는 것입니다. 마귀는 조직을 만들고 조직들이 그것을 잘 관리하려고 합니다. 그래서 이러한 조직에 한번 매이면 조직에 끌려 다니는 수밖에 없습니다. 그래서 성령의 역사에 의하여 통제되고 성령의 자유로움보다는 조직의 숨이 막히는 사람과 악한 영의 역사에 자신이 갇혀 버리는 것입니다.

예수 그리스도의 매임은 사람을 영적으로 만들어 성장시키지만, 잘못된 조직은 신앙의 순수성을 상실시키고 성령의 역사를 막고 카리스마를 가진 지도자를 추종하고 잘못된 길 인줄도 모르고 따라갑니다. 하나님과 사람 사이에 지도자가 끼어서 하나님의 영광을 가로채면서 자신이 하나님인 양 행세하게 됩니다.

그래서 조직은 개인에게 유언 무언의 폭력을 가하고 권위를 행사하고 자신만이 하나님의 심임을 받은 종이라고 세뇌 공작을 하여 분별력이 없는 성도들이 따라갈 수밖에 없게끔 하고, 그 휘하에 충성된 사람들을 둡니다. 그리고 감시를 하며 조직을 통해 그들을 다른 생각을 갖지 못하게 통제합니다. 그리고 새 뇌를 통하여 자신만이 최고로 능력이 있다고 주입시켜 다른 동업종의 다른 사람들을 은연중에 무시하고 시시하게 보게 합니다. 자신의 집단의 권위자가 제일 최고 다고 생각하게 주입식으로 교육합니다.

3) 분위기, 문화, 유행 지역의 특이성, 공동의 이익 등을 이용하여 사람들 혹은 단체를 통하여 역사 합니다. 즉 먹고사는 문제를 잡고 통제하여 그곳의 분위기에 휩싸이게 합니다. 가정이나 개인에게 역사 하는 영 말고, 우리가 속한 지역과 공동체 안에 역사 하는 영을 꾸준히 대적해야 합니다. 한 번 기도해서는 안 됩니다. 계

속 기도해야 합니다.

넷째, 악한 권세와 싸워 승리하라. 통치자와 권세와 세상 주관자와 싸워 승리하기 위해서는 이렇게 하시기를 바랍니다.

1) 성령세례를 받고 성령으로 기도하며 성령 충만을 받아야 합니다. 하나님의 나라 성전이 되어야 합니다(고전3:16) 잠에서 깨어나야 합니다. "그러므로 이르시기를 잠자는 자여 깨어서 죽은 자들 가운데서 일어나라 그리스도께서 너에게 비추이시리라 하셨느니라. 그런즉 너희가 어떻게 행할지를 자세히 주의하여 지혜 없는 자 같이 하지 말고 오직 지혜 있는 자 같이 하여 세월을 아끼라 때가 악하니라. 그러므로 어리석은 자가 되지 말고 오직 주의 뜻이 무엇인가 이해하라. 술 취하지 말라 이는 방탕한 것이니 오직 성령으로 충만함을 받으라(엡 5:14-18)" 의지적으로 성령의 충만을 받으라는 말입니다. 성령 충만하면 성령으로 분별력이 생기는 것입니다.

2) 말씀의 지식과 성령의 분별력을 받아야 합니다.

① 외식하지 말아야 합니다. "그러나 성령이 밝히 말씀하시기를 후일에 어떤 사람들이 믿음에서 떠나 미혹하는 영과 귀신의 가르침을 따르리라 하셨으니, 자기 양심이 화인을 맞아서 외식함으로 거짓말하는 자들이라(딤전4:1-2)"

② 말씀의 지식이 많아야 하고 성령 안에서 말씀으로 분별해야 합니다. "하나님의 말씀은 살아 있고 활력이 있어 좌우에 날선 어떤 검보다도 예리하여 혼과 영과 및 관절과 골수를 찔러 쪼개기까지 하며 또 마음의 생각과 뜻을 판단하나니 지으신 것이 하나도 그 앞에 나타나지 않음이 없고 우리의 결산을 받으실 이의 눈앞에 만

물이 벌거벗은 것 같이 드러나느니라(히4:12-13)"

③ 예수님은 "아침에 하늘이 붉고 흐리면 오늘은 날이 궂겠다 하나니 너희가 날씨는 분별할 줄 알면서 시대의 표적은 분별할 수 없느냐(마 16:3)"고 말씀하십니다.

④ 지금 세상에 거짓 선지자가 많이 나와 있습니다. 분별해야 합니다. "사랑하는 자들아 영을 다 믿지 말고 오직 영들이 하나님께 속하였나 분별하라 많은 거짓 선지자가 세상에 나왔음이라. 이로써 너희가 하나님의 영을 알지니 곧 예수 그리스도께서 육체로 오신 것을 시인하는 영마다 하나님께 속한 것이요, 예수를 시인하지 아니하는 영마다 하나님께 속한 것이 아니니 이것이 곧 적그리스도의 영이니라 오리라 한 말을 너희가 들었거니와 지금 벌써 세상에 있느니라(요일4:1-3)" 예수를 믿고 성령으로 거듭난 성도는 어디를 가더라도 거기 가서 분별할 수 있는 신적인 분별력이 있어야 합니다. 현장에서 처음 받는 인상이 중요합니다. 조금 지나면 적응되어 분별이 불가능하게 됩니다.

3) 해결책을 자신이 정하라는 것입니다. 자신이 고쳐나갈 수 있다고 생각하면 고쳐나가고, 그렇지 않으면 자신이 깨닫고 분별하고 행동을 결정해야 합니다. "그러나 어리석은 변론과 족보 이야기와 분쟁과 율법에 대한 다툼은 피하라 이것은 무익한 것이요 헛된 것이니라(딛 3:9)" 마귀는 통치자와 권세들을 통해 공동체 전체를 마귀의 도구로 쓰려고 하기 때문에 우리 개인이 이러한 공동체 속에서 그 공동체를 바꾸는 것은 거의 불가능합니다. 계란으로 바위를 치는 결과이기도 합니다. 이것은 불교라는 커다란 통치자와 권

세의 도구가 이미 되어버린 공동체에서 불교 전체를 없애려고 하는 시도와 같습니다.

그렇기 때문에 자신이 속한 공동체가 이미 마귀의 도구가 되어 도저히 가망이 없다면 스스로 물러나거나 떠나는 것이 좋습니다. 아니면 자신도 물들고 적응되어 잘못된 마귀의 도구가 되기 쉽습니다. 그러나 권세에 도전은 금물입니다. 권세는 하나님에게서 왔기 때문입니다. "각 사람은 위에 있는 권세들에게 복종하라 권세는 하나님으로부터 나지 않음이 없나니 모든 권세는 다 하나님께서 정하신 바라. 그러므로 권세를 거스르는 자는 하나님의 명을 거스름이니 거스르는 자들은 심판을 자취하리라(롬13:1-2)"

하나님은 한 나라의 왕도 하나님이 세우시고 폐위하시기도 하십니다(왕상19:15-17). 권세에 대적하지 말고 자신이 판단하라는 것입니다. 조용하게 조치하라는 것입니다. 내가 오래 전에 서울 광진구 구의동에서 목회하시던 목사님이 당한 일입니다. 교회를 개척하여 열심히 전도하고 귀신을 쫓아내고, 병을 고치고 하여 2년 정도 지나니 성도가 약 150여명이 되었답니다. 그러던 어느날 장로 2명이 찾아와 전에 다니던 교회에서 문제가 생겨 나왔는데 예배드릴 곳이 마땅치 않다고 교회에 와서 예배를 드리게 해달라고 사정을 했다고 합니다. 그래서 처음에는 거절을 했는데 자꾸 와서 사정을 하여 승인하여 주었는데 처음 와서 몇 달은 아주 착실하게 열심히 신앙생활을 하더니 어느 정도 신임을 얻고 나니까, 이 사람 저 사람을 식사를 사주고, 집에도 찾아가고 하여 사람들을 포섭한 다음에 한 일 년이 지나니 자신들의 세력이 커지니까, 목사님의 약점을 가지고 목사님을 사임하게 하여 결국 일산으로 가서 다시 교회를 개척했다고 합니다. 이렇게 통치자와 권세는 힘 있는 자를 통하여 교회를 자신들이 원하는 교회로 만들려고 교회에 들어와 진을 치고 있으니 분별력을 가지고 대처하지 않으면 안 됩니다. 성도가 교회에서 목사님을 잘못 만나 잘못되는 경우가 있습니다. 또 교회에 목사님을 잘 못 들여서 모든 분이 잘못되는 경우가 많습니다. 율법주의 목사님이 지도하면 율법주의자가 될 수 있습니다. 성령역사를 무시하는 말씀주의 목사님에게 지도 받으면 심령이 갑갑한 말씀주의 성도가 될 수밖에 없습니다.

4) 자신이 해결책을 정했으면 그곳을 떠나 예수 이름으로 대적해야 합니다. 자신에게 이미 와 있는 영적 세력이 있다는 것을 인정하고 성령의 권능을 힘입고 대적해서 끊어 내야 합니다. "이르시되 기도 외에 다른 것으로는 이런 종류가 나갈 수 없느니라 하시니라(막 9:29)" 이런 유는 영어로 kind로 종류를 뜻합니다. 마귀도 종류가 많은데 귀신들도 기도나 금식을 해야만 나가는 좀 센 것이 있다는 말씀입니다. 주님이 가르쳐주신 방법은 귀신도 센 것들은 영의 기도와 금식을 해야 나가니, 금식기도를 하는 등 성령으로 기도를 많이 해야 나간다고 가르치시는 것입니다. 그래서 우리의 문제의 배후에 있는 악한 영들이 나가야 문제가 해결되는데, 단순한 기도로 안 되면 그것은 우리의 기도의 강도를 높여야 된다는 말씀입니다. 문제가 있다고 생각되면 성령의 도움을 구하고 기도하여 대적해서 몰아내야 합니다.

5부 신의 세계에 영향을 잘 받는 사람의 유형

18장 신들은 감성이 풍성한 사람을 좋아한다.

하나님도 귀신도 감성이 풍부한 사람을 좋아합니다. 감성이 풍부한 사람은 영적으로 민감한 사람으로 '마음이 여리다.' '내성적이다.' '감성이 풍부하다.' '은혜를 받으면 울기를 잘한다.' '웃기를 잘한다.' 이런 사람은 대체로 신적으로 민감한 사람들입니다. 감성을 자극하면 감동을 받습니다. 이 때의 감성이란 무엇일까요? 감동은 줄 수도 있고 받을 수도 있는 왜 감성은 받을 수가 없을까요? "와~ 진짜 감동적이다!" 감동이란 내가 받은 온몸의 느낌입니다. 감성이란 작품 자체의 느낌입니다. "와~ 진짜 감성적이다!" 감동은 마음을 움직이게 하는 힘 또는 마음이 움직인 현상이라고 생각하면 맞습니다. 감성은 성경 말씀에 대한 느낌이라고 하면 맞습니다. 성경 말씀을 읽거나 설교를 들을 때 감성으로 느낌을 받으니 (감성으로 알아 들으니) 마음에 감동하여 온몸이 움직이는 것입니다. 성령으로 충만한 사람이 감성적이고 성령이 충만하니 감동을 잘 받아 마음을 열고 받아들이는 것입니다. 이성이 강한 사람들은 판단하고 분석하여 말씀을 읽거나 설교를 듣기 때문에 마음에 감동을 받는 시간이 길어지는 것입니다. 그래서 감성이 풍부한 사람을 성령 하나님도 귀신도 좋아하는 것입니다. 온몸을 지배할 수가 있기 때문입니다. 보편적으로 이성적인 사람을 제사장이 적합한 사람입니다. 감성적인 사람은 두말할 필요도 없이 선지자가 많습니다. 성경에 나오는 아론은 이성적인 사람입니다. 반하여 모세는 감성적인 사람입니다. 모세가 감성적이기 때문에 하나님의 음성을 잘 듣고 순종하는 것입니다. 물론 다윗도 감성적인 사람입니다. 그럼 감성은 무엇일까요? 사전적인 의미의 감성은 자극이나 자극의 변화를 느끼는 성질을 말합니다.

다시 예를 들어 설명한다면 설교를 듣거나 성경을 읽거나 기도를 하거나 영화나 드라마를 볼 때 성경 말씀의 형태를 느끼게 하고 표출적인 마음을 느끼게 하여주는 것이 감성이라 생각하시면 됩니다. 잘 웃거나 잘 울거나 하는 온몸의 반응입니다. 그래서 성령 하나님도 좋아하고 귀신도 좋아하는 것입니다. 감성이 풍부한 사람은 성경 말씀 진리를 바르게 깨달아 진리의 저변에 깔린 분위기를 분별하는 신적인 분별 능력을 길러야 귀신으로 부터 침입을 당하지 않습니다. 감성은 내가 직접 겪은 것이나 혹은 타인의 마음이 공감적인 형성되는 이루면 느껴지는 것으로 대게 감성적인 사람은 그런 공감대가 많이 분포되고 형성된 사람을 뜻하며 반대로 감성적이지 못한다는 것은 이 개념의 반대로 보시면 됩니다. 그래서 감성이 풍부한 사람은 예배나 집회나 찬송이나 기도를 할 때 온몸으로 느끼기 때문에 성령님도 좋아하고 귀신도 좋아하는 것입니다. 온몸으로 느끼기 때문입니다. 우뇌가 발달한 여성들이 감성적인 사람이 많습니다.

이성 주의자들은 감성 훈련을 통해서 능력을 키워야 합니다. 그래야 선지자로서 임무를 수행할 수가 있습니다. 선지자가 되어야 제사장도 할 수가 있습니다. 이성적인 사람은 모든 것을 지식으로 계산하기 때문입니다. 쉽게 신적인 은혜를 받는 것이 쉽지 않습니다. 변화되는데 시간이 걸리게 된다는 말입니다. 신적인 세계를 분별하는 영성은 감성 훈련을 통해서 개발이 된다는 것입니다. 신앙 생활의 두 가지 측면을 잘 균형 있게 한다는 것은 그리 쉬운 일은 아닐 것입니다. 지성과 감성이라는 이 두 가지 영역은 서로 조화할 수 없는 것처럼 인식되어 왔습니다. 성경 공부나 설교를 들으면서 깨닫게 되는 지적인 지식과는 다르게 내면의 영의 소리를 듣고 이해하는 것이 결코 쉬운 일이 아닙니다. 그래서 요셉과 다윗과 같이 감성적인 사람은 타고 난다고 해도 과언이 아닐 것입니다. 그것은 우리의 신체 구조로 인해서 그렇게 되는 것입니다. 우리 뇌는 지성 작용을 주관하는 영역인 신피질과 감성 작용을 주관하는 변연계가 있습니다. 신피질은 사고 작용을 다루며, 거대한 지식 망에 새로운 개념을 저장하여 확장시켜 나가는 구조를 지니고 있습니다.

이 신피질은 빠르고 쉽게 지식을 저장하는 반면에 변연계는 학습 속도가 무척 느리며, 한 번 저장된 정보는 다른 것으로 대치되기가 쉽지 않습니다. 그렇기 때문에 이성주의자들은 계산 속도가 빠른 것입니다. 감성이 풍부한 사람은 계산하지 않고 온몸으로 받아들이는 것입니다. 이성주의자는 정보를 저장하기도 간단하지 않고 저장한 정보를 제거하여 다른 것으로 대치하기도 쉽지 않습니다.

우리 뇌는 밝은 감정을 다루는 부위와 어두운 감정을 다루는 기관이 다릅니다. 밝은 감정은 좌측 전전두엽에서 다루며, 어두운 감정은 우측 전전두엽에서 주관합니다. 감성 작용이 풍성한 사람은 기름 부음을 쉽게 그리고 빈번히 느끼지만, 지성 작용이 강한 사람은 거의 느끼지 못합니다. 감성적인 사람은 기도할 때마다 강력한 기름 부음에 휩싸이지만 지성적인 사람은 그것을 이해하지 못합니다. 자신에게는 결코 일어나지 않는 현상이 자신에 비해서 지적 수준이 떨어지는 사람에게서 빈번히 일어나는 모습을 보고 오히려 잘못된 일이라고 매도합니다. 지적 수준이 높은 사람은 신피질이 활성화 되었듯이 감성 수준이 높은 사람은 변연계가 활성화되어 있는 것입니다.

이것은 우리 뇌의 역할이 다르게 발전한 결과일 뿐이지 지성이 감성보다 월등히 우월한 것은 아니라는 사실입니다. 계시는 하나님이 우리 뇌의 변연계를 사용해서 그 속에 저장되어 있는 정보를 이끌어 내어 그것을 사용해서 우리들에게 의미를 전달 해주는 것이기 때문에 영적 접촉과 계시를 얻기 위해서는 감성의 영역을 주관하는 우뇌를 활성화하는 자극을 줄 필요가 있습니다. 이런 방법으로 효과적인 훈련이 바로 '이미지 그리기'입니다. 기도를 하면서도 우리는 여전히 습관적으로 좌뇌를 활성 시키는 훈련을 합니다. 기도를 할 때도 지적으로 기도하려고 하지요. 그래서 기도문을 만들고 정교하게 다듬어진 단어와 문장들을 사용하려고 노력합니다. 기도는 감성의 영역임에도 불구하고 여전히 지성을 다루는 뇌를 활성화 시킵니다.

이런 기도 형태로는 성령의 음성을 들을 수 없습니다. 그래서 대부분의 목회자들은 일생 동안 환상 한 번 제대로 본 기억이 없을 것입니다. 그것이 당연하다고 생각해 온 것입니다. 기도하다가 졸도한다거나 가사 상태에 빠지는 경험은 들어보지도 못했을 것입니다. 깊은 영혼의 잠 속으로 빠져 들어가는 경험은 듣도 보도 못했을 것입니다. 우뇌가 거의 고사 상태에 이른 좌뇌형 사람들에게 있어서 영적 경험이 전무한 것은 당연한 결과입니다. 우뇌를 활성 시키는 자극에 자신을 거의 노출시키지 않기 때문입니다. 기도한다고 해도 피상적이며, 30분을 넘기지 못합니다. 오래 기도한다고 해도 구성 기도로 일관합니다. 그래서 주여! 주여! 하면서 기도하거나 이미지를 그리거나 영상을 그리면서 기도 제목을 형상화하는 것에 대해서 전혀 알지 못하는 것입니다.

변연계 학습에는 많은 시간과 노력이 필요합니다. 이미 지성적 작용으로 깊이 물들어 있는 기성세대들에게 있어서 이 작업은 거의 불가능에 가까울 정도로 어렵습니다. 그러나 어린 아이들은 무척 쉽고 간단합니다. 초등학생들이 부흥회에서 기름 부음을 받고 환상을 보고 성령의 음성을 듣는 경험을 쉽게 하고 집단 적으로 경험하는 까닭이 여기 있는 것입니다. 이들에게 변연계는 아직 순수하며 신피질 못지않게 활성화 되어 있기 때문입니다. 아직 지적 교육에 깊이 물들어 있지 않기 때문에 쉽게 변연계에 활성화가 일어나는 것입니다. 우리가 영적 경험을 하고 난 후에 그 경험이 지속되지 못하고 단절되는 일시적인 경험을 하게 됩니다. 저는 이것을 '맛보기 판' 또는 순간 체험이라고 부릅니다. 이 일시적 경험이 경험으로 끝나고 지속적으로 일어나지 않는 까닭은 그 경험이 몸에 익숙해지지 않았기 때문입니다. 영성 훈련은 몸의 훈련 즉 '습관화 작업'이 되지 않으면 지속적으로 그런 현상을 경험할 수 없다는 사실입니다. 감성이 풍부한 사람은 은혜를 받으면서 기도를 하는데 이성주의자는 그저 냉랭한 상태입니다. 그러므로 이성이 강한 사람은 영적 현상을 일으키는 자극에 지속적으로 자신을 노출시켜야 합니다. 기도할 때도 계산하지 말고 주여! 주여! 하며 마음을 열고 오래 기도하라는 것입니다. 그렇지 못하면 심리학자들이 일컫는 이른바 '허니문 효과'에 머물고 말 것입니다.

감성교육은 지식 교육과 달리 한 번 몸에 익히면 쉽게 사라지지 않고 오랫동안 지속되는 경향을 보여줍니다. 그래서 극단적으로 볼 때 능력을 받은 사람이 그릇된 행위를 하고 심지어는 이단적인 태도를 취해도 그 능력이 여전히 나타나는 것이 이런 까닭입니다. 그러나 이것을 몸에 익숙하게 하기까지 많은 시간이 필요하기 때문에 지속적인 훈련이 필요합니다.

인내하면서 전문적인 훈련을 받아 변연계를 활성화시킬 때 영적 능력들은 향상됩니다. 지적 훈련만 받아온 대부분의 기성세대들은 성령의 다양한 경험 들을 일상에서 느끼고 그 속에서 주님과 영적 친밀함을 경험하기 위해서는 꾸준한 몸의 훈련이 필요합니다. 이것이 결코 쉬운 일이 아니기 때문에 우리들 대부분은 영적 경험이 '허니문 효과'에 머물고 마는 것이라고 봅니다. 영적 경험을 영적 성숙으로 발전시켜야 합니다. 성령세례와 성령 충만으로 나가야 합니다. 그래야 바르게 분별하여 귀신에게 속지 않고 성령의 역사만 따라갈 수가 있습니다.

성경에 나오는 인물들을 예로 들어 설명하면 이렇습니다. 성경에 나오는 감성이 풍부한 사람은 누구일까요? 자신 앞에 골리앗이 버티고 있어도 당황하거나 두려워하지 않고 담대하게 성령이 주시는 하나님의 말씀을 선포하여 물리치는 다윗과 같은 사람입니다. "내 인생 내가 사는 것이 아니요, 하나님께서 사신다는 믿음이 있는 자"입니다. 온몸으로 하나님의 마음을 읽고 있기 때문입니다. 이성에 속한 자는 어떤 사람일까요? 골리앗을 보고 겁을 내고 있는 사울 왕입니다. 사울 왕은 전형적인 이성에 속한 사람입니다. 사무엘상 17장 33절에 보면 "사울이 다윗에게 이르되 네가 가서 저 블레셋 사람과 싸울 수 없으리니 너는 소년이요 그는 어려서부터 용사임이니라" 말합니다. 사울에게는 하나님은 안중에도 없습니다. 모든 일을 자신이 해결해야 하는 사람입니다. 다윗하고 골리앗하고 비교 분석하여 안 된다고 말하는 사람입니다.

사무엘상 17장 24절에 보면 "이스라엘 모든 사람이 그 사람을 보고 심히 두려워하여 그 앞에서 도망하며" 골리앗의 고함 소리에 놀라서 도망하거나 숨는 사람입니다. 골리앗과 자신을 계산하니 안 된다고 포기하는 것입니다. 스스로 아무것도 할 수 없는 사람입니다. 예를 하나 더 들어 설명하면 홍해 가에 앉아서 아우성을 치는 이스라엘 사람들입니다. "그들이 또 모세에게 이르되 애굽에 매장지가 없어서 당신이 우리를 이끌어 내어 이 광야에서 죽게 하느냐 어찌하여 당신이 우리를 애굽에서 이끌어 내어 우리에게 이같이 하느냐"(출14:11). 이 사람들이 이성에 속한 사람들입니다.

요한복음 6장에 보면 예수님의 제자 빌립이 이와 같이 계산이 빠른 이성의 사람이었습니다. 예수님께서 "우리가 어디서 떡을 사서 이 사람들을 먹이겠느냐"고 물으니까, 빌립은 계산할 시간도 없이 순식간에 저들에게 조금씩 받게 할지라도 이백 데나리온이나 되는 돈이 부족할 것입니다. 언제 계산을 했는지 순식간에 이백 데나리온이라는 돈이 부족하다고 말했습니다. 그렇기 때문에 자기 계산에 의하면, 군중들을 먹이는 것이 불가능하다고 부정적으로 말했습니다. 빌립의 계산은 정확한 듯 보이지만, 빠르게 계산하는 비상한 두뇌를 가지고 있지만 결정적인 결함이 있습니다. 예수님을 모시고 있는 사람, 예수님을 믿는 사람은 문제가 생길 때, 계산을 할 때 반드시 예수님을 계산에 넣어야 하는데 빌립은 예수님을 계산에 넣지 않았습니다. 하나님이 원하시는 사람은 인간적으로 계산이 빠른 머리가 좋은 사람이 아니라 감성이 풍부한 믿음의 사람을 주님은 원하시는 것입니다. 빌립이 문제만 바라보고 계산 했기 때문에 큰 실수를 했습니다.

　예수님께서는 요한복음 6장 5절로 7절에 "예수께서 눈을 들어 큰 무리가 자기에게로 오는 것을 보시고 빌립에게 이르시되 우리가 어디서 떡을 사서 이 사람들을 먹이겠느냐 하시니 이렇게 말씀하심은 친히 어떻게 하실지를 아시고 빌립을 시험하고자 하심이라" 이 많은 군중을 어디에서 떡을 사서 먹이느냐. 주님이 물으실 때 몰라서 물은 것이 아니라, 어떻게 할 줄 다 아시면서도 빌립의 믿음을 시험해 보셨습니다. "빌립이 대답하되 각 사람으로 조금씩 받게 할지라도 이백 데나리온의 떡이 부족하리이다" 사람의 수는 인산인해인데 어떻게 이 많은 군중을 먹일 수 있겠는가. 돈이 엄청나게 들어서 다 먹이고도 이백 데나리온의 돈이 부족할 것이라고 말했습니다. 그뿐 아니라 떡 살 곳도 없고 왜 예수님이 이런 마음에 들지 않는 질문을 하셨는지 빌립은 기분이 좋지 않았습니다.

그의 눈에는 인산인해인 사람들이 보이고, 광야가 눈에 보이고, 텅 빈 호주머니가 눈에 보이고, 떡살 곳이 없는 것이 눈에 보이지 예수님은 보이지 않았었습니다. 예수님과 같이 있는데 예수님을 못 보았습니다. 주님 나와 같이 계시니 주께서 이 문제를 나와 함께 해결해 주실 줄 믿습니다. 주님을 의지합니다. 이렇게 하지 않고 '아이고 나 죽겠다. 이제 큰일 났다. 나는 이 문제로 인하여 파산하겠다.' 그런 부정적인 말을 먼저 하게 되는데 이는 중대한 잘못을 저지르는 것입니다. 우리 인생을 살아가는 경험에 의해서 사물을 판단하면 큰 실수를 하게 되는 것입니다.

그때 제자 중 하나 곧 시몬 베드로의 형제 안드레가 "예수께 여쭈오되(요6:8) 여기 한 아이가 있어 보리떡 다섯 개와 물고기 두 마리를 가지고 있나이다." 그러나 그것이 이 많은 사람에게 얼마나 되겠사옵나이까(요6:9) 하면서 가지고 걸어 나왔습니다.

이성주의자 빌립은 예수님보다는 현재의 상황에 집중해서 남자만 5천명 그외 여자와 아이들을 포함하여 약 2만 명이 되는 사람을 도저히 먹일 수 있는 방법이 없다고 생각하였고, 이와 반대로 감성이 있는 안드레는 현재의 상황보다는 예수님께 집중하였습니다. 그래서 군중 속에서 한 아이가 가지고 있는 보리떡 5개와 물고기 2마리를 찾아 내었고 비록 가지고 있는 이 적은 음식으로도 이 문제를 충분히 해결해 주실 것을 믿었습니다. 안드레는 가능성을 생각했고 예수께서 하실 수 있다는 믿음을 가지고 예수님의 명령을 받들어 그가 찾은 음식을 예수님께 가지고 나아가 예수님의 손 위에 올려놓은 것입니다.

예수님께서는 안드레가 믿음으로 가져 온 떡 다섯 개와 물고기 두 마리를 축사하시고 군중들에게 떼에 주셨습니다. 그런데 참으로 놀라운 일이 벌어졌습니다. 많은 군중이 배불리 먹고도 남은 조각이 열두 바구니나 되었던 것입니다.

도대체 여기에 무슨 의미가 있을까요? 우리에게 전달하고자 하는 예수님의 뜻은 무엇일까요? 모든 그리스도인들은 예수 그리스도 안에 거하지만, 사고방식에 의해 두 부류로 구분됩니다. 즉 "빌립형 사고방식(이성)"을 갖고 있는 부류와 "안드레형 사고방식(감성)"을 갖고 있는 부류입니다. 불행히도 많은 그리스도인들이 빌립형 사고방식을 갖고 있습니다. 그들은 오직 머리로 계산하고 불가능에 대해서만 이야기합니다. 그들은 "이곳은 광야이며 날이 이미 저물었기 때문에 사람들을 먹일 수 없다"고 이야기 합니다. 그들은 믿음이 거의 없기 때문에 현실 상황과 자신의 능력에 얽매여 부정적인 생각을 갖고 불가능하다고 쉽게 단정해 버립니다.

그러나 안드레형 사고 방식을 갖고 있는 그리스도인들은 환경이나 자신의 능력을 바라보지 않습니다. 그들은 환경을 초월하여 놀라운 능력으로 기적을 행하시는 예수님을 믿음으로 바라보고 의지합니다. 예수님의 마음을 감성으로 알기 때문에 그들은 환경에 구애받지 않고 절대 긍정의 믿음을 갖고서 늘 긍정적인 생각과 말을 하는 것입니다. 성령으로 거듭나 영에 속하여 하나님께 쓰임을 받을 사람이 사울 왕과 같이 이성에 속해있으면 많은 노력이 필요한 것입니다. 이성을 감성으로 바꾸어야 하기 때문입니다. 더 많은 것은 **[영의 눈이 열리는 영성개발]** 책을 참고하시기를 바랍니다.

19장 신들은 신적으로 민감한 사람을 좋아한다.

　하나님께서는 우리 성도들이 하나님의 역사를 알고 느낄 수 있는 민감한 영성을 개발하기를 원하십니다. 하나님은 영이십니다. 즉 쉽게 표현하면 영은 형체가 없습니다. 하나님은 형체가 없어요, 그래서 우리를 통하여 그 형체를 만들어 가고 계신 것 입니다. 영은 우리의 개개인에게서 방출되는 파동입니다. 이 파동은 상대에게 직접적으로 감정을 느끼게 할 수도 있고 둔 한사람에게는 그 느낌이 없습니다. 보통 사람들은 이 영의 파동을 대다수 느끼지 못 합니다. 영에는 사람의 영과 하나님의 영이 있어요. 우리가 사람의 영으로 살다가 예수님을 만나서 아들의 음성(파동)을 듣고 살아난 후 부터는 하나님의 영으로 살게 됩니다. 즉 하나님의 영과 주파수가 같은 성령으로 살게 되는 것 입니다. 이런 일들은 영적으로 라야 분별 할 수가 있습니다.

　사람에 따라서 감성이 풍성하거나 신경이 예민한 사람이 있습니다. 특히 감각적으로 예민해서 다른 사람들이 느끼지 못하는 세밀한 부분들을 놓치지 않고 잘 느끼는 사람이 있습니다. 이 기능을 천부적인 것이기 때문에 노력해서 얻는 것이 아니라고 봅니다. 물론 자신에게 주어진 기능들은 훈련을 받으면 그것이 지닌 능력을 최대한으로 사용할 수 있다는 점에서 배우고 훈련하는 것이 중요하지요. 그러나 그 기능이 미약하거나 전혀 없는 사람에게는 배우고 훈련하는 일이 별로 도움이 되지 않습니다. 세상의 모든 기능을 다 소유한다는 것은 불가능하듯이 자신에게 전혀 없는 것이 분명히 있습니다.

　잠재되어 있는 능력이 얼마나 크고 강한지는 당사자도 모르는 경우가 많습니다. 그러므로 그 능력과 기능이 서서히 표면으로 들어나기 시작하며 때가 이르면 더욱 강력하게 나타나기 시작하는 것입니다. 이 때에 그것에 대한 지식이 부족하면 제대로 개발이 되지 않고 다시 침체되고 마는데 특히 영적 민감성의 부분에 있어서 이 원리는 중요합니다. 누구나 차이는 있지만 예수를 믿고 죽고 예수님으로 태어나 성령으로 세례를 받는 등 성령으로 거듭나게 되면 그 민감성이 표면으로 들어 나기 시작하는 것입니다. 특별히 그 민감성으로 인해서 사역하게 되기로 작정되어 있는 소수의 사람들에게는 어릴 적부터 서서히 그 증상이 들어 나기 시작하지요. 하나님이 주신 직임은 어려서부터 그 증거들이 들어 나는 것은 때가 이르면 그 사람이 이를 인식하게 하기 위함입니다.

　본격적으로 그 직임에 사용될 시기에 자신에게 그런 능력이 임해 있었다는 것을 확신하게 하기 위해서 어려서부터 그 기능을 부분적으로 경험하게 하는 것이지요. 이것이 천부적인 기능인데 그렇기 때문에 어려서 이런 부분을 찾아내어 바로 교육하는 것이 중요합니다. 그러나 일반적인 평범한 사람들에게 있어서 이 특성은 좀처럼 들어 나지 않고 잠재되어 있거나 특별한 계기가 아니면 찾기가 쉽지 않습니다. 그것은 특별한 한 부분의 일을 행하도록 확정되어 있지 않고 폭넓게 쓰여 질 수 있는 일반적 성향을 지니고 있기 때문이지요. 특수한 일에 쓰임을 받을 사람은 오로지 그 기능 이외는 별로 다른 기능이 없으며, 그래서 일찍부터 그 기능을 전문적으로 개발하고 익힐 필요가 있지만 보편적인 일을 행할 사람은 그럴 필요가 없는 것이지요.

영적으로 특별히 민감한 사람은 영적인 일에 관여할 기회를 많이 얻게 됩니다. 다른 사람들이 느끼지 못하는 부분을 느낀다는 것은 당사자에게 괴로운 일이 될 수도 있습니다. 늘 환상이 보이거나 영적 증거들이 몸으로 느껴지거나 영적 에너지의 흐름이 느껴진다면 그것을 경험하지 못한 사람들은 호기심에 좋을 것이라고 생각하지만 당사자는 괴롭습니다. 이것은 마치 날마다 꿈을 꾸는 사람이 그 꿈의 내용이 별로 유익하지도 못한 속칭 개꿈이라면 그 꿈 때문에 깊은 잠을 자지 못해서 항상 피곤하지요. 그래서 꿈을 꾼다는 것이 괴로운 일입니다. 꿈을 꾸지 않고 깊이 잠드는 것이 그 사람에게는 소원이 됩니다. 이처럼 의미 없이 나타나는 영적 증상들은 당사자에게 혼란을 일으키고 괴로움을 주는 것입니다.

자신이 원하지도 않는데도 불구하고 그런 증상들을 수시로 경험하고 있다면 다른 사람들에게 말할 수도 없고 말하면 오히려 이상한 사람으로 여기거나 어딘가 잘 못된 사람으로 취급하기 때문에 더욱 괴로운 것입니다. 영적으로 탁월한 민감성을 지닌다는 것은 참으로 귀한 일이지만 그 의미를 모른다면 그것은 오히려 괴로운 일이 됩니다. 요셉은 형제들에 비해서 꿈을 지나칠 정도로 자주 꾸었습니다. 그렇기 때문에 형제들로부터 놀림을 받았고 마침

내 그 일로 인해서 인신매매를 당하고 맙니다. 어린 나이에 형제들로부터 팔려 가게 되었다는 그 사실은 요셉에게 무척 충격적이었을 것이 분명합니다. 타고난 선함으로 이 불행을 극복해 낼 수 있었지만 일반적이라면 그의 마음에는 씻을 수 없는 깊은 상처를 만들어 내고 꿈을 다시는 꾸려고 하지 않았을 것입니다.

요셉은 꿈에 대한 탁월한 민감성으로 인해서 결국 총리에 오를 수 있었습니다. 한때 자신을 불행으로 몰아갔던 그 꿈의 기능이 결국 자신과 가족을 구원하는 중대한 요소가 된 것입니다. 요셉은 꿈을 떼어놓고는 생각할 수 없는 사람입니다. 이렇듯 영적 민감성은 천부적인 것이며, 그 기능을 제대로 알고 있다면 매우 유익할 수 있는 것입니다. 영적인 일에 대부분은 영적 민감성을 필요로 합니다. 이것이 없이는 사실 영적인 일을 할 수 없습니다. 제사장적인 일은 책에 기록되어 있고 선배들이 있기 때문에 그들로부터 배우면 됩니다. 그렇기 때문에 영적 민감성이 없어도 능히 해낼 수 있는 것입니다. 그러나 선지자의 일은 민감성이 없으면 절대로 해낼 수 없는 특별한 일입니다. 개별적이고 특수하기 때문에 구체적인 전례가 없는 것입니다. 성령으로 세례를 받고 성령의 인도를 받아야 합니다.

제사장 적인 일에 속하는 오늘날의 목회의 일은 영적으로 민감하지 않아도 할 수 있는 일입니다. 선배들이 있고 신학교에서 그 절차와 과정들을 배우고 다른 목회자들과 수시로 정보를 교류하기 때문에 능히 행할 수 있습니다. 엄격히 말해서 이런 일들은 영적이라기보다는 육적입니다. 학문적 배경과 노력으로 잘 감당할 수 있지요. 이런 수준에서 벗어나지 못한 목회자는 육체의 일 이상은 할 수 없으며, 그런 목회는 세속적일 수밖에 없습니다. 그러나 선지자가 행했던 것과 같은 일들은 영적 민감성이 탁월하지 않고는 결코 감당하기가 쉽지 않습니다. 성도의 영적-정신적-육체를 치유하는 것은 영적인 민감성이 없으면 결코 해낼 수가 없는 것입니다. 이것은 다른 사람을 흉내 내서 될 일도 아니며, 자신의 노력으로 되는 것도 아닙니다. 더욱이 성경을 열심히 상고한다고 되는 일은 더욱 아닙니다. 이스라엘 사람들이 성경을 열심히 상고했지만 주님이 오실 때는 정작 아무런 도움이 되지 않았습니다.

영적 민감성은 하나님의 계시하심을 받아들이는 중요한 기능입니다. 이것이 없으면 특별히 단회적으로 하나님의 주권적인 역사는 경험할 수 있지만 일상에서 하나님의 계시하심을 지속적으로 파악하고 이해할 수는 없습니다. 일반적 수준을 넘어서는 특별한 영적 민감성은 개발하여 얻을 수 있는 것이 아니라 선천적으로 하나님이 정한 사람에게 특별한 목적으로 주시는 것이므로 민감성을 지닌 사람은 그 목적이 무엇인지를 알아내야 합니다. 그런데 하나님은 이 부분에 있어서 우리에게 이미 주어진 기능들을 사용하시게 하는 원칙을 가지고 계십니다. 하나님은 특별한 사람 가운데 아주 특별한 경우(사도와 선지자)를 제외하고는 직접적으로 계시하시는 일을 행하지 않으신다는 것입니다.

하나님은 이스라엘에 수많은 선지자들을 불러내셨습니다. 셀 수도 없이 많은 선지자들은 모두 특별한 사람들입니다. 그런데 그 모든 선지자들을 다 특별한 방법으로 인식시키신 것이 아닙니다. 우리가 성경에서 만나는 일부 선지자들의 경우 그들에 대한 기록의 서두에서 "여호와의 말씀이 모년 모월 모일에 선지자 모모에게 임하니라"라고 기록하였음을 보아, 그 선지자를 하나님이 개별적으로 불러내셨음을 알 수 있습니다. 그리고 그런 부르심을 받은 선지자는 즉각 순종해서 선지자의 길로 나갔습니다.

그러나 그 밖의 대부분의 이름 없는 선지자들은 그런 개별적인 부르심이 없이 선지자의 일을 행하였습니다. 특별히 엘리사의 경우는 엘리야 스승을 통해서 부르심을 받아 사역을 행한 선지자입니다. 이처럼 개별적인 부르심의 증거도 없이 사역을 행하는 사람이 대부분이었고 이들은 선지자 학교에서 자신에게 주어진 기능들을 배우고 익혔습니다.

영적 민감성을 지녀 남들이 경험하지 못하는 부분을 집중적으로 보거나 느끼는 사람은 반드시 그 목적을 이해해야만 자신에게 유익하고 하나님의 뜻을 이루어 낼 수 있는 것입니다. 그러므로 영적 민감성은 영적인 일에 자신이 쓰임을 받을 수 있는 가능성이 풍부한 사람이라는 사실부터 이해해야 합니다. 자주 꿈을 꾸는 사람이거나 자주 환상을 보는 사람이거나 자주 성령께서 감동하시는 레마의 음성을 느끼는 사람이라면 영적 민감성이 있는 사람입니다. 자신의 몸에 수시로 어떤 에너지가 흘러 들어오거나 나가는 것을 느낀다면 역시 그렇습니다. 낯선 장소에 가거나 사람을 대할 때 에너지의 흐름을 느끼고 그 기분이 어떠한지를 느낄 수 있다면 자신은 영적인 일을 해야 하는 사람이라고 보아야 합니다.

앞에서 언급했듯이 목회의 일은 평범한 신앙의 열정을 지닌 사람이면 누구나 할 수 있는 일입니다. 그러나 능력 사역이나 개별 치유 목회는 그렇지 않습니다. 물론 목회의 일도 능력을 갖추면 더 잘 할 수 있습니다. 그러나 일반적으로 언급하면 지식만 풍성해도 잘 할 수 있는 배경이 만들어져 있습니다. 그것이 올바르냐 아니냐는 여기서 언급할 대상이 아닙니다. 영적 민감성은 하나님의 영을 느끼기 위해서 특별한 사람에게 주어진 특별한 기능입니다.

물론 모든 사람들에게 이런 기능이 있습니다. 그러나 그 수준에 있어서 엄청난 차이가 있습니다. 모든 그리스도인이 다 질병을 치유할 수 있습니다. 그러나 그 일을 집중적으로 행할 수 있는 사람은 아주 소수입니다. 이렇듯이 영적 민감성이 특별한 사람은 결코 많지 않으며 이 기능을 개발하기 위해서는 지혜가 필요하고 훌륭한 지도자가 필요합니다. 또한 개인적인 인내력이 필요합니다. 인내력이란 자신의 성령으로 지배 당할 때까지 기다리는 것을 말합니다.

민감성을 개발하고 싶으면 성령으로 세례를 받아야 합니다. 성령 안에서 깊은 기도를 오래, 많이 해야 합니다. 기도를 성령 안에서 오래 하면 자신의 둔한 지각 능력이 서서히 서서히 성령으로 장악이 되면서 민감성 풍부한 사람이 됩니다. 민감성이 풍부해지면 마음의 맺힌 깊은 상처도 치유가 잘됩니다. 무엇보다도 성령 안에서 기도를 많이 오래 해야 민감성이 풍부해집니다.

20장 귀신들은 불안 두려움이 많은 사람을 좋아한다,

　귀신은 심장이 약해서 잘 놀라고 두려움을 잘 느끼는 사람을 아주 좋아합니다. 이런 분들은 복식 호흡법을 활용하여 깊은 기도를 오래동안 하면 심장이 강해집니다. 그렇지 못하고 사소한 일에도 화를 잘 내고 화가 나면 분노를 절제하지 못하는 사람들은 귀신들이 노리는 흔한 유형의 사람이 됩니다. 분노의 원천은 미움과 증오이며 이는 하나님이 가장 싫어하는 성품이지만 그 반대로 사탄과 귀신들이 좋아하며 조장하는 성품이기도 합니다. 미움과 증오는 불평과 짜증으로 이어지며 세상과 부모, 회사의 상사 등 근거 없는 대상에 대한 원망을 품게 하여 삶이 온통 부정적인 생각으로 들어차게 만듭니다. 이러한 사람의 특징은 사소한 일에도 화를 내며, 화가 나면 이성을 잃고 큰 싸움으로 번지게 합니다. 하나님은 (눅 8:27)"…그 사람은 오래 옷을 입지 아니하며 집에 거하지도 아니하고 무덤 사이에 거하는 자라." 이러한 사람들이 주변에 적지 않습니다. 심지어는 목회자들 중에도 이러한 사람을 볼 수 있는데, 교단에서 회의를 하다 자신의 마음에 들지 않으면 사소한 일에도 감정을 억제하지 못해 소리를 지르고 싸움으로 번지게 합니다. 물론 화를 내는 것이 다 귀신의 소행은 아닙니다. 예수님도 성전에서 제사용 소나 양을 팔고 돈을 바꾸어 유익을 얻던 장사꾼들에게 화를 내기도 하였음을 보면 거룩한 분노도 있으며, 부조리와 부패 등의 사회의 일각에서 벌어지는 불의한 일에 분노를 일으킬 수 있습니다. 자녀나 배우자, 친구들 사이에도 마음에 들지 않은 일이 생길 수 있으면 감정을 절제 하지 못해 화를 내는 경우도 발생합니다.

그렇지만 이런 사건은 보통 사람들에게 그리 흔한 일이 아닙니다. 일 년에 한두 번 생길까 말까 하는 일입니다. 그렇지만 툭하면 화를 내는 사람은 대부분의 경우 소리를 지르고 주변 사람들에게 공포감을 조성하지만, 다른 사람들이 피하고 말리다보면 그리 큰 싸움을 벌어지지 않고 끝나곤 합니다. 그렇지만 이러한 사람들이 바로 귀신이 노리는 표적이라는 것입니다. 그래서 하나님은 "분을 내어도 죄를 짓지 말며 해가 지도록 분을 품지 말고 마귀에게 틈을 주지말라."(엡 4:26~27). 경고하시는 것입니다. 앞서 언급한 대로, 화를 내는 사람들은 마귀, 귀신에게 공격할 빌미를 제공할 공산이 큽니다. 특히 툭하면 화를 자주 내는 사람들은 더욱 그렇습니다. 이러한 사람들은 정상적인 정신으로 화를 내기보다 술에 취하면 화를 내는 본성이 드러나곤 합니다. 적지 않은 가장들이 술에 취한 채 들어와 가족에게 욕설을 하고 가재도구를 집어던지며 심지어는 난폭하게 폭행하는 아버지 때문에 골머리를 앓고 있습니다. 그래서 수십 년 동안 이러한 고통을 견디다, 도저히 참지 못해 살인을 저지르는 사건이 발생하기도 합니다.

이러한 사람은 가족만 괴롭히는 것이 아닙니다. 주변 상가를 돌아다니며 가게에서 공짜로 술을 마시거나 상품을 내놓으라고 하고, 말을 듣지 않으면 욕설을 하고 폭행을 가하기도 합니다. 경찰에 신고해도 이들을 며칠이 지나면 버젓하게 나와 고발한 이를 찾아다니며 위협과 공갈을 치며 주변을 공포의 도가니로 몰아놓고 있습니다. 이들 주폭들은 전과기록도 수십 번이 넘는 이도 허다하다고 합니다. 처음에는 자신도 모르게 폭력을 행사했겠지만, 시간이 지나면서 마음이 굳어져서 만성이 된 것이 틀림없습니다. 분명 이들은 주폭을 행사하게 하여 그때 먹이를 먹는 귀신의 덫에 걸려 있을 공산이 큽니다. 그렇지만 이들도 처음에 자신이 화를 내는 부족한 성품을 깨닫고 고치려고 하고 절제하려고 노력했다면 거의 폐인이 되는 지경까지 가지 않았을 것입니다. 윗대의 조상들이 술에 취해 화를 잘 내는 집안은 자손들도 성마르며 폭력을 행사하는 일들이 잦습니다. 세상에서는 이러한 일을 두고 집안 내력이라고도 하며, 어릴 적부터 부모가 하는 것을 보고 자란 아이들이 커서 그것을 배워서 따라 한다고도 말하고 있습니다. 물론 그런 성향도 무시하지 못할 것입니다. 그렇지만 윗대부터 집안을 장악하고 지배하고 있던 귀신들이 술에 취하면 화를 잘 내는 집안 내력에 편승하여 생각 부추겨서 미움과 증오가 들게 하고 술을 취해 이성이 마비된 상황을 이용하여 폭력을 행사하게 하는 것입니다. 그런 집안의 특징은 선대부터 아주 흡사한 사건들이 반복된다는 것입니다.

그래서 부부가 이혼하여 자손들이 결손가정이 많고 만연한 폭력에 의해 살인을 저지르거나 불행한 가정을 비관하여 자살을 하는 이들도 적지 않습니다. 이러한 현상은 귀신들이 화를 잘 내는 성품을 이용하여 더 큰 범죄를 저지르게 하여 가정을 불행에 빠뜨리게 하고 생명과 영혼을 사냥하기 때문입니다. 가정환경이나 윗대의 조상들이 그런 성향이 많았다면 자신도 귀신으로부터 그런 공격을 받을 확률이 큽니다. 특히 버럭버럭 화를 잘 내는 성품이 있다면 아주 위험한 상태라고 보아야 합니다. 술에 취해 화가 난 상태서 귀신이 생각을 부추기면 자신도 모르게 끔찍한 범죄를 저지를 확률이 높습니다. 평생 씻지 못할 불행의 수렁에 빠지는 끔찍한 일이 벌어지는 것은 순식간입니다. 어제도 성령께서 감동하시기를 귀신들의 능력을 무시하지 말고 고통 받는 이들을 말씀과 성령으로 치유하라는 말씀을 주셨습니다. 이런 정도의 치유는 본인이 인정하고 마음을 열고 고치고 치유 받으려고 해야 성령의 역사로 치유될 수가 있습니다.

 귀신들은 천사와 동급으로 사람보다 조금 못하게 창조된 것으로 영적 능력을 지지고 있습니다. 사람의 마음을 읽어내 생각을 부추기고 약점을 집요하게 공격하면 여기에 넘어가지 않을 사람이 거의 없습니다. 실로 무시하지 못할 경계의 대상이며 일반 성도들은 쫓아내기 버거운 놈들입니다. 반드시 성령의 역사가 같이 기는 목회자의 도움을 받아야 좀 더 빨리 정상으로 회복이 될 수가 있습니다. 귀신들이 생각 속에 넣어주는 것들은 모두 부정적인 것이나 악한 생각들입니다. 미움, 증오, 음란, 질투, 분노, 의심, 불평, 원망, 걱정, 염려, 불안, 공포 등 모두 다 삶의 질을 떨어뜨리고 희망을 잃게 만듭니다. 그 뿐만이 아닙니다. 두려움과 불안은 소극적이며 부정적인 자아를 형성하게 되고 대인기피증을 양산합니다. 여기에 불면증과 우울증을 호소하다 알코올에 의지하거나 자살충동에 이르는 것도 시간문제입니다.

 그렇지만 모든 사람들이 그런 것은 아닙니다. 불행한 사건을 맞닥뜨리거나 충격적인 일을 당했지만 시간이 지나면 회복되어 정상적인 삶으로 되돌아오는 것이 대부분입니다. 그렇지만 시간이 갈수록 더욱 악화되어 걷잡을 수 없는 상황에 이르는 이들도 있습니다. 그런 사람들의 특징은 쉽게 낙심하고 좌절하거나 자기연민에 빠져 슬퍼하는 게 익숙한 사람들입니다. 이들은 충격적인 상황에 빠지면 이를 이겨내려고 노력하기보다 다른 사람에게 책임을 전가하거나 자기 방에 들어가 문을 닫아걸고 불을 끈 채 침묵하면서 시간을 보냅니다. 그런 약점을 누구보다 잘 알고 있는 귀신들은 그들의 생각에 침투하여 생각을 증폭시켜 우울증과 조울증, 공황장애, 불면증을 일으키게 하고 자살충동을 부추기고 실제로 자살하는 이들도 적지 않습니다. 그러므로 충격적인 결과에 대해 낙심하고 좌절하며 자기연민에 빠져 슬퍼하고 있다면 귀신들의 먹잇감이 될 확률이 높다고 보아야합니다. 귀신이 좋아하는 행동을 찾아서 고쳐야 합니다. 귀신의 공격은 영분별의 능력으로 구분하지만 마귀는 말씀으로 구분합니다. 마귀는 우리의 마음을 공격합니다. 우리 마음속에 귀신이 자신의 생각을 불어넣습니다. 자기 생각대로 움직이게 합니다.

마귀의 생각은 하나님의 말씀과 대치됩니다. 그러므로 우리 마음에 떠오르는 생각을 하나님의 말씀으로 점검해야 합니다. 그러므로 하나님의 말씀을 많이 알고 또 올바르게 알아야 합니다. 말씀이 마귀를 이기는 유일한 길입니다. 우리의 마음은 전쟁터입니다. 이 마음을 빼앗으려고 하는 마귀와 빼앗기지 않으려는 우리 사이에 끊임없이 벌어지는 싸움터입니다.

하나님은 이렇게 말씀하셨습니다. "너희는 너희가 하나님의 성전인 것과 하나님의 성령이 너희 안에 계시는 것을 알지 못하느냐."(고전 3:16). 우리는 주님이 거하시는 성전입니다. 그런데 어떻게 사단과 주님이 함께 거하실 수가 있다는 말씀입니까? 이렇게 질문하실 수 있습니다. 주님은 우리의 지성소, 영혼에 거하시고 귀신은 우리의 혼과 육에 거합니다. 그래서 성령으로 세례를 받고 주인으로 오신 지성소에 계시는 성령하나님으로부터 성령의 불을 받으면서 성령으로 충만하면 이 옆방에 살고 있는 귀신이 견뎌내지 못하고 쫓겨나가는 것입니다. 그러나 "그런즉 누구든지 그리스도 안에 있으면 새로운 피조물이라 이전 것은 지나갔으니 보라 새 것이 되었도다."(고후 5:17).를 들이대면서 귀신이 있을 수가 없다고 하면서 해이한 신앙생활, 세상을 탐닉하며 사는 교인들, 욕심과 정욕에 끌려 사는 교인들은 점점 이 옆방에 살고 있는 귀신들에게 힘을 실어주게 되어 모든 결정이 귀신이 좋아하는 것으로 결정하게 됩니다. 예수를 믿는 성도라도 귀신은 처음에는 방을 빌려 가지고 들어오지만 나중에는 안방을 차지하고 그 사람의 인생을 지배하게 됩니다. 하는 행동이 귀신이 좋아하는 행동만 하여 귀신을 기쁘게 합니다.

교만의 영, 거짓의 영, 점치는 영, 미움의 영, 오류의 영, 뒤틀린 영, 죽음의 영, 질병의 영, 음란의 영, 미혹의 영, 두려움의 영, 적그리스도의 영, 신접한 영, 중독의 영, 슬픔의 영 등 성경에 나타난 많은 영들이 우리를 공격하고 있습니다. 어떤 성도님들은 교만의 영으로 인하여 교만하게 생활하는 분들이 있습니다. 누구보다도 무엇이든지 잘하고 똑똑하다고 생각하였는데 다소 누구에게나 이러한 교만이 있지만 특별하게 교만의 영의 지배를 받고 있는 성도가 있습니다. 그럼 이 교만의 귀신이 언제 도망치기 시작을 할까요? 본인이 인정하고 마음을 활짝 열고 매주월화금토요일하는 집중 온몸기도 집회에 참석하여 성령의 역사로 온몸을 하나님의 나라 성전이 되도록 온몸 기도를 할 때 점차로 교만 귀신이 도망치기 시작하는 것입니다. 이것도 성화의 과정처럼 점진적으로 그 뿌리가 마를 때까지 하나님이 다루어 주십니다. 단 자신이 마음을 열고 기도할 때 역사하십니다.

귀신이 제일 좋아하는 곳은 사람이 많은 곳입니다. 사람이 많은 번화가일수록 귀신은 자신의 정체를 숨기기 수월하고 또한 귀신이 제일 좋아하는 것은 바로 시끄러운 소리입니다. 그리고 사람이 많을수록 기가 허한 사람을 찾아 들러 붙기 쉽고 정말로 잘 보면 귀신이 붙어서 돌아다니는 청년도 있습니다.

하나님께서는 '몸에 무늬(문신)를 놓지 말라' 금하셨습니다. 그러므로 만일에 예수님을 믿는다는 그리스도인이 몸에 그 같은 문신이나 또는 무늬를 놓게 되면 자신을 귀신에게 내어 주는 것이 되는 것입니다. 귀신들이 제일 좋아하는 마음 상태는 두려움이라는 것입니다. 귀신이 들어붙으면 어찌할까 노심초사하는 사람을 좋아한다는 것입니다. 귀신은 약한 사람, 정신적으로 질병이 있는 사람, 나약한 사람들을 좋아합니다. 그래서 필자가 거의 매일 강조하는 것이 영적, 정신적, 육체적으로 균형이 잡혀야 된다고 강조하는 것입니다. 체력이 떨어지지 않아야 합니다. 절대로 끼니를 거르면 안 됩니다. 체력이 강해야 영 권도 강해져서 승리할 수가 있습니다. 잘 먹어야 합니다. 몸의 체력을 유지하기 위하여 영양식품도 보약도 먹는 것이 좋습니다. 이렇게 매일 강조하는 것입니다. 귀신은 혈기와 분노가 심한 성도를 아주 좋아합니다. 귀신은 분노의 영이라고 합니다. 혈기는 금물입니다.

성령으로 충만하여 "나는 바위돌이다. 귀신은 계란이다." 이유는 "나는 성령 안에서 온몸 기도를 지속적으로 하여 5차원의 성령으로 충만하여 하나님의 나라 성전이 되었기 때문이다."라는 믿음이 중요합니다. 성령 안에서 온몸 기도를 많이 오래 많이 해야 합니다. 예수 믿고 변화 받은 이후에도, 육신의 죄성이 여전히 죽을 때까지 잔존할 수 있다는 믿음이 중요합니다. 육체에 역사하던 귀신은 육신의 죄성을 통해서 끝까지 끈질기게 완악하게 괴롭게 하는 것입니다. 우리는 성령으로 세례를 받고, 자신 안에 주인으로 오신 성령하나님으로부터 성령의 불을 받으며 성령으로 충만하여 육성을 빌미로 살아서 역사하는 귀신들을 진멸해야 쫓아내야 하나님의 나라 천국이 될 수가 있는 것입니다. 성령 충만이란 곳 살아계신 하나님께서 온몸을 지배하시고 장악하시고 통일하시는 것이기 때문입니다. 한번 성령 충만했다고 끝나는 것이 아니라 날마다 성령으로 충만해야 합니다. 이 귀신들을 성령의 역사로 쫓아내고 진멸하지 않으면 예수를 믿으면서도 환란과 풍파로 고통을 당할 수가 있다는 것입니다. 그들에게 점령당하여 영적정신적인 문제로 고통을 당하고 귀신의 하수인이 되어 끌려 다닐 수가 있는 것입니다.

21장 점치고 예언을 좋아하는 사람은 신들에게 취약하다.

　신의 세계에는 성령 하나님께서 계시고, 마귀 귀신이 있고, 구원 받은 성도들을 돕는 천사가 있습니다. 이들이 사람에게 침입하는 것은 대상의 사람의 초청이나 협조를 얻어서 침입하는 것이 보통입니다. 그러나 마귀 귀신은 동의 없이 어떤 죄악이나 무의식적인 행동을 통해서도 침입합니다. 점을 치거나 예언을 하려고 하면 귀신이 침입하거나 성령하나님께서 지배하거나 둘중의 하나라는 것입니다. 성령으로 세례받고 충만하지 않으면 귀신이 점치 듯 예언하며 돌아 다니게 한다는 것입니다. 이 귀신은 점치 듯 예언할 때 밥을 먹기 때문입니다.
　하나님은 성도들에게 점치게 하는 영의 미혹에 속지 않기를 소원하십니다. 무당에게 가서 점치는 것만을 말하는 것이 아닙니다. 교회 안에 예언하여 주기를 좋아하는 무당이 있다는 것입니다. 예수 무당이라고 하기도 합니다. 이는 마치 무당이 점을 치듯이 점치기를 좋아하고, 이런 선무당 같은 사람에게 점을 치기를 좋아하는 성도들을 말하는 것입니다. 성도에게 점치는 영이 역사하면 예언을 듣는 것을 즐겨합니다. 또 예언의 은사가 있다고 자랑하면서 다른 성도들에게 접근하여 예언하려고 합니다. 우리가 분명하게 알아야 할 것은 하나님은 내일 일을 염려하지 말라고 말씀했습니다. 그리고 예언은 본인이 직접 하나님께 기도하여 들어야 합니다.
　무속 인이 되기 위해서는 일정한 절차를 통과하게 됩니다. 먼저 점치게 하는 영이 자신을 사로잡는 과정을 거치는데, 이 과정을 흔히 '무병'(巫病)이라고 부릅니다. 이름 모를 질병으로 인해서 밤잠은 못자는 고통스런 날들을 보내게 되고, 마침내는 무당을 찾게 됩니다. 축사자를 찾는 경우가 있는데, 이 경우 그 사람을 괴롭게 하는 점치게 하는 영을 이길 수 있는 강력한 능력을 가진 사역자가 아니면 감당이 되지 않습니다. 자유하려면 시간이 오래걸림으로 인내해야 합니다. 1년 이상 걸리기도 하기 때문입니다. 의지결단을 해야 귀신에게서 자유함을 받습니다.

기도원에도 가보고 병원에도 가보았지만, 고침을 받지 못해서 마지막으로 할 수 없이 무당을 찾는 경우가 있습니다. 그렇게 해서 내림굿을 받게 되면 점치는 무당이 되는 것입니다. 이런 사람을 통칭해서 샤먼(Shaman)이라고 부릅니다. 이 샤먼의 영에 잡히면 꼭 무당이 되지 않더라도 무당과 같은 점치는 일을 하게 됩니다. 정식적인 과정을 거쳐서 무당이 되면 무당 세계의 질서와 위계에 따라서 행동하게 됩니다. 무당에 대한 사회적 인식이 좋지 않기 때문에 최근에는 젊고 지식이 있는 샤먼들은 자신들의 품위를 높이려는 노력을 많이 합니다. 그래서 점집을 우중충하고 고립된 분위기에서 벗어나 밝고 격이 있는 분위기로 만들어 "카페"라고 지칭하기도 합니다. 대학가의 젊은이들을 겨냥해서 "사주카페"가 생긴 것이 어제 오늘의 일이 아닙니다. 자신들을 무속인이라고 부르지 않고 "선사"(仙師)라고 부릅니다. 불교의 선사(禪師)와 발음은 같지만 전혀 다른 용어입니다. 이렇게 점치는 영이 들어와 무속인이 되게 하는 경우는 그들의 영역이 정해지지만 낮은 단계의 점치는 영에 휘말리면 어설픈 점쟁이가 됩니다. 이들은 내림굿을 받지 않았기 때문에 정체성이 확보되지 않았습니다. 그리고 정통적인 샤먼이 거치는 무병이나 내림굿을 거치지 않았습니다.

그러나 이들 역시 무당처럼 주문을 외우거나(a charmer), 신접한 사람(a consulter with familiar spirits)이 되거나 영매(a wizard)가 되거나 죽은 혼을 부르는 일(a necromancer)을 하게 됩니다(신 18:11). 무속인 협회에 속하지 않은 사람을 그들은 "사이비 무속인"이라고 부릅니다. 이런 유형의 사람들이 기독교 교회 예배당 안에도 있습니다. 예언의 영을 받아서 오랜 세월 동안 성령 하나님으로부터 훈련받는 힘든 과정을 소화하지 않고, 미숙한 예언자가 되어 예언을 남발하는 사람들이 있는 것입니다. 이들에게는 예언의 영 대신에 점치게 하는 영이 주관하게 되어 아무에게나 예언해 주려고 접근하게 됩니다. 예전에 삼각산에 많은 사람들이 기도하기 위해서 찾을 때 그곳에 그런 사람들이 많았습니다. 그리고 사람들이 많이 몰리는 기도원에도 많이 있기 때문에 기도원에서는 이런 사람들을 각별히 주의할 것을 당부하기도 했습니다. 이들은 교묘한 수단으로 여성 성도들에게 접근해서 예언을 해줍니다. 이들은 어떤 대가를 바라는 것이 아니라, 다만 예언하고 싶어 하는 것입니다. 미혹하는 영, 속이는 영, 점치게 하는 영은 예언함으로써 말할 수 없는 즐거움을 느끼게 합니다. 점치게 하는 귀신이 점칠 때 밥을 먹기 때문입니다. 마약 중독자가 약물에 도취 되었을 때는 황홀하지만 깨고 나면 비참함을 느끼지만, 시간이 지나면 다시 약물을 접하지 않을 수 없는 가혹한 고통을 겪습니다. 흡연자 역시 마찬가지로 흡연하면 머리도 무겁고 가래도 생기지만, 시간이 지나면 다시 충동에 휘말려 견딜 수 없습니다. 이를 "금단현상"이라고 합니다. 이런 현상 때문에 다시 흡연하게 되듯이 점치게 하는 영에 사로잡히면 점을 치지 않고는 견딜 수 없는 압박을 경험하게 되는 것입니다. 그래서 예언해줄 사람을 찾아다니는 것입니다. 자신의 눈에 보기에 만만한 여성들을 대상으로 접근해서 예언을 해 주는 것입니다. 이들 안에 있는 영은 점치게 하는 영이므로 샤먼들이 족집게처럼 지나간 일을 알아맞히듯이 그렇게 신통력을 발휘하기 때문에 속아 넘어가는 것입니다. 그들의 입에서 하나님 말을 하고 있지만 실상은 "광명한 천사"로 위장한 귀신의 역사라는 것입니다. 이런 사람들은 더 많은 기도를 하고 더 많이 신령한 것처럼 보입니다. 이들은 "미치게 하는 영"즉 귀신 들림과는 전혀 다르기 때문에 분명한 이성을 가지고 있습니다. 그리고 자신이 하는 일에 대해서 자부심을 가지고 있기 때문에 이런 영에 속게 되면 그를 추종하게 되거나 그 일을 옹호하게 됩니다. 이런 영이 교회를 장악하게 되면 거룩한 모습으로 위장하기 때문에 쉽게 드러나지 않습니다. 그러나 이들은 결국 악한 영이 그러하듯이 하나님을 영화롭게 하는 것이 아니라, 목사 자신을 영화롭게 하며, 성도를 유익하게 하기보다는 속박과 올무에 빠지게 합니다.

점을 보는 사람은 마치 연속극에 빠지듯이 계속 점집을 들락거리게 됩니다. 이처럼 이런 점치는 영을 가진 사람과 접촉하게 되면 계속 관계를 맺게 됩니다. 그 영향에서 벗어날 수 없게 되어 속박 당하게 됩니다. 그들에게 얽매여 그리스도 안에서 누릴 수 있는 자유 함이 사라지게 되고, 그들의 지시를 일방적으로 따를 수밖에 없게 되는 상황에 이르게 되는 것입니다.

  목회자라고 해서 여기에서 예외가 없습니다. 담임목회자가 이런 영에 사로잡히게 되면 성도들을 "해바라기성도"로 만들게 됩니다. 오직 담임목회자만 바라볼 것을 요구합니다. 그 어떤 곳에도 가지 말고 그 어떤 설교도 듣지 말고, 그 어떤 집회도 참석하지 말고, 오로지 교회 안에만 머물도록 강요합니다. 오로지 자기의 가르침 이외에는 그 어떤 가르침에도 관심을 두지 말 것을 강요하는 것입니다. 문제가 있으면 자기에게 와서 물어보고 행동하라고 합니다. 이런 태도는 이단의 영이 일반적으로 취하는 태도와 같지 않습니까? 이단의 영은 성도들을 고립되게 만듭니다. 자신들이 주장하는 교리 이외에는 그 어떤 것도 용납하지 않습니다. 성경보다는 교리서가 더 중요합니다. 점치게 하는 영에 사로잡힌 사람을 신실한 예언자와 구분할 수 있어야 하지만 일반 성도들은 이것이 쉽지 않습니다.

  점치게 하는 영을 성경에서는 "사술의 영"이라는 말로 표현하기도 합니다. 비전성경 사전에 의하면 "사술"이란 마술이나 점 등을 이용하여 사람을 현혹시키는 술법을 말하며, 사술, 복술, 점 등을 사용하는 것은 하나님께서 기뻐하시는 방법이 아닙니다(레 20:27; 신 18:10-11)라고 설명하고 있습니다.

  사술(sorceries)은 오늘날 교묘한 방법으로 위장하여 우리들 속으로 침투하고 있습니다. 악한 영은 본성적으로 속이는 일에 능하기 때문에 우리들이 쉽게 눈치 채지 못하도록 교묘하게 위장하는 것입니다. 설교자로 예언자로 위장합니다. 발람처럼 선지자의 위치에 있게 되면 많은 사람들이 속아 넘어갑니다. 목회자가 되어있으면 이단적인 가르침을 주게 됩니다. 박옥수 집단과 같이 그 정체가 드러나는 경우에는 쉽게 구분이 되지만, 그렇지 못한 목회자들이 많이 있습니다. 그래서 이런 영들을 분별하는 노력을 계속 해야 하는 것입니다. 미숙한 예언자나 성숙하지 못한 목회자는 이런 영에 휘말릴 위험이 아주 높은 사람들입니다. 이런 사람들은 우리가 흔히 말하는 "양신 역사"의 과정을 거치게 되는데 이 과정에서 악한 영을 쫓아내고 성령으로 충만을 받아 성숙의 과정으로 나간다면 다행입니다. 그러나 그렇지 못하면 결국에는 악한 영에 사로잡혀서 교회에 많은 해를 입히게 되는 것입니다. 이들을 제대로 분별하는 일이 쉽지 않을 뿐만 아니라, 자신 안에 역사하는 악한 영에게 속으면 그 속임수에서 쉽게 빠져나올 수 없게 됩니다.

사울 왕에게 악신이 임하자 그는 자신의 행위를 계속 변명하기에 바빴습니다. 사무엘 선지자의 지적에도 불구하고 그는 계속 자신의 행위를 변명했습니다. 자신이 잘못된 귀신에게 속고 있다고 깨닫고 회개하고 축사하는 적극적인 치유가 없으면 그는 그 영으로부터 결코 벗어날 수 없게 됩니다. 점치는 귀신이 역사하는 성도는 다른 사람에게 접근하여 점을 치기만 하는 것이 아닙니다. 성도에게 점치는 귀신이 역사하면 점을 치기를 즐겨하여 점치는 영의 미혹에 속아서 가정을 보살피지 않고 가산을 탕진하는 경우가 많습니다. 아주 두려운 영이 점치는 귀신입니다. 하루 속히 자신을 감찰하여 인정하고 성령 안에서 온몸으로 오래 기도하여 점치는 귀신을 몰아내고 도망치게 해야 합니다. 미혹의 영에 사로잡힌 사람들의 특징은 변명한다는 것입니다. 그리고 광명의 천사로 자신을 위장하고 계속 그 일을 한다는 것입니다. 최근 타락한 교회 지도자들이나 정치 지도자들이 이런 저런 변명으로 자신이 억울하다고 계속 호소하는 모습을 봅니다. 교도소에 들어가면서도 억울하다고 말합니다. 정치적 음해라고 주장합니다. 비록 그것이 음해라고 할지라도 신실한 지도자들은 마치 주님이 그러했듯이 잠잠할 것입니다. 이사야가 주님을 이렇게 설명했습니다. "그가 곤욕을 당하여 괴로울 때에도 그의 입을 열지 아니하였음이여 마치 도수장으로 끌려가는 어린 양과 털 깎는 자 앞에서 잠잠한 양 같이 그의 입을 열지 아니하였도다."(사 53:7). 억울하기로 따지면 주님보다 더한 사람이 어디에 있겠습니까? 그들 중에는 이미 법원의 판결을 받아 유죄확정이 되었음에도 불구하고 그 판결이 부당하다고 주장합니다. 세상에 온갖 조롱거리를 만들었고, 그 일로 수많은 교회 지도자들에게 도매금으로 해를 입혔음에도 불구하고 아무런 반성도 없이 계속 자신의 결백만을 주장하는 것은 결코 주님을 닮은 모습이 아닙니다.

정말로 억울하다면 세상을 향해서는 잠잠하고 하나님 앞에 그 문제를 들고 가야 하지 않겠습니까? 우주의 재판장이신 하나님이 그 일을 바로잡아주실 것입니다. 주님이 겟세마네 동산에서 땀방울이 핏방울처럼 떨어지는 기도를 했듯이 그렇게 주님 앞에서 기도한다면 결코 세상을 향해서 자신의 억울함을 계속 호소하지 않을 것입니다. 신실한 지도자가 오해를 받았을 때 불신자인 정치 지도자들처럼 그렇게 행동하지 않을 수 있는 것은 하나님이 모든 일에 최종 심판자이기 때문입니다.

22장 신들은 마음의 상처가 있는 사람을 좋아한다.

하나님은 깊은 영성을 유지하기 위하여 무의식의 상처와 내면의 상한 마음을 치유하기를 원하십니다. 우리가 세상을 살아가다 보면 원치 않는 불행한 일을 만날 수도 있습니다. 생각하지 못한 충격적인 일을 당할 수도 있습니다. 그 가운데 귀신 들림은 불행한 일 중에도 불행한 일입니다. 왜 그런가 하면, 일반적인 사람들은 귀신 들림을 정신질환으로 보기 때문에 문제를 해결하지 못하고 처리해야 할 귀중한 시간을 헛되이 버리게 되기 때문입니다. 모든 일에는 오해가 따르기 마련이지만 특히 귀신 들림에 대한 오해는 치유 시기를 놓칠 위험이 크기 때문에 심각하고 당사자에게는 불행한 일이 되는 것입니다.

귀신 들림과 단순한 정신질환을 구분하지 못하는 정신과 의사들로 인해서 더욱더 문제가 심각해지는 것입니다. 기독교 신앙을 가진 정신과 의사마저도 귀신 들림에 대해서 부정적이기 때문에 문제를 해결하는데 큰 걸림돌이 됩니다. 지금은 많이 이해되고 있지만 아직도 대부분의 의사들은 신적인 일에 강한 거부감을 가지고 있습니다. 자신들이 학교에서 배운 학문을 절대로 여기는 집단적 수구와 이기심으로 인해서 귀신 들림이 인정을 받지 못할 뿐만 아니라, 축사를 무속의 한 부분으로 오해합니다. 이래서 많은 수의 성도들이 귀신에게 시달립니다.

귀신 들림이 우리에게 일어나는 데에는 몇 가지 과정과 절차가 있습니다. 우리는 이 부분을 정확하게 이해해야 이런 불행한 일을 방지할 수 있습니다. 귀신은 우리 몸에 들어와 우리의 정신세계뿐만 아니라, 우리의 육체를 점령합니다. 마귀는 주로 정신(마음)을 지배하려고 하지만 귀신은 우리의 몸을 점령하려고 합니다. 거라사 광인에게서 나간 귀신이 돼지 떼의 몸속으로 들어갔습니다. 마귀는 공중에 머무는 영적 존재이지만, 귀신은 지역과 우리 몸을 거처로 삼습니다. 지역 보다는 우리 사람의 몸을 가장 좋아합니다.

그런데 우리 몸에 들어오기가 쉽지 않습니다. 우리가 받아들이지 않으면 절대로 들어올 수 없습니다. 한번 들어온 귀신이 나가지 않으려고 온갖 속임수를 다 사용하는 까닭이 다시 들어갈 몸을 얻지 못하고 떠돌아다녀야 할 고통 때문입니다. 귀신은 몸이 아니면 쉼을 얻을 수 없기 때문에 무척 피곤하고 괴롭습니다. 타락한 영적 존재인 마귀와 귀신은 타락하는 순간에 하나님으로부터 받은 특권을 대부분 상실하였습니다. 이것은 우리가 타락함으로써 에덴의 특권을 상실하고 수고하여 일해야 하는 고통 스런 삶을 살아야 하는 것과 같습니다.

귀신은 쉼을 얻기 위해서 우리의 몸을 점령하려고 온갖 노력을 다 합니다. 그런데 우리의 속사람이 귀신의 침투를 허락하지 않습니다. 그러므로 귀신은 두루 다니면서 속사람이 상한 사람을 찾습니다. 귀신이 침투하기 쉬운 상태에 놓여있는 사람에게 접근하여 지속적으로 공격하기 시작합니다. 귀신의 공격을 받은 사람은 속사람이 매우 심각하게 손상을 입은 사람입니다. 우리의 속사람이 손상을 입는 원인은 주로 죄와 상처입니다. 심각한 범죄들 예를 들면 살인, 강간, 절도 등과 같은 중범죄를 행하면 우리의 속사람은 위축되고 깊은 상처를 입게 됩니다. 죄는 능동적으로 자신이 행하는 행위입니다. 그런데 상처는 수동적으로 타인으로 말미암아 입게 되는 것입니다. 죄의 피해자인 것입니다.

심각한 상처는 남자친구나 여성 친구를 사귀다가 연애에 실패, 사망으로 인한 이별, 성폭행 당하기, 중대한 사고, 시험에서 낙방하기, 괴롭히기를 당하기, 갑작스런 실업, 과중한 채무, 사업의 실패, 과중한 스트레스 등등 자신이 감당하기에 어려운 일을 갑자기 당하는 경우 우리의 속사람은 깊은 상처를 받습니다. 이런 경우 귀신은 그 사람을 집중적으로 공격하게 됩니다. 이런 죄와 상처를 받은 사람에게 귀신은 침투를 시작합니다. 죄를 짓는 능동적 범죄는 주로 마귀가 침투하는 경우가 대부분이고, 수동적인 상처는 귀신이 침투하는 대상이 됩니다.

마음의 상처가 풀리지 않고 계속 자신의 속사람을 괴롭히게 되면 속사람은 굉장히 위축되고 그 기능이 현저하게 약하게 됩니다. 그런 증상이 우울증으로 나타납니다. 무기력해지고 우울해지며 삶의 의미를 잃어간다면 이런 사람은 귀신 들릴 절대적인 자리에 놓여 있는 것입니다. 귀신은 이런 사람을 발견하면 즉시 공격을 시작합니다. 속사람이 깊은 상처를 입어 무기력해지면 모든 것에 힘을 잃습니다. 귀신이 그런 사람에게 먼저 상태를 알아보기 위해서 여러 가지로 유혹하기 시작합니다. 때로는 겁을 주기도 합니다. 이런 저런 시도를 하면서 접근합니다. 대체로 하이에나처럼 귀신들은 무리를 지어 떠돕니다. 졸개 귀신이 먹이가 되는 사람을 발견하면 대장 귀신을 비롯한 일단의 무리들이 몰려와서 그 사람을 집중적으로 공격합니다.

귀신들은 무리마다 특성을 가지고 있습니다. 더러운 귀신은 더럽습니다. 음란한 귀신은 음란합니다. 이처럼 특성이 있기 때문에 자신들의 특성을 가지고 접근하는 것입니다. 여러 가지 환상을 보여주고 환청을 들려줍니다. 검은 그림자가 자신에게 접근해 오는 것을 속사람이 인식하고 거부하게 됩니다. 그러나 속사람은 심각한 상처를 입었기 때문에 이들 귀신의 무리에 대항할 힘이 없이 결국에는 무너지고 맙니다.

우리 주변에 이런 상처를 입은 사람이 있다면, 우리는 그 사람에게 귀신이 들어오지 못하도록 그 상처를 치료해 주어야 합니다. 진리의 말씀과 성령의 역사로 잠재의식과 무의식에 형성되어 있는 상처를 치유해야 합니다. 시간이 걸리는 일입니다. 귀신은 속사람을 속이고 위협하면서 항복을 받아냅니다. 속사람이 귀신을 거부하지 않고 반항하지 않으면 귀신은 그 사람의 몸속으로 들어옵니다. 그리고 정신을 장악하려고 합니다. 정신을 장악하지 않으면 그 사람이 다시 반항하기 때문입니다.

정신을 장악하기 위해서 주로 사용하는 방법이 공포입니다. 두려워서 반항할 용기를 내지 못하도록 심각하게 위협합니다. 이런 위협과 공포로 인해서 귀신이 시키는 대로 행동하게 됩니다. 웃으라면 웃고 울라면 울고, 무릎을 꿇으라면 즉각 꿇습니다. 옷을 벗으라면 벗고, 가자면 가고 누우라면 눕습니다.

철저히 행동을 통제함으로써 귀신이 그 사람을 자기들 마음대로 다루게 되는 것입니다. 그러면서 귀신들은 그 사람의 몸에 자신들의 집을 견고하게 만들기 시작합니다. 이것이 귀신의 집입니다. 속사람은 끊임없이 반항하지만 귀신들의 공격으로 인해서 그들을 물리치지 못합니다. 귀신들린 사람이라 할지라도 속사람이 죽은 것이 아니므로 간헐적으로 구조 신호를 보냅니다. 우리는 이 신호를 알아차리지 못하고 넘겨버립니다. 다행이 이 신호를 알아차리고 축사를 하거나 적절한 도움을 줌으로써 귀신들의 공격에서 풀려나오는 경우가 있습니다. 심각한 사건을 경험한 후 3년 이내에 적절한 조치를 하지 않은 채로 방치한다면 심각한 귀신들림에 걸릴 수 있습니다.

상처는 귀신들림을 일으키는 통로입니다. 상처를 치유하지 않은 채로 둔다면, 귀신이 이 사실을 발견하게 될 것이고 하아에나처럼 집중적으로 공격을 받게 되고 마침내는 그 먹이가 되고 맙니다. 주변에 아픈 상처로 인해서 어려워하는 사람이 있다면 성령으로 상처를 치료하고 속사람을 강건하게 해 주어야 합니다. 상처를 입은 사람은 스스로 자신의 상처를 감당할 수 있는 능력이 없습니다. 그러므로 주변에서 도와주어야 합니다. 육신의 상처에는 세균이 몰려오지만 마음의 상처에는 귀신이 몰려옵니다. 그렇기 때문에 상처가 무의식에 심기지 못하도록 해야 합니다. 예를 든다면 길을 가다가 차 소리나 기타 등등으로 깜작 놀랄 경우가 있습니다. 필자의 경험으로 보아 이런 일이 있은 후 며칠이 지나면 가슴이 답답해지고 기도가 잘 되지 않는 경우가 있습니다. 이는 놀랄 때 악한 영이 침입을 한 것입니다. 이를 예방하기 위하여 이렇게 하세요. 호흡을 깊게 들이쉬고 내쉬면서 성령의 임재를 요청하세요. 성령의 임재가 충만해지면 마음으로 명령을 하세요. "내가 놀랄 때 들어온 악한 영은 예수 이름으로 명하노니 떠나갈지어다." "내가 놀랄 때 들어온 악한 영은 예수 이름으로 명하노니 떠나갈지어다." 이렇게 기도하여 마음에 평안이 찾아오면 떠나간 것입니다.

불안이나 두려움이 엄습할 경우가 있습니다. 이는 마음에 상처나 신적인 침입이 있다는 증거입니다. 우리에게 성령이 역사하면 평안합니다. 자신이 이유 없이 불안하고 두려움이 엄습할 경우는 악한 기운이 나에게 역사하고 있는 것을 성령께서 자신에게 알려 주는 것입니다. 이때에는 호흡을 들이쉬고 내쉬면서 성령의 임재를 요청합니다. 성령의 임재가 충만해지면 마음으로 명령을 하라. "나를 불안하게 하는 악한 영은 예수 이름으로 명하노니 떠나갈지어다." "나를 불안하게 하는 악한 영은 예수 이름으로 명하노니 떠나갈지어다." 자꾸 호흡을 하면서 대적기도를 합니다. 이때 중요한 것은 성령의 임재 하에 부드럽고 가벼운 소리로 명령을 합니다. "악을 쓰면서 떠나라. 떠나라." 하는 기도는 육성이 강하므로 귀신이 떠나가지 않습니다. 성령의 임재 하에 부드러운 영의 소리로 가볍게 명령하면 떠나갑니다.

귀신 들림은 우리들의 죄와 상처를 발판으로 해서 귀신이 불법적으로 우리에게 침투해 들어오는 것입니다. 그 초기에는 단 한 번의 축사로 완치가 되지만, 시간이 많이 흐르면 귀신의 내성이 생기고 우리의 영이 심하게 위축되어 치유가 쉽지 않게 됩니다.

이를 방지하기 위하여 성령 안에서 온몸으로 기도를 오래 해야 합니다. 혼자 기도로서는 치유가 어렵고 멘토의 도움을 받으면 좋습니다. 의지적으로 강력한 기도를 해야 합니다. 귀신 들림의 초기 증상은 환자의 이성과 감성이 그대로 유지된다는 점입니다.

축귀를 하려면 먼저 성령으로 세례를 받아야 합니다. 성령으로 세례를 받은 다음부터 자신 안에 주인으로 오신 성령님으로부터 성령의 불이 나오면서 성령으로 충만하게 됩니다. 성령으로 충만하게 되면 될 수록 귀신들이 정체가 폭로됨으로 귀신이 도망치게 되는 것입니다. 성령의 역사로 잠재의식의 상처들이 현재의식으로 드러나서 마음의 상처가 치유 되기 시작을 합니다. 마음의 상처가 치유되면 될 수록 상처 뒤에 숨어있던 귀신들이 정체가 폭로되니 도망치기 시작하는 것입니다.

잠재의식을 상처가 치유되지 않으면 귀신축사를 했어도 다시 들어옵니다. 그러므로 축귀사역은 내적인 상처를 먼저 치유하고 귀신을 축사해야 합니다. 귀신의 축사보다 자신의 내면에 성전이 견고하게 지어지는 일에 집중해야 합니다. 자신 안에 성전이 지어지지 않으면 떠나갔던 귀신이 다시 침입을 하기 때문입니다. 축귀를 한 다음에도 예배드리고 성령으로 기도하는 등 성령님이 자신을 장악하는 믿음 생활을 지속해야 합니다.

6부 신의 세계를 모르면 이러한 고통을 당한다.

23장 문제의 배후에는 신의 세계가 있다.

하나님은 크리스천들이 신적인 세계에 대하여 박식하기를 원하십니다. 필자는 영육으로 고통을 당하는 크리스천들을 생명의 말씀과 성령으로 치유하여 지금 천국을 누리고, 아브라함의 복을 받으면서 하나님의 나라를 건설하는 군사로서 쓰임을 받는 것에 목적을 두고 사역을 합니다. 그동안 참으로 많은 크리스천들은 치유하여 정상적인 삶을 살도록 인도하였습니다. 치유를 하면서 체험한 바로는 우리 크리스천들이 신적인 세계에 대하여 무지하여 당하는 고통이 많더라는 것입니다. 신적인 세계에 대하여 조금만 알았더라면 그런 불필요한 고생을 하지 않았을 것입니다. 예수를 믿었다고 하나 보이는 면만 가지고 판단하고 조치하여 불필요한 고생을 하다가 찾아오셔서 순간 적으로 기적같이 치유되고 해결되는 사례가 많았습니다. 그런데 필자가 처음부터 이렇게 신적인 면을 깨달은 것이 아닙니다. 성령치유 사역을 하면서 상당한 시간이 흐르고, 고통도 받고 시행착오도 했습니다.

그러다가 성령치유 사역이 마음대로 되지 않아 성경을 읽고, 여러분들의 기록한 신적인 서적들을 읽고, 왜 성령치유 사역이 필자의 마음대로 되지 않고, 어떤 성도는 쉽게 치유되고, 어떤 성도는 아무리 애를 써서 말씀을 전하고 안수기도를 하면 치유가 되는가 싶다가 재발하고, 왜 완전히 치유가 되지를 않는 것인가 하고 고민을 많이 했습니다.

그러다가 어느 성도를 치유하는데 안수기도를 하면 며칠은 괜찮은데 다시 재발을 하는 것입니다. 몇 번을 기도를 해주고 치유가 되었다고 믿었는데 또 재발하고, 도저히 완전 치유가 되지 않고 계속 재발을 하는 것입니다. 그래서 성령하나님에게 기도를 했습니다. 아니 왜 이렇게 열심히 힘들어서 안수기도를 하고 축사를 해도 며칠이 지나면 다시 재발하는 것입니까? 그러면서 기도를 많이 했습니다. 그러자 이런 감동이 왔습니다. 나보다 이런 사역을 많이 하신 분에게 물어보자, 하고 이리 저리 수소문을 하여 신적인 사역을 하는 목사님을 찾았습니다. 그래서 그 목사님에게 봉차를 4시간을 몰고 가서 집회에 참석하고 상당액의 헌금을 하고 상담을 요청하여 질문을 했습니다. 목사님 왜 안수기도를 하면 며칠은 괜찮은데 다시 재발을 하는 것입니까? 하고 물었더니 목사님 그것을 터득하시려면 상당한 시간이 경과되어야 하고 많은 시행착오를 격어야 알게 되는 것입니다.

그러면서 모든 인간의 문제는 원인이 있습니다. 원인이 무엇인지를 알고 원인을 제거해야 완전치유가 되는 것입니다. 원인은 성령님에게 기도를 하면 알려주십니다. 제가 이렇다고 하면 그렇게만 하시니까, 사역을 하시는 동안 계속적으로 성령님과 대화를 하십시오. 그러면 성령님께서 그 때 그 때 필요한 레마(치유를 하는데 꼭 필요한 성령님이 알려주시는 말씀이나 조치사항)를 주실 것입니다. 성령님이 알려주시는 레마(말씀의 검)를 가지고 성령치유나 축사사역을 하다가 보면 배후에 신적인 세계가 있다는 것을 알게 될 것입니다. 그렇다고 꼭 배후에 신적인 문제만 있는 것이 아니고, 정신적인 문제도 있을 수 있고, 마음의 상처도 있을 수 있습니다. 그러면 그 원인을 제거하고 성령치유를 해야 하고, 축사를 해야 하는 것입니다.

그러니까 성령치유 사역이나 축사사역은 능력이 있다고 아무나 다하는 것이 아니고, 먼저 자신이 치유를 받아보아야 하고, 여러 가지 신적인 원리와 내적치유도 혈통의 대물림의 치유도 알아야 합니다. 그래서 제가 그 때 직감적으로 떠오르는 생각이 아 모든 문제 뒤에는 원인이 있다. 원인이 무엇인지를 알고 원인을 하나님이 주신 권세를 사용하면 치유가 쉽게 되겠구나 생각하여 영적세계에 관심을 가지고 연구하기 시작을 한 것입니다. 그래서 바르게 알고 사역을 하려고 내적치유도 일 년이나 받으러 다니고, 이곳저곳으로 능력을 받으러 다닌 것입니다. 그러다가 성령의 강한 불도 받고 여러 가지 신적인 체험도 했습니다. 이렇게 신적인 세계를 깨닫고 보니 필자가 그때까지 성령치유 사역을 한 것은 엉터리 사역을 한 것이라는 것을 깨닫게 되었습니다.

성도님이나 목회자나 할 것 없이 신적인 세계를 모르면 안 됩니다. 신적인 세계를 모르니까, 모든 문제를 세상 사람들과 같이 보이는 현상만을 가지고 해결하려고 하니, 풀리지도 않고 치유도 되지를 않는 것입니다. 우리는 보이는 현상만 가지고 문제를 해결하려고 하면 안 됩니다. 반드시 한 차원 더 깊은 보이지 않는 배후의 신적인 세계를 염두에 두고 문제를 해결하려고 하는 모두가 되시기를 바랍니다. 부디 이 책을 통하여 신적인 세계가 열리고 신적인 세계를 알아서 하나님의 군사답게 백전백승하시기를 바랍니다. 그럼 우리 성도가 왜 신적인 세계를 알면 성공할 수 있는 가 하나하나 생각하여 보기로 하겠습니다.

첫째, 아합왕 시절의 삼년반 기근을 통하여 알 수가 있습니다.
엘리야는 아합 왕이 이방신을 섬기는 여자 이세벨을 데려다가 결혼하고 온 북 이스라엘로 하여금 바알과 아세라를 섬기는 신앙으로 가득하게 만들었습니다. 여호와의 선지자들을 다 잡아 죽이고 여호와의 제단을 헐어 버렸습니다. 그 결과로 하나님의 진노가 이스라엘에 임하게 되었습니다.

엘리야가 아합 왕을 만나서 내 입에서 말이 떨어지기 전에 이 땅에 우로가 없을 것이라고 했습니다. 그 결과로 3년 6개월 동안 북이스라엘에 우로가 없었습니다. 그러므로 기근이 막심하고 사람들이 굶어죽고 짐승들이 다 죽고 처참하게 되었습니다. 그 후에 엘리야가 아합 왕을 만나서 우리 결단을 내리자. 여호와가 참 하나님인지, 바알이 참 하나님인지, 시험을 해 보자. 온 바알의 선지자와 이스라엘 대표들을 갈멜산으로 모아 와서, 그곳에서 여호와가 참 하나님인지 바알이 참 하나님인지 우리가 시험을 하자고 했습니다.

그래서 아합 왕이 갈멜산으로 바알의 선지자 450명과 아세라 상에서 먹는 선지자 400명과 모든 이스라엘의 대표들을 다 모았습니다. 거기에서 엘리야가 이런 제안을 했습니다. 우리가 단 두 개를 쌓되 바알의 단도 있고 여호와의 단도 있는데 바알의 단이나 여호와의 단에 각각 송아지 한 마리를 잡아서 각을 떠서 얻어 놓고 기도해서 불로 응답하는 신이 참 신으로 하자. 바알은 그 제사장 수가 450명이 되니 먼저하라, 그래서 바알의 제사장들이 단을 쌓고 장작을 펼쳐놓고 송아지를 각을 떠서 얻어 놓고 단 주위에 뛰고 춤추며 바알이여, 바알이여, 불을 주소서 불을 주소서, 고함을 치고 오전 때가 되어도 불이 임하지 않습니다.

그러니 엘리야가 나와서 조롱을 합니다. 더 고함을 쳐라 너희 신이 잠에 들었나보다 깨워라, 혹은 여행을 갔는가 보다 빨리 돌아오게 하라, 그러니 바알의 선지자가 답답하니깐 칼로써 자기 몸을 찢으며 피를 흘리고서 부르짖어도 응답이 없습니다. 저녁에 엘리야의 차례가 왔습니다. 엘리야는 사람들에게 모여 오라 이스라엘의 무너진 제단을 수축했습니다. 이스라엘의 12자녀의 이름대로 12개의 돌을 취해서 제단을 만들고 그 위에 송아지의 각을 떠서 얻고 난 다음 물 세 동이를 가지고 와서 부으라고 하십니다.

부으니깐 물이 제단과 도랑에 가득했습니다. 두 번째 도 부어라 세 번째도 그리하라, 그리고 난 다음 하나님 앞에 꿇어 엎드려서 하나님 아버지여 여호와께서 하나님이신 것과 내가 하나님의 종인 것과 이렇게 하는 것이 하나님의 뜻인 줄 알게 하여 주옵소서. 하나님께서는 유일한 하나님이요, 이 백성으로 하여금 마음을 돌이켜 여호와를 섬기게 하는 줄로 알게 하여 주시옵소서. 내 기도에 응답하시고 불을 내리소서, 불을 내리소서 하니, 마른하늘에 불이 제단에 떨어지면 제단이 바싹 다 타버렸습니다. 온 제물도 타고 물도 다 타고 돌도 다 탔습니다. 그러자 사람들이 엎드려 여호와 그는 참 하나님이라 여호와는 참 하나님이라고 고함을 칠 때에 엘리야는 말하기를 바알이 선지자를 다 잡아라, 군중들이 일어나서 450명을 잡으니 그를 시냇가에 내려가서 엘리야가 칼을 빼서 450명 바알의 선지자들의 목을 다 쳤습니다.

그리고 난 다음에 그는 갈멜산에 올라가서 하나님께 비를 달라고 기도할 때에 얼마나 간절히 기도했던지 배가 무너져서 두 다리 사이에 들어갔습니다. 그러면서 자기 종보고 산꼭대기에 올라가서 증거가 있는지 보라, 처음 올라가서 아무 것도 안 보입니다. 일곱 번까지 올라가라 일곱 번째에 가보니 손바닥만한 구름이 떴습니다. 그러자 빨리 아합 왕에게 가서 비에 막히지 않게 병거를 준비하고 빨리 이스라엘로 들어가라 그러자 곧장 하늘을 덮고 비가 쏟아지는데 억수같이 쏟아집니다. 하나님의 성령이 엘리야에게 임하매 그는 내내 병거 앞에서 뛰어서 이스라엘까지 들어갔다는 이야기가 있습니다. 이 이야기는 위대한 승리를 의미하는 것입니다. 오랫동안 우상 숭배하던 북 이스라엘에 하나님의 선지자 엘리야가 여호와의 이름으로 위대한 승리를 가져온 기록인 것입니다. 이것이 우리에게 가르치는 많은 교훈이 있습니다. 그러므로 한 나라에 기근이 찾아오는 것도 신적인 세계의 영향으로 기근이 찾아오는 것입니다. 엘리야가 바알의 선지자를 다 죽이고 하나님에게 기도하니 이스라엘 나라에 비가 내려 기근이 사라진 것입니다.

둘째, 질병의 배후에도 신적인 세계가 결부되어 있었습니다. 우리 교회에 와서 치유 받은 목사님의 간증입니다. 저는 허리에서

부터 얼굴까지 반신불수가 되어 12월 20일부터 4월 25일 충만한 교회에 오기 전까지 반신불수가 되어 거동을 못하며 집안에서 누워서 지냈습니다. 그러다가 저의 친한 친구 목사님들이 충만한 교회에 가면 치유가 된다는 말을 듣고 차에 실려 충만한 교회 성령치유 집회에 참석하여 은혜를 받았습니다. 그런데 참석한 첫날부터 강한 성령의 불을 받고 온몸이 불덩어리가 되더니 몸이 뒤틀리기 시작을 했습니다. 막 악이 써지고 몸이 사정없이 떨리고, 발버둥을 얼마나 쳤는지 의자란 의자는 다 발로 차서 넘어지게 했습니다. 악한 귀신들이 발작을 하게 한 것입니다. 그러면서 수많은 귀신들이 발작을 하면서 떠나고 소리를 지르면서 떠나갔습니다. 정말 저도 깜짝 놀랄 정도로 강한 성령의 역사를 체험했습니다. 그리고 저의 질병은 악한 더러운 귀신들이 일으키고 있다는 것도 인정하게 되었습니다. 저는 이때까지 내가 허리디스크와 죄골 신경통으로 이렇게 되었지 악한 영의 역사로 이렇게 되었다고는 꿈에도 생각을 하지 않고 한방치료와 병원치료만 하였습니다. 그리고 친구 목사님들이 신적인 문제라고 할 때 말도 못하게 했습니다. 신적인 문제가 아니고 병으로 생긴 것이라고…. 한마디로 신적인 무지한 이였습니다. 그런데 충만한 교회에 와서 체험하고 보니 제가 당한 고통을 신적인 세계를 몰라서 당한 고통입니다. 신적인 세계에 무지해서 이렇게 오랜 시간 고통을 당한 것입니다. 신적인 세계를 모르고 보이는 면만 가지고 해결하려고 고생을 사서 한 것입니다. 부끄러워서 누구에게 이야기 하지도 못할 일입니다. 저의 고집을 꺾고 충만한 교회에 따라와서 성령님의 역사로 불을 받고 치유되기 시작하다가 몇 칠이 지나니 저 혼자도 걸을 수가 있었습니다.

그래서 제가 손수 운전을 하면서 열심히 다녔습니다. 그러다가 여러 가지 성령의 은사와 은혜를 체험했습니다. 질병의 배후에도 신적인 세계가 결부되어 있다는 것을 체험적으로 알게 되었습니다. 다시 목회를 시작하니 교회가 점점 부흥이 되었습니다. 몇 개월 다니면서 치유를 받으니 이제 몸도 완치가 되었습니다. 누구보다도 그렇게 완악하던 남편이 너무나 좋아하는 것이었습니다. 정말 하나님은 못하시는 것이 없으십니다. 저를 치유하신 하나님에게 영광을 돌립니다. 그리고 시간시간 안수하여 주신 목사님에게도 감사를 드립니다. 여러분 말씀과 성령으로 영안을 열어 신적인 세계를 알려고 노력하시기를 바랍니다. 그러면 저와 같은 생고생을 하지 않을 것입니다. 정말 목사가 신적인 세계를 모르면 안 됩니다. 아니 성도님들도 신적인 세계를 모르면 안 됩니다.

성도가 신직인 세계를 모른다는 것은 세상에 눈을 뜬 상님과 같은 것입니다. 제가 이제 강요셉 목사님의 매주 다른 신적인 말씀을 듣고 영의 눈이 열리니 목회도 한층 쉬워졌습니다. 정말 하나님에게 감사와 찬양과 영광을 돌립니다. 저도 이제 치유 사역자가 되어 신적인 말씀을 전하여 성령치유 사역을 하고 있습니다. 인천 은혜교회 김목사

셋째, 악한영의 영향으로 일어나는 현상. 우리가 사소하게 생각하는 것들의 배후에도 신적인 세계가 결부되어 있는 경우가 많

습니다. 예를 든다면 습관적인 유산의 경우입니다. 필자가 그동안 병원전도와 성령치유사역 간 만난 습관적인 유산을 하는 분들의 대부분이 두려움의 영의 영향으로 유산이 된다는 것입니다. 어느날 병원에 전도를 갔습니다. 산부인과 병동에 가면 함부로 들어갈 수가 없습니다. 문밖에 서서 여기 목사에게 안수 받고 싶은 분 없습니까? 그랬더니 저요! 하는 것입니다. 잠시만 기다리세요. 기다리다가 들어오세요. 하여 들어갔습니다. 나이가 33세인 여성이 이렇게 말하는 것입니다. 목사님! 저는 임신 3개월 만에 유산을 3번하고, 지금 4번째 임신을 했는데 또 유산기가 있어서 입원하였습니다. 두 번째는 영력이 있다는 권사님이 기도하면 유산이 되지 않는다고 하여 교회에 가서 기도하다가 유산이 되었습니다. 원인을 제거하지 않고 기도만 한 결과입니다. 무조건 기도만 하면 문제가 해결이 되는 것이 아닙니다. 다음에 임신을 했는데 또 유산을 했습니다. 목사님! 그런데 임신을 하고 2달이 지나면 여지없이 불안이 찾아옵니다. 유산하면 어쩌나 하는 불안입니다. 이번에 네 번째인데 유산되지 않았으면 좋겠습니다. 그래서 이렇게 말했습니다. 걱정하지 마세요. 안수를 받으면 불안하게 하는 요소들이 떠나가고 출산하게 될 것입니다. 그렇게 안심을 시키고 3번을 찾아가 안수기도를 해주었습니다. 그 결과 귀여운 딸을 출산했다고 연락이 왔습니다. 우리가 알아야 할 것은 첫째를 일곱 달에 출산하면 둘째도 육 개월이 지나면 서서히 자궁이래로 내려옵니다. 예수 이름으로 기도하면 정상적인 분만을 합니다.

필자가 시화에서 목회할 때의 일입니다. 시골에서 시화로 이사

온 가정을 인도하였습니다. 심방예배를 드리고 나니 시어머니께서 하시는 말씀이 아주 영력이 있는 목사님이시라고 아주 좋아했습니다. 예배를 드리고 사정이야기를 들어보니 첫째 아이를 7달 만에 출산하여 '잉큐베이타'에서 2달 동안 있다가 나와서 지금 2살이었습니다. 둘째를 임신하여 4개월이 된 상태였습니다. 우리 교회에 출석하여 예배를 드리기 시작을 했습니다.

그런데 주일날 예배를 드리러 오지 않는 것입니다. 제가 월요일 아파트 전도를 하면서 방문을 했습니다. 사정이 생긴 것입니다. 아기가 자궁에서 내려앉아서 산부인과에 가서 초음파를 해보니까, 밖으로 나오려고 내려앉은 것입니다. 그렇다고 꼼짝하지 말고 집에 있으라고 했다는 것입니다. 그래서 교회에 나오지 못한 것입니다. 필자가 안수를 했습니다. "성령이여 임하소서. 내가 나사렛 예수님의 이름으로 명하노니 아기야 자궁에 정상적으로 올라앉을 지어다. 정상적으로 10달이 되면 세상으로 나올지어다." "내가 나사렛예수님의 이름으로 명하노니 아기야 자궁에 정상적으로 올라앉을 지어다. 정상적으로 10달이 되면 세상으로 나올지어다." 이렇게 기도를 했습니다. 큰아이가 7달에 세상으로 나오니 둘째도 7달에 세상으로 나오려고 한다는 것입니다.

그렇게 기도를 하고 수요일 날 다시 방문을 했습니다. 성도가 하는 말이 아기가 정상적으로 자궁에 정착 앉았다는 것입니다. 할렐루야! 감사할일입니다. 그렇게 해서 10달이 지난 다음에 정상적인 출산을 했습니다.

24장 신의 세계를 모르고 당하는 고통

　귀신은 이렇게 악랄하게 신적인 사역을 못하도록 온갖 방법을 다 동원하는 것입니다. 개별치유 사역자는 성령으로 충만한 가운데 성령님이 앞서 역사하시며 보증하는 사역을 하는 습관이 되어야 합니다. 성령께서 주인으로 사역을 이끌어가게 하라는 말입니다. 자신은 예수믿고 죽고 예수님으로 살아서 예수님의 인생을 살기 때문에 영적인 사역도 예수님이 하셔야 합니다.

　실제로 안양에 사시는 목사님이 저에게 이렇게 말했습니다. 저는 나이가 들어 목회자가 된 사람인데 나이가 있어 65세부터 신학대학원을 다니면서 교회를 개척하여 목회를 했습니다. 그런데 오시는 성도 분들이 모두 환자만 오셨습니다. 그래서 예수 이름으로 기도하면 병이 낫기도 했습니다. 그러던 어느날 할머니 한 분이 기도를 해달라고 하며 교회를 찾아오셨습니다. 그래서 머리에 손을 얹고 예수 이름으로 명하노니 질병은 떠나가라, 했더니 이 할머니가 막 울더랍니다. "야~ 이놈아, 네 놈 때문에 내가 나가야 한다. 야 이놈아, 네 놈 때문에 내가 나가야 한다." 하며 우는데 등골이 오싹하고 등에서 찬물이 줄줄 흐르는데 도저히 사역을 할 수가 없더랍니다. 그런 일이 있은 다음부터는 두렵고 불안하여 기도도 못하고 사역도 하지 못했다고 했습니다. 이것이 바로 영적 손상입니다. 이분은 아직 성령으로 장악당하지 못하고 성령님이 보증하여 주시지 않는 상태에서 사역함으로 악한 영으로부터 영적 손상을 당한 것입니다. 이 분은 자신이 축사를 받았어야 합니다.

만약에 이런 경험이 있었다면 귀신축사를 받으시기를 바랍니다.

그리고 일부 목회자가 하는 말이 귀신을 쫓아내려고 성령이 역사하는 장소에 가서 기도하고 안수를 받을 때 다른 사람들이 기침이나 하품을 할 때 밖으로 나온 귀신이 다른 사람에서 들어간다는 것입니다. 이는 잘 모르고 하는 말입니다. 자신이 성령으로 충만한 상태에서 기도하면 초자연적인 상태가 됩니다. 초자연적인 상태가 된 자신에게 초인적인 귀신이 자신 안에 들어올 수가 없는 것입니다. 자신 안에 역사하던 귀신도 떠나가느라고 정신이 없는데 밖에서 역사하던 귀신이 들어오지 못합니다. 오히려 귀신들이 자신에게서 나가지 않으려는 술책입니다.

자신 안에 귀신이 들어온다고 두려워하면서 움츠려 있으면 성령으로 충만하지 못합니다. 자연스럽게 귀신이 떠나갈 수 있는 신적인 상태가 되지 못하는 것입니다. 귀신이 자신에게 계속 역사할 수 있는 빌미를 제공하는 것입니다. 다른 사람에게서 나온 귀신이 들어온다는 논리는 기도하지 않고 멍청하게 앉아있는 사람에게 해당되는 말입니다. 이것은 명확한 사례가 없는 돌아다니는 사람의 말입니다. 경각심을 가지고 자신의 영을 지키기 위하여 관심을 가지라고 강조하는 말입니다.

첫째, 영적손상의 경우. 영육치유를 행하는 사역자나 축사를 행하는 사역자는 환자의 상태에 대한 지식의 말씀으로 영적 전이를 경험하게 됩니다. 환자가 앓고 있는 질병의 정도나 또는 아직 환자가 질병을 제대로 깨닫지 못하고 있는 경우에 또는 사역자가 어느 곳에 손을 얹어야 할 것인지를 깨닫게 하기 위해서, 그리고 자신이 감당할 수 있는 문제인지를 가늠하게 하기 위해서 성령께서 환자의 고통을 사역자에게 전이시켜 느끼게 하는 것입니다. 예를 들어서 머리가 아픈 사람을 치유 기도하려고 하면 사역자의 머리가 아프다는 것입니다.

예를 든다면, 상대방의 통증부위가 동일하게 아프고 힘들게 되기도 하고…. 속이 더부룩하거나…. 쓰리거나…. 어지럽거나…. 현기증을 느끼거나…. 구토증이 생기거나…. 냉기를 느끼거나…. 온 몸의 **뼈**나 근육이 뭉쳐들고 **뻣뻣**해지는 것 같은 체험을 하게 되며…. 눈앞이 아찔해지며…. 독한 약에 취한 사람처럼…. 넋을 잃은 것처럼…. 몽롱한 현상을 겪기도 합니다.

아주 약한 전기에 노출된 듯 손이나 팔이나 어깨에 찌릿해지는 정전기 같은 체험도 있고요…. 몸살이나 오한처럼…. 몸이 밑으로 쳐지며…. 미열이 나고…. 식은땀이 나기도하고…. 몸이나 팔다리가 욱신욱신 아프게 되는 영적다운 현상을 경험하기도 합니다. 이것이 바로 신적인 손상의 현상입니다.

저도 이런 일을 경험합니다. 한 일 년이 지난 일인 것 같습니다. 이 근방에서 기도원을 한다는 권사가 왔습니다. 그래서 권사를 나오라고 해서 기도하려고 하니까, 제 머리가 많이 아팠습니다. 기도를 해주고 상당한 시간동안 깊은 기도를 해서 해결했습니다.

또 치유 사역 초기에 이런 경우가 있었습니다. 집회에 처음 오는 사람이 많을 경우 첫 시간에 집회를 인도하기가 신적인 힘이 버거워지다가 두 시간 정도 지나면 장악이 되는 경우도 있습니다.

좌우지간 치유 사역자는 성령이 충만한 가운데 사역을 해야 합니다. 그래서 성령께서 앞서시면서 성령치유 사역과 축사를 하시게 해야 합니다. 사역자는 성령을 따라가는 사역자가 되어야 합니다. 그래야 사역자에게 피해가 생기지 않는 것입니다. 사역자는 부단하게 자신의 영성에 관심과 힘을 써야 합니다. 만약에 환자가 영적으로 강하여 귀신이 축사되지 않을 경우는 성령으로 완전하게 장악한 다음에 축사를 하도록 해야 합니다. 어느 정도 시간이 경과되어야 합니다. 절대로 신적인 사역은 급하게 되지 않습니다. 하나님의 시간표를 따라야 합니다. 치유를 받으러 다니는 성도님들도 이점을 알고 사역자에게 조급하게 안수기도를 받으려고 하지 말아야 합니다. 성령의 역사를 따라가지 않으면 악한 영의 영향으로 사역자가 고통을 당합니다.

   사역자는 사역 전후로 충분한 기도로 무장해야 합니다. 이런 증상을 자주 경험하게 되는데, 치유하지 않고 그냥 방치한 일부 사역자에게는 악한 기능으로 고정되기도 합니다. 영적 사역은 영적 분별을 몸으로 느껴야만 하기 때문에 환자의 질병 정도를 가늠하기 위한 인식 수단으로 사역자의 영적 전이 현상이 환자 분별의 기능이 됩니다. 이런 기능을 갖추는 사람은 치유 사역자이며, 능력 전도자에게는 거의 찾아볼 수 없는 기능이기도 합니다. 일명 성령의 지식의 말씀의 은사입니다.

   다시 한 번 말씀드리면 자신에게 강하게 고통이 찾아오는 경우는 영적으로 강하게 눌린 상태이므로 말씀과 영의 찬양과 안수로 치유를 받아야 합니다. 그리고 계속 성령의 깊은 임재로 완전히 심령이 장악된 다음에 사역을 하시기를 바랍니다. 성령의 사역은 급하게 인간 욕심으로 사역하면 안 됩니다. 대규모 군중집회에서 치유의 역사를 일으키는 전도자에게 있어서 영적 전이는 사실상 필요하지 않습니다.

이 기능은 일대일 치유를 하는 경우 전인치유를 위해서 주어지는 성령의 지식의 말씀의 한 부분이기도 합니다. 그러나 지식의 말씀의 은사는 환자를 치유할 때 나타나는 현상이지, 치유가 끝난 다음에 나타나는 현상은 아니라는 것을 아셔야 합니다. 사역을 끝낸 다음에 나타나는 현상은 영적손상으로 나타나는 현상이니 치유하고, 사역자 자신의 영성관리를 하여야 합니다. 이런 영적 전이와 비슷한 영적 손상은 악령의 공격에 의해서 영적 능력이 급격히 소진되었을 경우에 나타나게 되며, 간혹 충분한 기도와 성령의 역사 없이 인간적인 욕심으로 혼적인 사역을 행한 결과 영적 능력이 상당히 소진되어 버렸기 때문에 나타나는 현상입니다. 저는 이렇게 사역을 하시다가 체력과 영력이 소진되어 사역을 하지 못하는 목회자를 많이 치유하여본 경험이 있습니다. 이런 분들의 공통적인 특징이 목회를 할 수 없을 정도로 탈진을 경험한다는 것입니다.

영적 탈진은 과도하게 능력을 소모했거나, 자신이 감당하기에 벅찬 악한 영으로부터 충격을 받았을 경우 나타납니다. 마귀의 집요한 공격을 받게 되면 영적 탈진이 일어나, 신적인 일이 시들해지거나, 무기력해져서 무덤덤한 신앙생활을 하게 되는 경우가 있습니다. 성령 충만이 사라지고 육신적으로 신앙생활을 해야 하기 때문에 교리적이고, 형식적인 신앙생활에 빠지게 됩니다. 그리고 기도가 되지 않고, 몸이 이곳저곳 아프기도 하고, 힘이 없고 피곤하기만 합니다. 짜증이 심해지기도 합니다. 이것이 일반적인 성도들과 경험이 부족한 사역자들이 경험하게 되는 영적 탈진의 현상입니다.

영적 사역자들이 경험하는 영적 손상으로 인한 능력의 소진은 점진적으로 나타나는 것이며, 악령으로부터 지속적으로 공격을 받게 되면 영적 능력이 소멸되어가게 됩니다. 일부 사역자들이 이런 증상을 영적 전이로 오해하게 되어 자신에 대한 축사를 하지 않게 되어 지속적으로 악령의 공격을 받게 되며, 그럴 때마다 영적 탈진이 일어나고, 마침내는 더 이상 사역을 할 수 없는 지경에 이르게 되는 것입니다. 체력도 소진되고 여러 영육의 문제가 발생하여 더 이상 사역을 하지 못하게 되는 것입니다. 일 년을 치유해도 회복이 되지 않는 사역자도 있습니다.

악한 영에 의해서 발생한 질병이나 문제를 다룰 때는 반드시 악령으로부터 공격을 받게 됩니다. 그러나 경험이 부족하거나 이에 대한 지식이 부족한 사역자의 경우 단순한 질병이나 문제로만 여기고, 주님이 주신 신적인 권세로 축사를 제대로 하지 못하고, 성령께서 치유하시거나 해결해 주시기만을 간구하는, 치유하여 주시옵소서하는 나약한 기도를 하게 됩니다. 이런 경우에도 치유가 일어나고 문제가 해결될 수도 있지만, 사역자는 자신도 모르는 사이에 악한 영으로부터 심각한 영육의 훼손을 받게 되는 것입니다.

영적 손상을 받게 되면 육신적으로 힘이 빠지고, 쑤시고 아파서 환자처럼 눕게 되거나, 머리가 어지럽고, 매스꺼우며, 정신이 혼미해지고, 힘이 빠져 행동할 수 없게 됩니다. 몸은 매를 맞은 듯이 쑤시고, 이곳저곳 아프며, 머리가 어지러운 현기증 증상에 시달리게 되며, 이명 현상(tinnitus)이 나타나 정신을 차릴 수가 없습니다.

때로는 정신이 맑아져 잠을 잘 수 없게 되어, 불면증에 시달리기도 합니다. 환상이 보이고 환청이 들리며, 육신이 고단해져서 신음소리를 내기도 합니다. 이런 육신적 고통을 단순히 영적 전이로만 이해한다면 문제가 생길 수도 있습니다. 왜냐하면 축사를 받은 후에 나타나는 증상과 비슷하기 때문에 속기 쉽습니다. 일반적으로 축사를 받을 후 며칠 동안은 힘이 없는 경우가 많습니다. 그래서 특히 축사사역에 있어서 영적 능력을 가늠하는 것이 중요합니다. 자신이 감당할 수 있는 악령의 수준이 있는 것입니다. 성령이 앞서서 하시게 해야 합니다. 그리고 강력한 영권으로 무장하여 대적 기도를 해야 합니다.

감당하지 못할 강한 악령을 만나게 되면 심각한 타격을 받게 될 뿐만 아니라, 심하면 귀신 들리게 될 수도 있습니다. 능력도 없는 스게와의 일곱 아들들이 함부로 귀신을 쫓으려다가 봉변만 당하였듯이, 능력이 되지 않는 상태에서 귀신을 섣불리 상대하려고 하다가 불행한 일을 당하는 경우가 있습니다. 귀신들린 청년을 불쌍히 여기고 믿음으로 귀신을 쫓아주려던 사모가 귀신 들려 고생한 경우가 있었습니다.

축사 사역자의 경우에 기본적으로 어느 정도의 귀신들은 감당할 수 있는 능력이 있지만, 계속 되는 영적 전투에서 많은 능력과 체력을 소진할 수 있습니다. 그런 경우에 더 강력한 악령을 만나게 되면 심각한 손상을 받을 수 있습니다. 악한 영의 공격을 단순히 영적 전이로 오해하여 사역자 자신에 대한 적절한 축사를 하지 않으면 계속 탈진을 경험하게 됩니다. 악한 영에 의해서 생긴 문제를 다룰 때마다, 심각한 영적 탈진을 경험하게 되면 자신에 대해 축사를 해야 합니다.

악한 영을 대적하여 몰아내지 않기 때문에 악령은 사역자를 얕잡아보고 계속 공격을 하게 되고, 그럴 때마다 영적 전이라고만 생각하고 아무런 대응을 하지 않으면 이런 고통은 계속 당하게 될 것입니다. 영적 전이는 환자가 가지고 있는 영적 문제에 대한 정보를 성령으로부터 받아서 효과적으로 사역을 할 수 있게 하기 위한 성령의 기능으로 주어지는 일종의 지식의 말씀인 것입니다.

그런데 사단은 사역자를 괴롭게 하기 위해서 손상을 주게 됩니다. 사역 초기에 또는 이런 사실을 제대로 이해하지 못하는 사역자에게 마귀는 집요하게 공격을 하게 됩니다. 이렇게 되면 그 사역자는 영적 전이와 영적 손상을 함께 경험하게 됩니다. 그래서 자신에게 나타나는 모든 경험은 다 성령께서 주시는 영적 전이라고 믿어버리게 됩니다. 그 결과 육신적 고통을 계속 치르게 되는 것입니다. 더 나가서는 사역을 하지 못하게 되는 것입니다. 이를 흔히 '양신 역사'라고 부르는데, 성령과 악령이 그 사람을 함께 사용하는 것입니다.

그러나 이런 상태는 결국 오래 가지 못합니다. 사역자가 알아차리고 자신을 축사하고 관리하면 금방 없어집니다. 그러나 이런 사실을 제대로 파악하지 못하면 성령은 차츰 위축되고 악령의 역사가 더 강해지게 됩니다. 사단은 교묘하게 사역자를 속여서 그릇된 일을 하도록 만듭니다. 결과적으로 시간이 지나면 사역자의 타락으로 나타나게 됩니다. 인간 방법을 동원한 사역을 하게 됩니다.

그러다가 성령의 기름부음이 없는 사역자가 되어 필경에는 사역을 못하게 되는 것입니다. 이렇게 하는 것이 마귀의 목적입니다. 하나님의 일꾼을 타락시켜 사역에서 제외시키려는 것입니다. 영적 충격은 서서히 영적 능력을 소멸시켜 무기력하게 만들려는 사단의 전략이기도 합니다. 능력을 받아서 사역을 행하던 사람이 몇 년이 지나고 나면 무기력해져서 치유 사역을 더 이상 할 수 없게 되는 모습을 볼 수 있습니다. 이런 경우에 상당수는 이와 같은 과정에서 제대로 대처하지 못했기 때문에 있는 것도 **빼앗긴** 경우라고 볼 수 있을 것입니다. 그래서 사역자는 자신의 내면 관리에 힘써야 합니다. 그리고 깊은 기도로 심령이 항상 성령의 임재 가운데 있어야 합니다.

그래야 자신의 영성을 보존하며 건강을 유지하며 사역할 수 있습니다. 특히 축사 사역을 할 때는 성령의 강한 역사를 일으켜서 성령께서 하시도록 해야 합니다. 절대 자신의 의지로 사역을 하려고 하면 영락없이 영적 손상을 당하게 됩니다. 그러므로 사역자는 항상 성령의 충만과 내면관리에 힘써야 합니다. 기도가 깊어져서 자신의 영성을 맑게 유지해야 합니다. 그래야 사역시 악한 영의 공격을 받지 않고 자신을 보호 할 수가 있습니다. 자신을 보호하며 사역을 해야 사역자의 수명이 길어지고 길게 사역을 할 수가 있는 것입니다.

신적인 은사를 사용하려면 영감이 깊어져야 하고 영력이 있어야합니다. 영적 삶이란 성령의 일과 마귀의 일을 분별하는 능력을 길러내는 과정이라고 생각할 수 있습니다. 하나님의 아들 예수께서 오신 이유는 마귀의 일을 멸하고자 함이 아닙니까? 그리고 그의 제자들인 성도들 역시 마귀의 일을 멸하는 것이 의무입니다. 그러려면 마귀의 속임수를 파악해야 하며, 특히 성령의 일로 위장한 짝퉁을 분별해낼 줄 알아야 할 것입니다. 날이 갈수록 교묘해지는 사단의 전략 전술을 밝혀내고, 그 정체를 폭로하는 일은 영적 사역자가 할 일입니다. 말씀을 왜곡시키는 이단은 말씀 사역자인 신학자가 할 일이며, 육신적인 고통을 주어 무기력하게 하려는 사단의 음모는 능력 사역자가 폭로해야 할 영역입니다.

신학자와 능력 사역자가 서로 보조를 맞추어서 사단의 책략을 밝혀내어 성도들을 안전하게 지키는 것이 주님이 우리들에게 권세와 능력을 주신 목적이기도 합니다. 이단과 악령은 우리가 잠시, 조는 틈을 타서 가라지를 뿌리고 갑니다. 그래서 정신을 차리고 우는 사자처럼 다니는 악령들을 멸해야 할 것입니다. 깨어 기도하지 않고는 이런 일을 이길 장사가 없습니다. 정신을 놓으면 속아 넘어갈 수밖에 없는 짝퉁들이 너무 많습니다. 더 상세한 것은 **"영적피해 방지하기"**책을 참고하시기를 바랍니다.

25장 신적인 질병으로 고통을 당한다.

　많은분들이 신병과 무병으로 고통을 당합니다. 여러분도 잘 아시겠지만 신병 무병은 병원이나 세상 다른 방법으로 치료가 불가능합니다. 저에게 62세가 되신 여성분이 42살 때부터 무병으로 고통을 당하면서 무당 굿을 10번 이상 했는데 이제는 무당굿을 해도 고쳐지지 않았습니다. 병원에 병명이 나오지 않는 신병입니다. 병원과 한약방을 그렇게 많이 다녀도 치유가 되지 않습니다. 이제 무당 굿을 해도 효험이 없습니다. 할 수가 없어서 예수를 믿고 예수님의 은혜로 고치겠다고 저의 충만한교회로 전화한 다음에 제가 충만한 교회 오면 치유가 된다고 했더니 왔습니다.

　제가 지금 증상을 종이에 적어서 달라고 했더니 이렇게 적어서 줬습니다. 우선 왼쪽 팔다리가 아프고, 저리고, 머리가 아프고, 5년 동안 밤에 잠을 못 자서 불면증 약을 먹고 있으며, 눈이 빠질 듯이 아파서 신문이나 책이나 성경을 보지 못합니다. 머리가 벌집 터져 벌 때가 날아다니는 것처럼 윙윙 소리가 나고 머리가 어지럽고 아픕니다. 어깨가 아프고 등 쪽 척추, 허리가 아프고, 무릎 관절도 매우 아프고, 골반도 매우 아프고, 목도 아프고 위장도 아픕니다.

　온몸이 기운이 빠지면서 무기력해지고, 온몸이 찌릿찌릿 저리면서 통증이 오고, 가슴이 답답하고 불안하고, 우울하고, 온몸에 벌레가 기어다니는 것처럼 가렵고 고통스럽습니다. 갈비뼈 안에 통증이 있어요. 가끔 으스스 춥고 소름이 끼칠 때도 있고, 속이 울렁거리면서 메슥거릴 때도 있어요. 아주 온몸이 종합 질병입니다. 그래서 제가 예수님을 영접시키고 치유를 시작하여 지금 3달이 되었는데 정말로 기적처럼 상태가 호전되어 웃으면서 교회를 다니고 있습니다. 이렇게 무병이라 하는 질병은 뚜렷한 이유 없이 온몸이 쑤시고 아픕니다. 머리가 자주 아프고 잠을 제대로 못 자고, 몹시 피곤해 몸이 파김치가 되곤 합니다. 손이나 발에 감각이 없거나 뻣뻣하고 저릿한 느낌이 듭니다. 영문도 모른 채 이처럼 고통을 겪다 보면, 뚜렷한 종교가 없는 사람은 번민에 휩싸일 수 있다는 것이 사실입니다.

영적 질환인 빙의, 무병, 신병은 현대의학의 진단 방법으로 검증하여 어떠한 병이라고 말할 수 없는 한계가 있습니다.

많은 분들이 저에게 와서 왜 예수를 믿어도 신병 무병이 해결되지 않습니까? 질문을 합니다. 하나님은 우리에게 복을 주시는 하나님이십니다. 그런데 왜 예수를 믿었는데도 환란과 고통을 당하면서 살아가는 것일까요? 그것은 한마디로 영적으로 무지하기 때문입니다. 그래서 하나님은 이 백성이 지식이 없어서 망한다고 하셨습니다. (호 4:6) "내 백성이 지식이 없으므로 망하는 도다 네가 지식을 버렸으니 나도 너를 버려 내 제사장이 되지 못하게 할 것이요 네가 네 하나님의 율법을 잊었으니 나도 네 자녀들을 잊어버리리라"

지식은 하나님을 아는 지식을 말합니다. 우리가 예수를 믿고 하나님의 복을 받으면서 살아가려면 하나님에 대하여 바르게 알아야 합니다. 여기서 하나님을 안다는 것은 지식적으로 아는 것이 아니고 하나님을 체험하는 것을 말하는 것입니다. 몸으로 하나님을 느끼는 것을 안다고 하는 것입니다. 하나님은 우리(성도)에게 소원을 두고 행하시는 하나님이십니다. 지금 당신이 당하고 있는 환란과 고통은 모두 죄 성과 마귀로부터 말미암은 것입니다. 그래서 환란과 고통의 원인을 바로 알고 해결하려고 영으로 기도해야 하는 것입니다. 예수를 믿는 우리가 영육의 문제를 치유하고 행복한 삶을 살아가려면 먼저 우리에게 성령의 역사가 일어날 수 있도록 신적인 준비가 있어야 합니다.

하나님은 믿고 기도하고 순종하는 사람들을 영육의 고통에서 해방되게 하십니다. 자신에게 와서 역사하는 문제의 치유는 본인이나 사역자가 하는 것이 아닙니다. 말씀과 성령의 역사로 하는 것입니다. 성령이 역사하실 수 있도록 자신을 준비하십시오. 그리고 내가 왜 예수를 믿으면서도 환란과 고통을 당하면서 살아가고 있는지를 바르게 알아야 합니다.

첫째, 신적으로 무지하기 때문이다. 신적인 무지는 문제를 육으로 보기 때문에 치유할 수가 없습니다. 모든 문제의 배후에는 신적인 문제가 결부되어 있습니다. 육의 눈으로는 신적인 문제를 찾아 낼 수가 없는 것입니다. 한마디로 영의 눈이 감겨서 신적인 세계에 인정하지 않기 때문입니다. 영의 세계는 말씀과 성령으로 영안이 열려야 알 수 있습니다. 보이는 면만 보고 판단하는 수준으로는 자신에게 와 있는 문제를 해결할 수가 없습니다. 인터넷이 눈에 안보이지만 컴퓨터를 통과하면 화면에 나타나는 것처럼, 영의 세계도 보이지 않지만, 사람을 통하면 각각 보이는 특성이 나타납니다. 악한 영이 사람을 통하면 악한 것이 나타나고, 성령이 사람을 통하면 성령의 특성이 나타납니다. 고로 인간에게 문제를 일으키는 배후에는 악한 영이 있습니다. 그러므로 영의 세계를 무시하면 인간이 당하는 문제의 근본을 알 수가 없습니다. 문제의 근본을 알지 못하니 해결할 수가 없는 것입니다. 문제 뒤에는 영적 세계가 결부되어 있다는 것을 인정해야 근본을 해결 할 수가 있습니다.

그래서 자신의 문제 뒤에 영의 세계가 결부되어 있다는 것을 알지 못하는 사람에게서 절대로 문제를 해결할 수가 없습니다. 치유는 본인에게 문제가 있다는 것을 인정해야 치유를 할 수가 있는 것입니다. 사람에게 역사하는 문제의 근본을 해결하려는 본인의 의지가 있어야 합니다. 이를 인정하지 않으면 절대로 문제를 해결할 수가 없습니다. 자신에게 일어나는 문제를 인간적인 차원으로 보아도 타당한 원인을 알 수 있기 때문에 신적인 원인을 무시하는 것입니다. 질병의 예를 든다면 신경성 위장병, 우울증, 간경화, 이렇게 타당한 병명이 있다는 것입니다. 영의 눈으로 바라보면 신적인 세계가 결부되어 있습니다.

인간 세계에서 일어나는 일들이 단순히 물질세계와 인간세계의 관계에 의해 일어나기보다는 물질(자연)세계와 인간세계와 신적인 세계 차원의 관계성에 의해 발생합니다. 그래서 우리는 문제를 해결하려고 할 때 보이는 현상만 가지고 문제를 해결하려고 하면 안 된다는 것입니다. 한 단계 더 깊은 신적인 차원으로 문제의 원인을 찾아 해결방법을 강구해야 하는 것입니다.

그래서 우리의 주변에서 일어나고 있는 일들을 분석하고 결정하고 해결하는데 있어서, 단순히 인간적이고 물질적인 영역에서 벗어나서, 한 차원 더 깊은 영적 차원에서 살펴보는 자세를 지녀야 합니다. 이는 습관이 되어야 합니다. 문제를 해결하려 할 때, 신적인 문제가 무엇이 있는지를 볼 줄 알고 분별할 줄 알아야 합니다. 그래야 문제의 원인을 바르게 알고 처방할 수가 있는 것입니다. 즉, 영적 세계를 볼 줄 아는 영 안이 열려야합니다.

그래서 인간적인 차원으로 문제를 바라보는 사람에게서는 절대로 신적인 문제를 찾을 수도 해결할 수도 없습니다. 인간적인 사람은 항상 합리를 추구하기 때문입니다. 그래서 마귀가 합리를 가지고 사람을 미혹하는 것입니다. 신적인 것은 합리적이지 못합니다. 단지 성령으로 거듭난 영의 차원으로 보아야 이해가 되는 것입니다. 그러므로 신적인 무지는 문제를 해결하는데 대단한 저해요소가 되는 것입니다.

인간의 모든 문제를 해결함에 있어서 신적인 차원을 무시하면 해결할 방법이 없습니다. 임시방편적인 조치 밖에 할 수가 없다는 것입니다. 근본적인 치유를 하려면 반드시 신적인 차원을 고려해야 가능한 것입니다. 다시 말하면 인간의 모든 문제의 뒤에는 마귀가 있습니다. 그러므로 마귀역사를 인정하지 않는 무지는 문제해결을 방해하는 것입니다. 문제를 해결하려면 영의 세계를 인정하고, 한 차원 깊게 보아야 근본 뿌리를 뽑을 수가 있는 것입니다. 인간의 모든 문제 뒤에는 마귀가 저주하고 있다고 보아야 문제를 바르고 정확하게 해결할 수가 있는 것입니다. 모든 문제의 배후에는 마귀가 있기 때문입니다. 이는 아담이 하나님의 말씀을 믿지 못하고 의심하다가 선악과를 먹었기 때문입니다. 인간이 선악과를 먹음으로 하나님과 관계가 끊어져서 마귀의 저주가 온 것입니다. 고로 모든 인간의 문제 배후에는 마귀가 역사하고 있는 것입니다.

사람에게 역사하며 저주하는 모든 귀신들은 법적, 성경 적 근거를 보유하고 있습니다. 성경적 근거는 귀신이 자신에게 들어오도록 문을 열어준 죄가 있다는 것입니다. 아무리 성령으로 충만했던 성도라도 하나님의 말씀에 불순종하면 죄가 됩니다. 죄를 지으면 하나님과 멀어지므로 옛 주인인 귀신이 들어오는 문을 여는 것입니다. 육체로 하는 것은 모든 것이 죄입니다. 그러므로 죄를 지으면 사람이 육체가 됨으로 옛 주인이 귀신이 틈타는 것입니다. 성경에 귀신들이 성도를 저주하였습니다. 예를 든다면 열여덟 해 동안이나 귀신 들려 앓으며 꼬부라진 사람을 보면 알 수가 있는 것입니다(눅13:10-13).

성도라도 죄를 지으면 귀신이 틈탄다는 것입니다. 죄는 사람을 육체로 돌아가게 하는 것입니다. 하나님은 영이시기 때문에 사람이 육체가 되면 상관할 수가 없습니다. 그래서 죄를 지어 하나님에게 멀어지면 마귀가 침입한다는 것입니다. 마귀가 와서 하는 일은 저주입니다. 저주란 죄의 결과입니다. 죄를 지어 육체가 되어 하나님에게서 멀어지니 마귀가 들어오는 것입니다. 잠언서 3장 33절에 보면 "악인의 집에는 여호와의 저주가 있거니와 의인의 집에는 복이 있느니라"는 말씀이 있습니다. 이는 이렇게 해석해야 맞는 것입니다. 사람이 악하게 행동하면 죄이므로 육체가 됩니다. 창세기 6장 3절에 보면 "여호와께서 이르시되 나의 영이 영원히 사람과 함께 하지 아니하리니 이는 그들이 육신이 됨이라 그러나 그들의 날은 백이십 년이 되리라 하시니라" 하셨습니다. 육체가 되니 하나님이 함께하지 않는 것입니다. 그러니 옛 주인인 마귀가 사람에게 와서 저주를 하는 것입니다.

율법에 보면 죄를 지으면 죽는다고 되어있습니다. 이는 인간이 죄를 지어 육신이 되니 하나님에게 떨어지기 때문에 저주입니다. 죄를 지으면 하나님과 상관이 없는 육신이 된다는 뜻입니다. 하나님은 영이시기 때문에 육신과는 관계할 수가 없습니다. 사람이 육신이 되니 영이신 하나님과 관계가 멀어지는 것입니다. 하나님이 사람에게서 멀어지니 육신의 옛 주인인 귀신이 점령하여 저주하는 것입니다. 그러므로 저주는 하나님에게서 떨어지는 것입니다.

절대로 하나님이 저주하는 것이 아닙니다. 하나님은 육신이 된 인간과 상관할 수가 없습니다. 하나님은 영이시기 때문입니다. 그래서 사람이 죄를 지어 하나님에게서 떨어지니 마귀가 저주하는 것입니다. 하나님에게서 떨어진 사람은 마귀의 저주를 당하다가 지옥으로 것입니다. 즉, 하나님에 계시지 않는 지옥으로 가는 것이 저주입니다.

세상에 예수를 믿지 않는 사람은 모두 저주 받은 인생입니다. 모두 마귀의 저주를 당하다가 지옥으로 간다는 것입니다. 반드시 예수를 믿고 죄 문제를 해결해야 하나님에게 갈 수가 있습니다.

반대로 의인은 죄를 해결 받은 영의 사람입니다. 죄 문제가 해결되어 영의 사람이기 때문에 하나님과 교통하며 하나님의 보호아래 살수가 있는 것입니다. 당연히 하나님 안에서 복을 받는 것입니다. 그래서 우리가 저주를 받느냐, 복을 받느냐는 죄를 지어 육체가 되느냐, 죄를 해결하고 의인이 되느냐의 차입니다. 그래서 영육의 문제로 고통을 당하는 사람은 죄가 있어서 귀신이 저주하고 있으므로 먼저 죄 문제를 해결해야 문제가 해결되는 것입니다.

죄 문제를 해결한다는 것은 회개하는 것입니다. 회개는 예수를 믿는 것입니다. 죄인이기 때문에 예수가 당연히 필요한 것입니다. 회개해야 근본 문제가 해결된다는 것은 문제 뒤에서 역사하던 귀신이 떠나갈 수 있는 조건이 되었다는 것입니다. 회개하고 하나님에게 나와서 하나님이 주신 권세를 가지고 자신이 죄를 지을 때 와있는 귀신과 싸워야 합니다. 그래서 문제를 해결하려면 신적인 세계를 인정하고 귀신이 역사하도록 문을 열어준 죄악을 회개해야 귀신이 떠나가고 문제가 해결될 수가 있는 것입니다.

둘째, 신적 세계를 잘 모르기 때문이다. 예수 믿는 사람에게 악한 영이 틈타지 않는다는 구절은 성경 아무 데도 없습니다. 악한 영이 예수 믿는 사람에게 침입할 수 없다는 주장은 신적인 세계를 모르고 하는 말입니다. 이는 신적인 지식이 부족한 지극히 안일하고 육신적인, 3차원에서 나온 생각일 뿐입니다. 나에게도 악한 영의 역사가 있을 수 있다고 인정해야 합니다. 우리는 모두 예수를 믿기 전에 이 세상 풍조를 따르고 공중의 권세 잡은 자를 따랐습니다. (엡 2:2) "그때에 너희는 그 가운데서 행하여 이 세상 풍조를 따르고 공중의 권세 잡은 자를 따랐으니 곧 지금 불순종의 아들들 가운데서 역사하는 영이라"

그러므로 예수를 믿기 전에 나에게 들어와 집을 짓고 있던 악한 영이 있을 수 있다고 인정해야 합니다. 그리고 악한 영을 몰아내려는 의지가 있어야 합니다. 무엇보다도 우리의 가문에 대물림된 문제의 뒤에는 귀신의 역사가 있다는 것을 인정하는 것이 중요합니다. 우리가 우리의 가문에 일어나는 수많은 고통스러운 문제 뒤에 그것을 조종하는 마귀가 있다는 것을 깨닫는 것만 해도 벌써 마귀를 이긴 것입니다. 성도는 4차원 이상의 신적인 세계를 알고 대처해야 하는 것입니다.

우리가 예수를 믿고 불같은 성령세례를 체험하면 그때부터 마귀와의 일전이 시작됩니다. 이는 피할 수 없는 일전입니다. 우리의 옛 사람의 주인이던 마귀와 신적인 전쟁을 해서 이겨야 대물림된 영육의 문제가 떠나가는 것입니다. 말씀이 육신이 되어 이 땅에 오신 예수님도 성령으로 세례를 받고 40일 동안 주리시면서 마귀와 일전을 치루셨습니다. 그러나 예수님은 말씀과 성령이 충만함으로 세 번의 마귀 시험을 이기셨습니다. 그러므로 예수를 믿고 성령으로 세례를 받은 우리도 마귀와의 일전을 치러 마귀의 역사를 끊어내야 하는 것입니다.

우리가 성령을 받고 우리의 권위가 회복되어 본래의 지위로 복귀되면 성령의 권능에 의하여 마귀가 사람에게 지배를 당합니다. 우리가 성령의 인도를 받으면서 마귀와 일전을 치루기 때문에 종국에는 마귀를 이기게 되는 것입니다. 그러므로 마귀의 시험이 아무리 강해도 굴복하지 말고 끝까지 싸워서 이겨야 되는 것입니다.

그런데 제가 지금까지 임상적으로 경험한 바로는 끝까지 싸워서 승리하는 성도가 많지 않다는 것입니다. 참으로 안타까운 일입니다. 그래서 우리는 마귀를 이기기 위하여 항상 예수님을 찾고 구하고 예수님을 나의 주인으로 모시고 말씀에 순종해야 하는 것입니다. 그래야 하나님의 권세로 마귀를 밟으며 하나님의 일을 할 수 있는 것입니다.

그래서 말씀과 성령으로 거듭난 성도가 영 육 간에 문제가 있을 때 '아 이것은 사람이나 환경이 나빠서 그런 것이 아니라, 배후에 이것을 조종하는 마귀가 있구나.' 하면서 의사가 병의 근원을 알게 되면 처방 할 수 있는 것처럼, 시험과 환난과 고통의 배후에 사탄이 조종하고 있다는 것을 성령의 은사인 지식의 말씀으로 알게 되면 대적할 수 있는 것입니다. 사람이 아니고 마귀가 하는 일이면 인간의 힘이 아닌 기도와 말씀과 성령 충만과 예수님의 보혈의 능력으로 대적할 때 마귀는 떠나갑니다. 거미가 없어지면 거미줄도 사라지는 것처럼 사탄이 떠나간 곳에는 하나님의 의와 평강과 희락만 가득하게 될 것입니다. 말씀과 성령으로 신적인 권세를 회복하여 마귀를 내 몸과 가정과 교회에서 몰아내야 합니다.

26장 정신적인 질병으로 고통을 당한다.

지금 세상에는 예수를 믿고 예배당에 다니는 사람들이 정신적인 문제로 저에게 전화하시는 분들이 많습니다. 나이가 많은 노인도 계시고, 중년도 계시고, 20대 이내 젊은 사람들도 있습니다. 모두 세상에서 살면서 상처 스트레스를 받아 자율신경이 균형을 잡지 못한 연고입니다. 세상이 복잡하고 사람 만나는 것이 두려워 믿음 생활을 정상적으로 하지 못하여 발생하는 것으로 생각이 됩니다. 정신병은 겉으로 드러나거나 말거나, 세간에 널린 정신질환에 대해 무식 덕에 제대로 인지하지 못하기 일쑤라, 일부 사람들은 정신병의 개념을 전면 부정하여 꾀병 취급을 하거나, 치료가 아닌 의지력이나 처벌만으로 해결이 가능하다고 생각하기도 합니다. 하지만 그런 생각은 엄연히 오산입니다. 잊지 말아야 합니다. 정신질환은 의지의 병이 아닙니다. 정신이 무너지면 뇌도 무너지는 것이 정신질환이며 반드시 정신질환을 전문으로 치료하는 목회자나 전문의와의 상담을 통해 해결해 나가야 합니다.

정신질환은 의지의 병이 라고 하는 것은 사고로 다리를 잃은 사람한테 걷다 보면 저절로 나아진다고 말하는 것과 똑같습니다. 사실 본인이 직장 근무나 학업에 매진하는 게 아니면 성령의 역사로 온몸 집중 기도하며 안수받으며 치료하고, 정신건강의학과에 가서 약물치료와 심리치료만 계속 해도 경증은 2-3개월, 중증은 길어봐야 1년 이내로 완치가 가능하지만, 보통은 거의 다 직장 근무나 학업에 전념하기 때문에 이 과정에서 오는 스트레스를 견디려면 성령 안에서 기도하며 심리치료와 약물치료가 병행되어야 합니다. 정신질환자에 대한 부정적 시선이 환자로 하여금 치료 거부를 느끼게 유도하고 그 상태로 방치된 환자는 결국 충동적으로 범행을 저지르는 것입니다.

교회 예배당에도 정신질환과 우울증으로 고통을 당하는 분들이 상상외로 많다고 합니다. 세상 살아가는 것이 상처이고 스트레스이므로 자연스럽게 상처와 스트레스를 해소하지 못함으로 인하여 정신질환이나 우울증, 불면증으로 고생을 하고 있습니다. 또 다른 문제는 예수님을 믿고 교회 예배당에 나가는 성도의 의식이 정신질환이 있어도 옆에 있는 성도들이 알아차릴까봐 숨기기에 급급하기 때문입니다. 정신질환이라고 하면 사람들의 인식은 냉혹합니다. 사회적 인식이 발달됨에 따라 일단 상대가 정신질환이 있다는 것을 알면 무턱대고 비하하거나 혐오하는 경향은 많이 없어졌지만 "정신병자"라는 단어가 당연하다는 듯이 욕으로 사용되는 것에 알 수 있듯이, 정신질환자를 기피하는 것은 여전하며 정신질환에 무지할 경우(비록 직접적으로 드러내지는 경우라도) 불가피한 질병이 아닌 꾀병이나 의지가 약하다는 변명으로 받아들이는 경우가 많습니다.

또 영적, 정신적으로 무지한 목회자들이 귀신 들렸다고 귀신만 쫓아내려고 이리저리 방황하다가 사람 노릇을 못하게 하는 경우도 많습니다. 반대로 정신과 약만 의존하여 치료를 하라고 조언하기도 합니다. 필자가 체험한 바로는 정신건강의학과 약도 어느 정도 시기까지 기술적으로 복용을 하면서 성령으로 영적 치유를 병행하니 쉽게 정상으로 회복이 되더라는 것입니다. 우리 목회자들이나 성도님들은 정신질환에 대한 전문성을 가지고 지혜롭게 판단해야 합니다.

무차별적인 혐오를 자제하자는 측에서도 사회적 피해를 막기 위해 정신질환자를 비질환자와 격리해야 한다고 주장하기도 하는 등, 정신질환자를 일종의(비자발적) 잠재적 가해자나 일반적인 방법으로는 손을 쓸 수 없는 자연재해 취급하는 시선 때문에 미리 치료할 수 있는 사람들조차도 사회적 시선이나 불이익이 두려워 심해진 후에야 치료를 시작하기도 합니다. 분명이 알아야 할 사실은 정신질환이 있다는 것은 인성이 나쁘다는 것이 아니며, 아무리 비질환자의 입장에서 정신질환자들의 증상이 이해되지 않더라도, 그것이 사람을 무시해도 된다거나 배척하는 것이 정당화될 수는 없다는 것입니다. 인성은 개개인의 차이일 뿐 정신질환 환자를 차별하는 것을 정당화 할 이유가 되지는 않으며, 오히려 정신질환을 앓는 다는 이유로 따돌림을 당하거나 온갖 부정적인 말에 시달려, 그것이 사람의 사회성을 저하시키는 원인이 되기도 합니다. 이것은 선천적으로 사람의 인성이 나쁜 게 아닌, 사회적인 편견과 혐오가 오히려 가해자를 만드는 것이나 마찬가지입니다. 더불어 어느 누구든 예측 불가한 경로로 정신질환을 얻게 될지는 알 수 없는 것이고, 사실 알고 보면 정신질환은 은근 흔하다는 것도 알아

두는 것이 좋습니다. 아니 자신도 정신질환 환자일 수가 있다는 것입니다.

정신질환이나 우울증은 마음의 큰 충격이나 상처와 스트레스로 인하여 발생한다고 보아야 합니다. 스트레스를 받으면 초기에는 그로 인한 불안 증상(초조, 걱정, 근심 등)이 발생하고 점차 우울 증상이 나타나게 됩니다. 대부분의 경우 불안이나 우울 증상은 일시적이고 스트레스가 지나가면 사라지게 됩니다. 그러나 스트레스 요인이 너무 과도하거나 오래 지속되는 경우, 개인이 스트레스 상황을 이겨낼 육체 힘이 약화 되어 있는 경우에는 각종 정신질환으로 발전할 수 있습니다. 스트레스로 인해 흔히 생길 수 있는 정신질환은 적응장애, 불안장애, 기분장애, 식이장애, 성기능장애, 수면장애, 신체형 장애, 알코올 및 물질 사용 장애 등이 있습니다. 우리나라 주부들에게 흔한 화병도 스트레스와 매우 밀접한 정신질환으로 볼 수 있습니다.

신체질환의 경우도 스트레스와 밀접한 연관이 있습니다. 내과 입원 환자의 70% 정도가 스트레스와 연관되어 있다는 연구를 볼 때, 스트레스가 신체질환의 발생 원인이나 악화 요인으로 작용한다는 사실은 이미 잘 알려져 있습니다. 이런 경우 정신과적으로 정신신체장애라는 진단을 붙이게 됩니다. 정신-심리적인 요인에 의해 신체적인 질병이 발생하거나 악화될 경우에 붙이는 병명으로 정신-심리적 요인에 의해 치료 결과도 큰 차이를 보입니다. 장기간 스트레스를 받으면 면역 기능이 떨어져 질병에 걸리기 쉬운 상태가 됩니다. 다양한 정신신체장애의 발병과 악화는 물론이고 암과 같은 심각한 질환도 영향을 많이 주는 것으로 알려지고 있습니다.

세상에 상처 스트레스를 치료하는 약은 없습니다. 상처와 스트레스 뒤에는 영적인 문제가 결부되어 있기 때문입니다. 그러기 때문에 세상 정신건강의학과의 진료로서는 상처와 스트레스로 인하여 발생한 문제들을 다스릴 수가 없습니다. 이는 반드시 예수님을 믿고 예배당에 나와서 예배드리며 기도하다가 성령으로 세례를 받고 지속적으로 기도하다가 보면 성령의 역사로 상처와 스트레스가 정화되면서 영적-정신적- 육체적으로 건강하게 되는 것입니다. 이유는 성령 안에서 온몸으로 기도하면 성령의 역사로 뇌에 끼어있는 상처가 정화되면서 점점 정상적인 기능을 발휘하게 되기 때문입니다. 성령 안에서 온몸으로 기도하면 치매가 치료되는 것도 이런 이치입니다. 이를 깨닫지 못한 성도들이 정신건강의학과만을 의존하여 정신과 약으로 치료가 되는 것으로 알고 있는 경우가 많습니다. 정신과 약은 치료제가 아니고 신경전달물질을 조절해 주는 약입니다.

정신과 의사를 전적으로 매달릴 수가 없다는 것입니다. 물론 정신질환으로 고생하는 성도들은 정신건강의학과 약의 도움도 받아야 하지만 교회 예배당에 나가서 예배를 드리면 성령 안에서 오래 기도하며 성령 치유를 병행해야 합니다. 성령 안에서 온몸으로 기도하면서 보물인 예수님으로 충만하게 채우는 성령 치유가 영적-정신적-육체적으로 건강하게 합니다.

정신질환은 불치병이 아닙니다. 문제는 정신질환이 환자에게 심적 고통을 지속적으로 가하며, 고통에서 받는 스트레스가 정신질환을 악화시킨다는 점에 있습니다. 무슨 말 인가하면 자신 안에 숨어있는 정신질환을 일으키는 근본 존재가 외부에서 상황이 일어나도록 조장한다는 것입니다. 예를 든다면 혈통에 역사하는 정신질환을 일으키는 존재들이 아기가 임신했을 당시부터 산모가 스트레스를 받게 만들어서 태교를 정확하게 하지 못하도록 밖에서 상황을 만든다는 것입니다. 예를 든다면 남편이 술을 먹고 산모를 괴롭게 한다든지, 시부모나 친정 부모가 산모를 괴롭게 하는 것입니다. 이래서 산모가 스트레스가 심하여 태중의 아기가 정상적으로 태교를 하지 못하게 합니다.

태어나서도 지속적으로 불안정한 상황이 일어나도록 합니다. 침대에서 떨어지게 한다든지, 동전을 삼켜서 목에 걸리게 한다든지, 떡을 먹다가 목에 걸리게 한다든지, 자주 놀라게 하는 상황이 일어난다든지, 하면서 귀신들이 자신들의 거처를 확장하여 가는 것입니다. 이렇게 놀라게 되면 순간 숨을 쉬지 못하게 됨으로 심장 손상과 뇌 손상이 생기게 하여 아기가 정상적인 지능을 발휘하지 못하고 저능아가 되게 하기도 합니다.

태중이나 어려서 심장이 손상되었기 때문에 심장이 약하면, 잘 놀라고 얼굴이 쉽게 붉어지는 편이며, 심장이 쿵 내려앉는 느낌, 심장이 자주 두근거리는 증상이 나타나기도 합니다. 가슴이 두근거림이 자주 나타날 땐 밤에 엎드려 잠을 자거나 옆으로 누워 잘 때 자신의 심장박동이 이불에 전달되어 느껴지기도 합니다. 그리고 심장 리듬이 불규칙하게 뛰기도 하는데, 한 번씩 중간에 쉬기도 합니다. 이를 부정맥이라고 합니다. 이외에도 심장이 너무 **빨**리 뛰거나 너무 느리게 박동하는 것도 부정맥의 양상입니다. 진맥 시 맥이 약하게 잡히는 것은 심장이 약할 때 나타나는 증상입니다. 심장이 약하면 불안이나 우울의 감정이 잘 생기고 집중력이 떨어지고 잠이 잘 안 오게 됩니다. 잠이 쉽게 들지 못하거나 중간에 자주 깨고 자고 나면 생각도 안 나는 꿈을 많이 꾸는 것 모두 불면증이라 할 수 있습니다. 맥이 약하다는 얘기는 그만큼 심장에서 흘러나온 혈액 양이 적다는 뜻으로, 심장이 한번 수축할 때 흘러나오는 혈액량이 증가한다면, 세포나 근육이 신선한 산소와 영양분을 더 많이 활발히 제 기능을 다하게 됩니다. 따라서 심장으로부터 충분한 혈액이 세포나 근육으로 전달되어야 만성피로도 해소할 수 있는 것입니다. 이렇게 상처와 스트레스는 뇌손상을 가하여 전두엽 기능이 약하게 하여 저능아가 되게 하기도 합니다. 나이가 들면 치매로 진전되기도 합니다. 심장 손상이 되게 하여 심장 부정맥이나 불안이나 우울의 감정에 **빠**지게 하고, 불면증이나 집중력이 약해지기도 합니다. 이렇게 태중에서나 유아 시절이나 소년 소녀 시절에 받은 충격은 여러 가지 정신적 육체적 영적인 문제를 만들어 내는 것입니다. 이래서 정신건강의학과의 치료만으로는 한계에 부딪치게 되는 것입니다. 상처 스트레스로 인한 영적인 문제가 결부되었기 때문입니다.

그래서 필자가 늘 강조하는 것이 초기에 발견하는 것이 치료의 지름길이아고 하는 것입니다. 초기에는 성령의 역사에 의한 내면의 상처를 지속적으로 치유하면 무의식이 정화되면서 뇌 기능과 심장 기능이 회복이 되기 때문입니다. 이는 우리 교회에 다니는 성도님들은 모두가 이해하는 것입니다. 왜냐하면 체험을 했기 때문입니다. 초기에 성령 안에서 집중 온몸기도를 하니 충격으로 일어난 비정상적인 상태가 성령의 강한 역사에 의하여 정상으로 회복이 되어 정신과 약을 먹지 않고 완치가 되었기 때문입니다.

그러나 성령 안에서 온몸기도로만 치유가 불가능할 경우도 있습니다. 이는 성령의 역사가 약하거나 상처가 깊어서 치유가 되지 않는 경우라고 생각합니다. 필자는 성령치유사역자의 미숙이라고 말할 수도 있습니다. 치유목회자가 많은 임상적인 경험이 있다면 쉽게 치유된다고 생각합니다. 그러나 임상적인 경험이 적고 사람의 내면세계에 대하여 지식이 부족하여 무조건 귀신 역사라고 귀신만 축사하려고 하기 때문입니다.

이러한 경우에 환자는 영적치유 만을 고집하지 말고 정신건강의학과에 가셔서 정신과에서 처방해 주는 항우울제나 신경안정제 등을 기술적으로 복용하면서 성령 치유를 받으면 좀 더 쉽게 자유 할 수가 있습니다. 그래서 성령의 역사에 의한 내면 치유가 중요한 것입니다. 필자가 25년이란 세월 동안 정신질환환자를 개별적으로 치유하면서 체험한 사실은 이렇습니다. 전두엽이 손상되어 정상적인 삶을 살아가지 못하던 분들이 지속적으로 성령 안에서 집중 치유기도를 하면서 안수를 받으니 전두엽이 정상으로 되면서 정상적인 생활을 할 수 있도록 지혜로워지고 똑똑해지고 기억력이 좋아져서 사람이 달라지더라는 것입니다. 치매가 나타나던 분들도 지속적으로 성령 안에서 집중 치유기도를 하면서 안수를 받으니 정상적인 생활을 할 수 있게 되더라는 것입니다. 심장에 문제가 있던 분들이 지속적으로 성령 안에서 집중치유기도를 하면서 안수를 받으니 심장이 약해서 불안이나 우울의 감정이 잘 생기고 집중력이 떨어지고 잠이 잘 안 오는 불면증이 치유가 되어서 정상적인 삶을 살아가게 되더라는 것입니다.

그러하기 때문에 정신질환이 발생하면 당황하지 말고 주변에 정신건강의학과의 도움도 받으면서 성령 치유를 전문으로 하는 목회자, 사람의 내면세계를 정확하게 알고 치유를 전문으로 하는 목회자를 찾아서 치유를 하면 쉽게 정상적인 삶을 살아가는 사람이 되는 것입니다. 하나님은 하나님의 사람을 통하여 자녀들을 치유하십니다. 그렇기 때문에 정신질환으로 고생하시는 분들은 자신의 문제를 치유해 줄 하나님의 사람을 만나야 합니다. 무조건 조금 능력이 있다는 사람을 만나서 원시적인 방법으로 금식하면서 귀신만 쫓아내려고 하지 말아야 합니다. 자꾸 시간이 가면 갈수록 정신질환이 악화 되어 나중에는 걷잡을 수 없는 사람 노릇을 못하는 지경에 처하기도 합니다.

정신질환을 치유하려면 이렇게 해보시기를 바랍니다. 제가 지난 25년이 넘도록 정신적인 문제로 고생하던 분들을 치유하면서 내린 결론은 이렇습니다. 제가 정신질환 치유하면서 어떻게 하면 이 사람들을 완전 치유를 할 수 있을까 고민도 많이 하고 기도도 많이 하고 환자를 치유하면서 임상적인 경험도 많이 했습니다. 귀신 역사와 정신질환으로 12-15년 이상 고생한 분들은 참으로 완치가 어렵습니다. 이유는 귀신이 의지를 장악했기 때문입니다. 집중치유 기도를 할 때 주여! 주여! 하면서 소리를 내면서 기도하라고 하면 목사님 성대가 문제가 있어서 소리를 내지 못합니다. 이런 말을 할 때 참으로 대책이 없습니다. 기도하라고 하면 기도에 집중하지 못합니다. 안수하고 기도를 돕는 저의 말에 순종을 잘해야 합니다. 그래야 성령의 역사가 일어나 성령세례나 성령 충만이 이루어집니다. 환자의 의지에 따라 성령이 역사하시기 때문입니다. 그래야 성령의 역사가 일어나 내면의 상처가 치유면서 정상적인 상태로 돌아갈 수가 있습니다. 그렇다고 단 기간에 치유되는 것이 아니고 1년 이상 집중적인 치유를 받아야 합니다. 절대로 인내해야 합니다.

　이렇게 오랫동안 고생한 분들은 정신건강의학과 약을 끊으면 절대로 안 됩니다. 약을 끊으면 며칠은 치유가 된 것 같이 보입니다. 본인도 아주 좋다고 합니다. 그러나 며칠일 뿐이고 악화가 되어 정신병원에 입원을 해야 될 정도로 악화가 됩니다. 교회 봉사하고 신학을 해도 치료는 안 됩니다. 그렇기 때문에 약을 복용하면서 집중 치유를 계속해야 합니다. 집중치유기도를 하는데 안수하고 치유하고 지도하는 사역자가 깊은 영적인 상태에 있어야 환자가 깊은 영적 상태에 들어 갈 수가 있습니다. 약을 복용하는데 기술적으로 복용해야 합니다. 기술적으로 복용하는 것은 저에게 찾아오면 알려드릴 수 있습니다.

그리고 정신건강의학과도 마찬가지입니다. 정신과 약은 병원마다 다른 약을 사용합니다. 다 똑 같은 약이 아니고 병원마다 다른 정신과 약을 사용한다는 것입니다. 자신의 증상에 맞는 약이 있다는 것입니다. 모든 병은 자신의 병에 맞는 약을 사용해야 치유가 되는 것입니다. 이는 암에 걸려서 고통을 당해보신 분들은 쉽게 이해가 될 것입니다. 정신질환도 자신에게 맞는 약이 있다는 것입니다. 그렇기 때문에 정신과 약을 먹고 부작용이 일어난다든지, 약을 먹어도 효과가 없다든지 하면 그 약만 고집할 것이 아니고 다른 약을 처방해 주는 정신건강의학과를 찾아가 약을 처방받아서 기술적으로 복용을 해야 질병을 치유할 수가 있는 것입니다. 무조건 정신과 약을 먹는 다고 증세가 안정되지 않고 자신에게 맞는 약을 기술적으로 복용해야 빠른 시기에 정상적인 삶을 살아갈 수가 있습니다. 많은 분들이 정신건강의학과 약만 의존하는 경우가 많은데 절대로 정신건강의학과 약에만 의존하지 말고 정신질환이 환자의 내면에서 심적 고통을 지속적으로 가하며, 상처 스트레스가 정신질환을 악화시킨다는 점에 있다고 하였으니 상처와 스트레스를 정화하는 성령 안에서 집중 치유 기도를 지속적으로 오랫동안 하면서 정신 문제 전문 목회자의 안수를 받으면 좀 더 빨리 정상적인 직장생활이나 사회생활을 할 수가 있다는 것입니다. 절대로 정신건강은 남의 일이 아닙니다. 자신도 언제인가 정신 문제가 발생할 수가 있습니다. 정신 문제는 육체의 질병과 같이 눈에 보이지 않기 때문에 더욱 두려운 것입니다. 바르게 인식하고 있어야 불필요한 고통을 당하지 않을 수가 있는 것입니다.

다시 한 번 강조하는데 한 번에 쉽게 해결을 받기 위해서 돌아다닙니다. 이렇게 이리저리 돌아다니다가 치유의 시기를 놓치는 경우가 허다합니다. 주의해야 합니다. 영적, 정신적인 문제 치유가 그렇게 쉽고, 단순하지 않습니다. 환자 스스로 말씀 듣고 성령으로 기도를 하도록 해야 합니다. 본인의 마음 안에서 성령의 불이 나와야 합니다. 자신의 영의 힘으로 일어서게 해야 합니다. 환자가 영적 자립을 해야 하므로 시간이 걸립니다. 몇 년이 걸립니다. 환자나 보호자는 금방 빨리 치유 받고자 하지만 그것이 그리 쉽지 않습니다. 급하게 생각한다고 빨리 치유되는 것이 절대로 아닙니다. 축사만 하면 당시에는 치유가 된 것 같은데 시간이 지나면 재발합니다. 영적 자립 능력이 없기 때문입니다. 그런데 이와 같은 전문적인 치유를 일반 성도들이나 목회자는 잘 이해하지 못합니다. 그래서 영적 치유를 받겠다고 1년 이상 돌아다니면서 이 사람 저 사람에게 안수와 축귀만 받으면서 돌아다니게 됩니다. 이러다가 치유의 시기를 놓쳐서 환자가 사람 노릇을 못할 정도로 심각해 질수가 있으니 주의 하지 않으면 안 됩니다. 더 상세한 것은 **"정신질환 불치병이 아닙니다."** 책을 참고하시기를 바랍니다.

27장 육체적인 질병으로 고통을 당한다

성경 말씀을 성령의 지배 가운데 성령으로 깨달아 읽으면, 중풍 병자, 손 마른 병, 혈루병, 문둥병(한센씨병), 간질병 등의 불치병이 귀신이 나가면서 즉시 고침을 받는 기록이 있습니다. 질병과 귀신들림은 밀접한 관계가 있음에 분명하며, 귀신 들림은 곧 질병을 연상해도 좋을 만큼 깊은 연관을 가지고 있습니다. 모든 질병이 귀신에 의한 것이 아니고, 70-80% 정도는 귀신의 영향으로 질병이 발생할 가능성이 있습니다. 귀신은 우리의 육신에 침투해서 모든 기관을 장악합니다. 오감을 느끼는 모든 감각기관은 물론이거니와 신체 발달에 중요한 장기들에 영향을 주어 질병이 일어나게 하는 것입니다. 귀신이 신체의 어떤 부위를 장악하고 있느냐에 따라서 병증이 나타나게 됩니다. 귀신이 거하는 장소는 주로 배와 머리, 근육, 척추, 장기, 신경이지만 그곳은 거처하는 장소이며, 이들이 그곳을 배경으로 해서 우리의 신체 각각 부분에 영향을 주어서 우리를 괴롭게 하는 것입니다.

정신 즉 마음에 영향을 주면 우리가 흔히 보는 정신질환자의 증상을 나타냅니다. 정신병원에 입원시켜 치료를 해 보아도 전혀 고침을 받지 못하던 환자에게서 그 귀신을 쫓아내면 즉시 제 정신으로 돌아와 건강한 사람으로 회복됩니다. 다리 근육이 무력해져서 걷지도 못하던 사람에게 귀신을 쫓아버리면 그 즉시 근육에 힘이 나면서 바로 걷게 됩니다. 상당수의 질병이 귀신 들림과 연관이 있습니다. 우리의 정서는 귀신 들림이라고 하면 상당한 피해의식을 갖게 됩니다. 일반적으로 '당신에게 이런 질병이 있습니다.'라고 말하면 거부감이 없지만 '당신에게 이런 귀신이 들려있습니다.'라고 말하면 매우 불쾌해 합니다. 들어내어 거부하지 않더라도 귀신이 들렸다고 하면 속으로 불쾌해합니다. 본인이 인정하게 하는 것이 제일 좋은 방법입니다. 성령으로 세례를 받게 하면 대다수가 스스로 인정을 하게 됩니다.

필자가 질병을 치유하는 경우에서 보아도 상당수가 귀신으로 인해서 병이 든 것을 알 수 있지만, 환자의 정서적인 면을 고려해서 귀신이 들렸다고 밝히지 않고 단순한 질병을 치유하는 것과 같은 방식으로 기도합니다. 이 경우 성령의 임재를 요청하고 성령님이 치유하시도록 인도하게 됩니다. 극단적인 귀신 들림이 아닌 경우 명령 기도를 하지 않거나 하더라고 짧고 간단하게 하기 때문에 주위의 사람들이 인식하지 못하며, 환자의 몸에 손을 얹고 성령으로 기도하면서 강력하게 축사를 하면 귀신은 나가고 환자의 병은 고침을 받습니다. 육체적 질병을 가진 환자는 분명한 의식을 가지고 있기 때문에 불가피한 경우를 제외하고 귀신의 존재를 밝힐 필요는 없습니다.

예수를 믿으면서도 자녀나 본인이 질병이 있어 고생하는 사람들을 만나 대화해 보니 신앙생활을 열심히 잘하는 사람이 병들어 입원하는 경우는 드물었습니다. 70% 이상이 믿음 생활을 잘못했다고 대답했습니다. 어느 날 이런 여자 집사를 만나 기도를 해준 적이 있습니다. 읍 정도의 시골에서 살다가 시흥 시화로 올라온 여성도인데 대화를 해보니 이랬습니다. 시골에 있을 때 남편 집사는 남전도 회장을 했고, 여 집사는 여전도 회장을 했답니다. 그런데 가산이 점점 탕진되어 시화까지 올라온 것입니다.

그래서 내가 집사님 그렇게 남편하고 같이 교회 봉사하면서 예수님의 이름으로 했습니까? 아니면 집사님 부부의 얼굴을 드러내면서 했습니까? 하고 질문을 하니 아무런 대답을 하지 못하다가 하는 말이 교만했던 것 같습니다. 겸손하지 못하고…. 그래서 지금 믿음 생활은 제대로 하고 있습니까? 질문하니 시골에서 그렇게 열심히 했는데도 아무것도 되는 것이 없어서 남편이 시험이 들어서 지금은 교회를 나가지 않는다는 것입니다. 그래서 무슨 병이 있어서 입원을 했느냐고 질문을 하니 간과 쓸개 그리고 신장에 결석이 생겨서 너무 통증이 심해서 일을 못하고 수술을 해서 치유를 받으러 왔다는 것입니다.

그래서 제가 예수 이름으로 기도를 해드릴까요 했더니 기도를 해달라고 해서 머리와 등에 손을 얹고 성령이여 임하소서. 우리 사랑하는 딸이 하나님의 살아 역사하심과 지금도 변함없이 사랑하고 있다는 것을 체험하게 해달라고 하며, 간구한 후 "예수 이름으로 명하노니 쓸개에 있는 결석과 간에 있는 결석과 신장에 있는 결석은 부수어지고 소변으로 나올 지어다" "예수 이름으로 명하노니 쓸개에 있는 결석과 간에 있는 결석과 신장에 있는 결석은 부수어지고 소변으로 나올 지어다" "예수 이름으로 명하노니 쓸개에 있는 결석과 간에 있는 결석과 신장에 있는 결석은 부수어지고 소변으로 나올 지어다" 하고 명령을 했더니 기침을 한동안 사정없이 합니다. 기침이 멈춘 다음에 여 집사가 하는 말이 목사님

구멍이란 구멍으로 귀신이 다 나갑니다. 해서 내가 웃었습니다. 수술을 하려고 검사를 해보니 결석이 하나도 보이지 않아서 삼일 후에 퇴원을 했습니다. 그래서 제가 생계로 살기가 힘이 들어도 가까운 교회를 등록하여 열심히 신앙생활을 잘하라고 조언하니 이제 열심히 믿겠습니다. 하고 퇴원을 했습니다. 많은 질병이 귀신 들림에 의한 것임에는 분명하지만 모든 질병이 귀신의 영향 때문은 아닙니다.

그러나 질병과 귀신 들림은 아주 면밀한 관계를 가지고 있습니다. 귀신이 들리면 반드시 병증이 나타납니다. 모든 질병은 다 귀신 들림과 연관이 있는 것은 아니지만, 모든 귀신 들린 사람에게는 질병이 나타납니다. 이것은 피할 수 없는 결과인데 세균성 질환이나 유행성 질환이나 사고에 기인한 손상 등과 같은 경우를 제외하고 대부분의 질병은 귀신과 직접 또는 간접적으로 연관을 가집니다. 성경은 질병 가운데 특히 유전적인 질병이나 고질적으로 반복해서 나타나는 질환들이나 몸을 움직이는데 불편을 주는 지체 장애나 정신장애 등과 같은 장애 질환이나, 난치병 또는 불치병과 같은 희귀성 질환 등은 귀신 들림과 깊은 연관을 가지고 있음을 보여줍니다.

상당수의 난치병 질환의 배경에는 죄의 문제가 있습니다. 질병은 아니지만 경제적인 파경이나 가난 등과 같은 손상 역시 죄의 문제와 깊은 연관이 있습니다. 처리 되지 않은 죄는 마귀의 발판이 되고, 이것을 틈타서 귀신이 들어오며, 그 증상으로 질병이 나타나게 되는 것입니다. 죄에 기인한 질병은 주로 유전적인 질환들과 기질적인 장애에 근거한 질병으로 나타나게 되며, 따라서 상당수의 유전적 질환의 배경에는 귀신 들림이 있다고 볼 수 있을 것입니다. 따라서 이들 질환에 대해서 치유를 하고자 할 때 성령으로 세례를 받고 성령 안에서 온몸 깊은 기도하며 귀신을 쫓아야 하는 절차가 필요합니다. 중풍병과 같은 기능성 장애를 일으키는 질환에 있어서 귀신 들림이 많이 나타납니다. 몸이 기형으로 성장해서 팔 다리의 길이에 차이가 나는 질환에서도 귀신 들림을 많이 봅니다. 귀신을 쫓으면 사람들이 보는 앞에서 짧아졌던 부위가 늘어나면서 정상으로 회복되는 놀라운 광경을 목격하게 됩니다.

귀신 들림을 치유하는 기도에는 단순하게 명령기도만 있는 것이 아닙니다. 본인 성령으로 깊은 기도를 오래하여 성령으로 충만하여 귀신이 스스로 물러나야 할 때가 되었을 때에는 사역자가 그곳에 온 사실 만으로 귀신은 스스로 떠나게 됩니다. 아무런 거부감이나 저항이 없이 조용하게 떠나는 귀신들을 주위에서는 알아차리지 못하고 환자도 알지 못합니다. 영적 감각이 예민한 사람은 몸에서 무언가가 빠져나가면서 몸이 날아갈 듯이 가벼워지는 느낌을 받았다고 말합니다. 제가 환자의 몸에 손을 가볍게 올려놓는 순간 몸에서 무언가가 쑥 빠져 나가면서 몸이 가벼워지고 날아갈 듯해서 일어나려고 하자 뒤에서 누군가가 일으켜 주어 가볍게 일어날 수 있었다고 말합니다. 짓누르던 것이 빠져 나가고 새 힘이 들어오는 것을 느끼게 됩니다. 반대로 병이 들 때 무언가 알 수 없는 것이 자신을 짓눌러서 지금까지 힘을 쓸 수 없었고 정신을 차릴 수 없었다고 고백합니다. 귀신이 자신에게 들어왔지만 알지 못했던 것입니다. 우리는 귀신이 들리면 정신질환자처럼 정신이 나가고 환청과 환상에 휘말려 폐인이 되는 것으로만 생각하기 쉽지만 이는 극히 일부에서 나타나는 심각한 귀신 들림이며, 상당수의 귀신 들림은 무기력하고 나약하게 만들며, 오랫동안 특별히 이렇다 할 질병도 없는데 건강하지 못하고 아침에 일어나는 것이 힘들고 쉽게 지치고 피곤하게 합니다. 만성적인 노이로제나 피로감에 쌓여 살아가는 것이 현대인들에게 있어서 과중한 업무로 인해서 오는 누적된 피로라고 여길 수 있습니다. 기도하기가 너무나 힘이 듭니다. 가슴은 답답한데 기도가 되지를 않습니다. 이와 같은 증상이 귀신 들림의 일반적인 증상들과 같습니다. 그래서 제대로 인식하지 못하고 귀신을 쫓으려고 생각하지 못합니다. 이런 증상이 있는 분들이 부흥회나 능력 집회에 참석해서 은혜를 받으면 날아갈 듯이 몸이 가벼워지고 아침에 일어나는 일이 힘들지 않으며, 하루 종일 일을 해도 피곤하지 않습니다. 왜 그럴까요. 귀신이 쫓겨 나가고 우리 몸이 회복되었기 때문입니다. 그러나 지속적으로 유지 하지 않으면 100% 재발합니다. 유지를 잘해야 합니다.

늘 만성적인 두통으로 고생하던 부인에게서 귀신을 소리 없이 쫓아내자 그녀는 당장에 두통이 사라지고 머리가 수정처럼 맑아졌다고 하면서 얼마나 기뻐하는지 모릅니다. 대부분의 만성적 두통 또는 편두통은 귀신 들림으로 인해서 일어나는 경우가 많습니다. 만성적인 질환에 있어서 우리는 귀신 들림을 의심해 볼 필요가 있습니다. 귀신 들림은 특별한 사람에게만 나타나는 일이 아니며, 정신질환자처럼 정신이 나가는 폐인이 되는 것만 귀신 들림이 아닙니다. 가벼운 질환에서부터 시작해서 다양한 장애질환이나 만성적 소모적 질환 등과 같은 속칭 '고질병'에서 귀신 들림이 많이 나타납니다.

    축농증을 치유 받은 분의 간증입니다. 개별 집중기도로 치료 받았던 김 집사입니다. 목사님이 어디서 왔냐고 질문하셔서 대전에서 왔다고 했는데 기억하실런지요? 그때 제가 기도가 막히고 축농증 수술후유증으로 목에서 가래가 심하다고 올려서 목사님께서 집중 기도 해주셨습니다. 제가 유아 때부터 축농증 때문에 고생하다 어른이 되어서 수술을 받았는데 재발하는 바람에 3번이나 했고, 후유증 때문에 몹시 어렵고 고통을 많이 당했습니다. 좋다는 것 다 먹어보고, 고칠 수 있다는 한의원에 가서 침 치료를 받았지만, 평생 가지고 살아야 한다고 말했는데…. 목사님의 기도로 깨끗이 완치되어 너무 기쁘고 감사해서 이렇게 메일 보내드립니다. 그날 가기 전에 철야 기도도 하고 했는데…. 점점 기도가 힘들어지고 게다가 환경도 막혀 막막했는데…. 아는 지인의 소개로 목사님을 알게 되어 바로 서점가서 목사님의 저서를 읽고 망설일 틈도 없이 바로 서울에 올라갔습니다. 가기 전까지도 마음이 힘들고 이런저런 어려운 마음을 안고 갔는데…. 대전에 올 때는 코와 목도 시원하게 치료받고 마음도 가볍고…. 목사님의 말씀대로 기도도 해보니 전에 느끼지 못한 변화가 느껴집니다. 감사합니다. 이렇게 축농증도 성령을 충만한 상태에서 집중 기도하면서 내적 치유와 축귀하면 즉석 해서 치유가 됩니다. 축사하고 관리를 잘해야 재발하지 않습니다.

우리는 건강한 삶을 살기 위해서 정기적으로 검진을 받습니다. 의사들은 이것이 건강을 지키는 절대적인 것이라고 강조합니다. 그러나 이런 조언에 따라서 정기적으로 검진을 받는 사람이 얼마나 되겠습니까? 그래서 병에 걸려 치유 시기를 놓친 불행한 사람들이 있는가 하면, 평생 병원 문턱에도 가보지 않았지만 건강하게 사는 사람이 있습니다. 이와 같은 이치로 일상적으로 성령 충만한 생활과 주기적으로 축귀를 하는 것이 중요합니다. 그러나 한 번도 축귀하지 않고도 건강하게 살 수 있을 수도 있습니다. 그러나 우리가 영적으로 육체적으로 건강하게 살고자 한다면 주기적인 자기 축귀가 필수적입니다. 의사가 정기검진을 권하듯이 저는 성령으로 충만한 믿음 생활과 정기적인 축귀를 권합니다. 자기 축귀는 물론이거니와 영의 분별의 은사를 가진 전문목회자의 신적인 검사를 받기를 권합니다. 그들은 우리를 건강하게 살도록 하나님께서 우리 가운데 세워준 사역자입니다. 의사가 별로 없었던 60년대 우리는 질병이 생겨도 웬만하면 참으면서 지내야만 했습니다. 그래서 간단한 질병에도 고통스런 삶을 살아야만 했습니다. 그러나 지금은 많은 병원과 의사가 있습니다. 얼마나 행복한 일입니까?

지금 우리의 신적인 문제를 해결하려면 극소수의 이름이 알려진 치유사역자에게 가야만 합니다. 곁에는 그럴만한 사역자를 찾을 수가 없는 것이 현실입니다. 제대로 된 병원이 없었던 그 시절처럼, 지금 역시 제대로 된 사역자의 도움을 받기란 무척 어렵습니다. 그래서 주치의를 가지고 산다는 것은 꿈도 못 꾸듯이 영적 삶에 도움을 받을 능력 있는 사역자를 만나기가 하늘의 별 따기

같습니다. 자신! 스스로 항상 자신의 영적 상태를 점검하십시오. 자신이 스스로 처리할 수 있는 부분이 있지만 그렇게 할 수 없는 부분이 있습니다. 이는 하나님이 우리 서로에게 빚을 지게 하게 하려는 의도 때문입니다. 모든 그리스도인은 서로 사랑의 빚을 져야 합니다.

저는 군대에서 나와서 오로지 이 신적인 분야에만 집중하여 지금 30년 년을 신적인 사역을 했습니다. 많이 깨달은 것 같습니다. 그래서 책도 쓰고 유튜브(치료말씀TV) 설교도 하는 것입니다. 설교를 듣고 책을 읽고 성도들이 성령의 감동에 순종하여 저를 찾아온 성도들은 저를 통해서 역사하시는 성령의 역사로 영적 지식과 권능과 치유를 공급 받습니다. 이처럼 서로가 서로에게 주고받을 때 사랑이 우러나오게 되며, 이 사랑이 모든 것을 온전하게 하는 것입니다. 귀신 들림은 아주 특별한 사람에게나 있는 일이 아닙니다. 질병이라는 증상으로 우리 곁에 아주 흔하게 나타납니다. 스스로 축귀를 하십시오. 이 방법에 대해서는 이미 여러 곳에 글에 다루었습니다. "대적기도로 문제 해결하는 비밀"을 보시면 됩니다. 건강한 삶을 사는 것이 하나님이 원하시는 바이며, 우리가 소망하는 세계이지요. 경제적으로 어려움을 만나 슬퍼하고 있습니까? 귀신 들림의 한 증상이 경제적인 손해를 입는 것이 있습니다. 귀신은 죽이고 멸망시키려고 왔기 때문입니다. 제일 좋은 것은 스스로 권능을 받아 예수님께서 주신 권능으로 자기 자신이 축귀하는 것입니다. 관심을 가지면 누구나 할 수 있습니다. 더 많은 것은 **[불치질병 이리하면 완치된다.]**책을 참고하시기를 바랍니다.

28장 환경적인 문제로 고통을 당한다.

하나님은 우리가 축복을 받으면서 살아가기를 원하십니다. 그런데 예수를 믿으면서도 영육의 고통이 사라지지 않는 다면 원인을 찾아 치유하여야 합니다. 그리하여 우리의 삶에서 예수를 누려야 합니다. 예수를 누리지 못하고 있다면 원인을 말씀과 성령으로 찾아서 치유해야 합니다.

저는 오래전 한 성도님의 간증을 듣고 큰 충격을 받았습니다. "목사님 저는 중년을 지나 이제 노년기를 앞두고 있는 사람입니다. 저는 대대로 우상을 숭배하는 집안에서 태어났고 집안 전통에 따라 저도 우상을 숭배하며 성장했습니다. 그러나 아내의 전도로 교회에 나와 하나님을 믿게 되었습니다. 그런데 불행하게도 집에 화재가 나서 아내와 저는 중상을 입고 병원에 입원을 하게 되었습니다. 그래도 저는 신앙으로 시련을 극복하겠다고 생각하고 열심히 기도했습니다. 그런데 퇴원할 때 아내가 치료받다가 죽었다는 것을 알게 되었습니다. 그럼에도 저는 신앙을 포기하지 않고 열심히 살아보려고 사업을 시작했습니다. 그러나 손대는 사업마다 실패하고 부도를 내었고 급기야 이 일로 감옥에 구속이 되었습니다. 저는 수감 생활 중에도 끊임없이 회개하며 기도했습니다. 형기를 마친 후에 갖은 애를 쓰고 살아가는데 이번에는 또 교통사고가 나서 입원을 했습니다. 겨우 치료를 받고 퇴원하니 이게 또 웬 말입니까? 그렇게 말을 잘 듣던 아이가 가출해 버리고 말았습니다. 목사님, 예수님을 믿기가 왜 이렇게도 힘이 듭니까? 예수님을 안 믿자니 지옥 갈 것이 두렵고 도대체 하나님은 어떤 분이시며 저는 어떻게 하면 좋겠습니까?" 이 성도님이 당하는 고통이 하나님이 주었다고 생각합니까? 불이 나서 아내를 잃어버리고 사업을 해서 도산을 하고 감옥에 들어가고 감옥에서 나오니까 또다시 교통사고로 부상을 입고 입원을 하게 되고 입원하고 나오니까 자식들 잘 순종하던 자식이 가출해서 나가 버리고 엉망진창입니다. 누가 이렇게 했을까요? 하나님이 이렇게 했을까요? 성경에는 도적이 오는 것은 도적질하고 죽이고 멸망시키는 것뿐이요, 인자가 오는 것은 생명을 얻되 풍성히 얻게 함이라고 말씀하신 것입니다.

예수님은 말씀하기를 사랑하는 자여 내 영혼이 잘됨같이 네가 범사에 잘되며 강건하기를 내가 간구하노라고 말씀한 것입니다. 이 성도님은 마귀의 저주를 만났습니다. 이 성도님이 예수를 믿고 기도는 했지만, 혈통을 타고 역사하는 악한 영을 쫓아내는 것을 몰랐습니다. 교회에 들어오자 마자 성령으로 세례를 받고, 치유를 받으며 예수 이름으로 세대에 역사하는 악한 영을 쫓아내었다면 이 성도님의 개인과 가정과 생활을 엉망으로 만든 마귀의 저주에서 해방될 수 있었을 것입니다. 그렇기 때문에 오늘 제가 치유의 말씀을 전하는 것입니다. 어떤 분들은 목사가 되면 정신적 환경적은 질병이 치유된다고 하는데 그렇지 않습니다. 분명하게 성령으로 세례를 받고 성령으로 충만 받으면서 치유하여 온전한 하나님의 나라가 되어야 해결이 됩니다. 무엇을 한다고 해결이 안 됩니다.

우리가 교회에 나오고 예수 믿고 정상적인 삶을 살고 있는데도 불구하고 마귀의 저주가 들어 닥칠 때는 성령으로 원인을 찾아서 악한 영을 쫓아내어야만 되는 것입니다. 악한 영이 쫓겨 나가면 가정에 마귀의 풍랑이 잠잠해지는 것입니다. 악한 영을 그대로 두고 아무리 우리가 신앙생활 하려고 해도 절대로 평안이 다가오지 않는 것입니다.

첫째, 예수를 믿으면서도 영적으로 무지하여 당하는 고통들은 이렇습니다. 남 생각 말고 자신을 진단하여 보시기를 바랍니다.

1)예수를 믿으면서도 영적으로 평안하지 못하고 신적인 병으로 고생합니다. 문제의 근원은 아담과 하와의 불순종으로 왔습니다. 하나님의 말씀을 의심하다가 마귀의 미혹에 속아서 금단과를 먹은 것입니다. 이 죄악으로 인하여 아담 안에서 태어나는 모든 사람은 하나님 진노 아래 있는 것입니다(창3:1-6). 예수를 믿고 교회에 들어와서 바른 복음을 체험하지도 못하고 성령으로 치유 받지도 못하니 문제가 떠나가지를 않고 내면에 내재되어 있습니다. 또 예수를 믿으면서 영적으로 무지하고, 신적인 세계를 잘 몰라서 성령으로 세례 받지 않고 성령으로 충만하지 못하여 하나님을 섬긴다는 사람들이 보이는 세상을 섬기니 영적으로 병이 드는 것입니다. 하나님 안에 속하고, 하나님 안에서 자유를 얻어야 할 사람들이 신적인 면에 눈이 어두워 사단에게 미혹 당해 사단의 일을 즐기고 있으니 영적으로 완전히 병이 든 것입니다. 그러다 보니 환상이 보이고, 환청이 들리고, 악몽으로 잠을 자지 못하는 분

들이 많습니다. 이게 전부다 악한 영의 역사입니다. 악한 영은 인간에게 구원을 줄 수 없습니다. 악한 영은 인간에게 축복을 주지도 못합니다. 그리고 악한 영은 인간의 생명을 다스릴 수도 없습니다.

필자가 신학대학원에 다닐 때 이런 일이 있었습니다. 동기생이 학부 4학년에 다니는 자매하고 사귀다가 결혼을 했습니다. 결혼을 하고 보니 자매의 어머니가 무당이더랍니다. 결혼을 한 다음에 안 사실이라 그냥 지냈습니다. 신적인 지식이 없는 터라 특별한 영적 조치를 취하지 않고 지냈습니다. 그러다가 임신을 하여 아이를 출산했습니다. 아이를 출산하고 나서 보니 아기가 항문이 없는 것입니다. 여기 저기 알아보다가 수술을 했는데 얼마 있지 않아 아이가 죽었습니다. 이렇게 예수를 믿고 신학을 하여도 무당의 영이 대물림되어 항문이 없는 아이를 출산하게 된 것입니다. 만약에 내가 그때 이런 신적인 지식이 있었더라면 말씀과 성령의 역사로 대물림을 끊게 했을 것입니다. 지금 생각하면 참으로 안타까운 일입니다. 저의 경험으로는 이런 분들은 3년은 무속의 영과 신적인 전쟁을 해야 해방이 됩니다. 알고 대비하여 예수를 믿으면서도 영육의 고통을 당하지 말아야 합니다.

2)정신적으로도 병들었습니다. 예수를 믿는다고 하면서도 마음의 안식이 없습니다. 다른 말로 하면 평안이 없습니다. 늘 염려하고 불안에 떱니다. 그래서 가슴이 답답해서 미치겠다고 말하는 사람들이 많습니다. 치유 받으러 오셔서 가슴을 치는 분들이 많습니

다. 그러니 모든 것을 믿지를 못합니다. 보통 큰 병이 아닙니다. 믿는 자의 자녀가 조울증으로 우울증으로 정신병으로 고통을 당합니다. 지금 교회에는 이런 성도들이 다수가 있습니다. 내가 그동안 25년이 넘도록 치유 사역을 하면서 상담한 사람들만 해도 수백 명이 넘습니다. 이분들을 상담하면서 느낀 것은 모든 분들이 신적인 면에 무지하여 어렸을 때 적절한 영적 치유를 하지 않아서 당한다는 것입니다. 모두 예방이 가능한데 조치를 취하지 않아서 당하는 것입니다. 예수를 믿었다고 정신적인 문제에서 해방되는 것은 아닙니다. 필히 영적 조치를 해야 예방이 가능 하다는 것입니다.

3) 육신적으로도 병들었습니다. 예수를 믿으면서도 병명도 모르고 병원을 다니는 사람이 있습니다. 이상한 질병으로 계속 몸이 아픈 분들도 있습니다. 그런가 하면 불치병이 그 집안에 계속되는 경우도 있습니다. 그러다 보니 가산을 탕진하기 마련입니다. 심지어 예수를 아주 잘 믿는 직분 자들도 불치의 병으로 고생을 합니다. 왜 이런가 근본을 해결하지 못해서 그렇습니다. 근본은 우리의 옛 사람, 아담이 죽지 않았다는 것입니다. 우리가 예수를 믿을 때 옛 사람(아담)이 죽고 예수로 다시 태어나야 하는데 그렇지 못하여 아담이 여전히 주인 노릇을 하고 있으니까, 아담의 주인이 마귀가 우리의 육체(아담)을 통하여 저주하는 것입니다.

4) 생활적으로도 병든 사람도 많습니다. 일어나야 할 시간과 누워 자야 할 시간을 모릅니다. 한 마디로 늘 누워있는 것입니다. 다른 사람들은 다 일어났는데 혼자 누워있습니다. 다른 사람들은 출

근하는데 혼자 출근도 못하고 누워있습니다. 다른 사람들은 하루 종일 움직이는데 혼자 이불을 깔고 있습니다. 그런가 하면 생활이 너무 무질서하여 일을 제대로 못하는 분들도 있습니다. 무엇이 중요한지를 모릅니다. 이것도 했다가 저것도 했다가 하는데 되는 일이 하나도 없습니다. 무엇이든지 지속하지 못하고 변덕을 부리기도 합니다. 그래서 그 사람 뒤를 따라가는 것도 피곤하고 힘이 드는 경우도 많습니다. 또 늘 화병으로 만성 두통으로 불면증으로 고생을 합니다. 필자가 얼마 전에 토요일 날 1:1로 치유하는 시간을 몇 개월 동안 국민일보에 광고를 내고 한 적이 있습니다. 그때 권사님들이 다수 오셨습니다. 모두 울화병이 있는 분들이었습니다. 그래서 제가 권사님들에게 부모님들은 어떻게 지내다가 천국에 가셨느냐고 물어보니 모두 자기와 같이 고생하시다가 천국에 가셨다는 것입니다. 그래서 혈통의 대물림에 대하여 질문을 했더니 대다수가 알지를 못했습니다. 단, 알고 있는 것은 열심히 예배드리고, 새벽기도 잘하고, 십일조 잘 드리고 구역예배 빠지지 않고 잘 드리고, 성경 공부 잘하면 되는 줄 알았는데 나이가 들고 보니 자신의 친정어머니와 똑같은 질병으로 고생을 한다는 것입니다. 지금 성도님들이 이렇게 신적인 면에 무지합니다. 그러니까 얼마든지 미리 해결할 수 있는 질병들을 미리 해결하지 못하고 질병이 깊어진 다음에 해결하려 하니 치유가 되지 않는 것입니다.

이렇게 지내다가 나이가 먹으면 주변 사람들에게 짐이 됩니다. 나아지는가 싶더니 다시 좋지를 못합니다. 문제는 이런 문제들이 가계에 대물림되는 것들이 많다는 것입니다. 우리가 예수를 믿고 교회에 나와 가계에 흐르는 대물림을 말씀과 성령으로 밝히 드러내고 절단하며 몰아내는 적극적인 치유를 해야 합니다.

5)이러다 보니 생활에 많은 문제가 노출됩니다. 그래서 참다못해 돌출행위를 하기도 합니다. 집을 뛰쳐나가기도 하도, 사람을 폭행하기도 합니다. 괴성을 지르면서 발악을 하는 성도들도 많습니다. 집에서 감시를 당하면서 살아가는 사람들이 있습니다.

누군가가 조금만 비위를 건드리면 고함을 지르면서 발작을 합니다. 어떤 사람은 주먹으로 땅을 치기도 하고 머리로 벽을 박기도 합니다. 마치 거라사 인의 지방의 군대 귀신들린 사람같이 말입니다(막 5:2-5). 그것도 모자라면 어떤 사람들은 방황하면서 사고를 칩니다. 부모님이 걱정하고 염려할 만한 일을 골라서 하는 청년도 있습니다. 이상한 짓을 해서 부모에게 걱정을 끼치는 사람도 있습니다. 본드, 마약, 음란, 컴퓨터, 저녁에 나가 방황하고, 꼭 부모님들이 걱정할 일 만하여 심기를 불편하게 합니다. 결국 그렇게 지내다가 비참한 죽음을 당하기도 합니다. 저는 주변에서 권사님의 자녀가 장로님의 자녀가 정신적이고 신적인 문제를 일으키다가 비참하게 세상을 떠났다는 이야기를 많이 들었습니다.

6)이유 없이 사고가 자주 일어납니다. 사업을 잘하다가 그만 화재 사고가 나서 망합니다. 횡단 보도를 걸어가다가 교통사고를 당합니다. 여름에 바캉스를 갔다가 물에 의한 사고를 당합니다. 천재지변을 당하기도 합니다. 아이들이 잘 넘어지고 잘 다칩니다.

멀쩡하게 놀이터에서 놀다가 다리가 부러지는 사고를 당하기도 합니다. 아이들이 차 사고를 몇 번씩 당합니다. 잘 넘어져서 상처가 잘납니다. 걸어가다 인도로 올라온 차에 치이기도 합니다. 사업을 하려고 하면 화재 사고가 나서 망합니다. 아이가 잘 놀다가 침대에서 떨어져 낙상사고가 납니다. 생각하면 도저히 일어날 수 없는 이해하지 못하는 사고가 자주 잃어 납니다.

7)부부간에 의견대립이 아주 심합니다. 같이 붙어 있기만 하면 싸웁니다. 보통 성격이 맞지 않다고 합니다. 신적으로 보면 귀신역사입니다. 성령으로 세례를 받고 적극적으로 해결해야 합니다. 해결하지 않으니 쳐다 보기만 하면 속에서 울분이 올라옵니다. 남편의 손이 다면 섬뜩한 기분이 들기도 합니다. 결혼한 지 3년이 넘어도 임신이 되지 않습니다. 서로 보기 싫어 원수가 되어 마지 못해 살아갑니다.

8)학교나 직장에서 따돌림을 당합니다. 따돌림을 당하는 당사자가 문제가 있는데 엉뚱한 사람들에게 욕하고 핑계를 댑니다. 내가 지금까지 치유 사역을 하면서 체험한 바로는 초등학교 시절과 중학교 시절에 왕따를 당한 아이들이 고등학교 1학년이 되면 정신적인 문제가 발생한다는 것입니다. 한두 명을 두고 말하는 것이 아닙니다. 거의 모든 아이들이 정신적인 문제가 발생하여 정상적인 생활을 하지 못했습니다. 우리는 예방 신앙을 해야 합니다. 어려서부터 성령을 체험하게 하여 영육의 문제를 치유해야 합니다.

9)가족에 질병이 끊이지를 않습니다. 한 사람이 나으면 다른 사

람이 아픕니다. 저는 집사의 두 딸이 모두 문제가 있는 사람을 치유한 경험도 있습니다. 큰딸은 심장병으로 수술을 했습니다. 그래서 정상적인 생황을 하지 못합니다. 작은 딸은 정신적인 문제가 발생하여 정상적인 생활을 못하는 것입니다. 아주 좋은 대학을 나왔습니다. 고시 공부 스트레스를 받으니 드러난 것입니다. 모두 초기에 예방 신앙을 했으면 당하지 않는 문제입니다. 우리 말씀과 성령으로 신적인 눈을 엽시다. 시화병원 입원한 남편 병 수발하던 집사가 남편이 퇴원하니 부인이 입원을 했습니다. 그것도 교회를 열심히 다니는 집사가 말입니다. 그런데 내가 이분들의 신앙생활 상태를 확인하여 보았습니다. 모두 보수적인 교회에서 말씀 중심으로 열심히 신앙생활을 하고 있었습니다. 그런데도 당하고 사는 것입니다. 영적으로 무지하기 때문입니다.

둘째, 신적인 세계를 알아야 인생에서 성공할 수 있습니다. 신적인 세계를 알고 대처하시려고 하시기를 바랍니다. 한마디로 영의 눈을 뜨라는 것입니다. 신적인 분별력을 기르라는 말입니다. 말씀과 성령으로 영안을 여시라는 것입니다. 세상의 모든 문제와 행위에는 배후에 신적인 세계가 결부되어 있기 때문입니다. 신적 세계를 분별하여 하나님의 군사로서의 사명을 감당하시기를 바랍니다. 신적인 세계에는 하나님의 성령과 마귀와 그리고 천사와 성령으로 거듭난 사람의 영이 거합니다.

신적인 세계에는 옛 통치자와 권세가 있습니다. 악한 옛 통치자와 권세라는 것은 한 지역을 붙들고 있는 귀신의 조직을 의미합니다. 악한 영도 등급이 있고 지위가 있습니다. 그래서 개인에게 역사하는 것도 있고 지역이나 문화, 사람, 조직들을 붙들고 있는 것들도 있습니다. 지역, 조직, 군중들을 붙들고 있는 것들이 바로 옛 통치자와 권세입니다. 이런 것들은 우리에게 어떠한 영향을 미치는가에 대해서는 의아한 사람들이 있을 것입니다. 책은 [카리스마로 영적 세계를 장악하는 법]을 참고 하세요.

　성령의 역사를 모르기 때문입니다. 교회에 다닌다고 대물림되는 문제가 끊어지는 것이 아닙니다. 반드시 성령의 세례를 체험하고 성령으로 충만한 가운데 지내야 됩니다. 그런데 성령의 충만을 이론으로 잘 알고 있으면 자신이 성령으로 충만한 줄로 착각하기 때문입니다. 성령의 역사는 살아있는 역사입니다. 실제로 느끼고 역사하는 살아있는 영입니다. 모든 환경적인 문제는 성령의 역사가 일어나야 해결이 됩니다. 성령이 지배하여 하늘나라가 되어야 환경적인 문제를 일으키는 귀신들이 떠나가고 들어오지 못합니다. 성령으로 세례를 받고 성령 안에서 온몸 집중 치유 기도를 오래 많이 하여 성령으로 충만 받아야 합니다.

　더 많은 것은 [꼬인 인생을 푸시려면 이리해 보세요.]책을 참고 하시기를 바랍니다.

7부 신의 세계를 지배하는 권능을 가지라.

29장 예수 믿고 성령세례 충만 받아야 한다.

신의 세계를 보고 예수님으로 하나 되어 신답게 살아가려면 예수님을 믿어야 합니다. 예수님을 주인으로 영접하면 믿는 순간 예수님으로 죽고 다시 사신 예수님으로 살아서 성령의 인도를 받으며 예수님의 인생을 살면 성령께서 주인으로 임재하십니다. 계속 예배를 드리면서 기도하고 찬송하면 성령으로 세례를 받게 됩니다. 성령으로 세례를 받으면 성령의 인도로 말씀을 깨닫게 됩니다. 말씀을 깨달으면서 신령한 영적인 눈이 열려서 신령한 신의 세계를 보게 됩니다. 성령께서 인도하시면서 신적인 사람으로 바꾸는 일을 하십니다.

첫째, 예수님을 주인으로 영접해야 한다. 신의 세계를 보고 하나 되어 신답게 살아가려면 기본이 먼저 예수님을 주인으로 영접해야 합니다. 예수님을 주인으로 영접할 때 죄인이던 아담은 예수님과 함께 십자가에서 죽고 다시 사신 예수님으로 태어나 성령의 인도를 받는 권능과 권능이 있는 하나님의 자녀로 살아가게 되기 때문입니다. 성경은 "영접하는 자 곧 그 이름을 믿는 자들에게는 하나님의 자녀가 되는 권세를 주셨으니 이는 혈통으로나 육정으로나 사람의 뜻으로 나지 아니하고 오직 하나님께로 부터 난 자들이니라"(요1:12~13).

1) 예수 그리스도 안에만 구원이 있기 때문입니다. 인류는 죄로 인해 하나님과의 관계가 단절되었습니다(로마서 3:23). 예수 그리스도는 우리의 죄를 대신하여 십자가에서 죽으심으로써, 하나님과의 관계를 회복할 수 있는 길을 열어주셨습니다. 그를 믿음으로 구원받는다는 사실은 우리에게 절실한 필요입니다.

2) 하나님과의 화해가 이루어지기 때문입니다

예수 그리스도는 우리의 중보자가 되십니다(히 9:15). 예수님은 죄를 단번에 해결하시어 하나님과 우리 사이의 다리를 놓아주셨습니다. 믿음을 통해 우리는 하나님과의 화해를 경험하고, 그 분의 은혜를 누리게 됩니다.

3) 하나님 사랑의 확증이기 때문입니다. 하나님은 우리를 사랑하셔서 독생자 예수를 이 땅에 보내셨습니다(요 3:16). 예수님의 희생은 하나님의 사랑의 극치로, 그 사랑을 믿음으로 받아들이는 것이 진정한 관계의 시작입니다.

4) 새로운 피조물로 회복시켜 주셨기 때문입니다. 예수를 믿음으로 우리는 새로운 피조물이 되었습니다(고후 5:17). 이전의 죄악된 삶에서 벗어나 새로운 정체성을 갖게 되는 것은 믿음의 큰 축복입니다. 이는 우리 삶의 방향과 목적을 변화시킵니다.

5) 성령이 영원토록 거주하시기 때문입니다. 주 예수를 믿으면 성령이 우리 안에 거하십니다(요 14:16-17). 성령은 우리의 삶을 인도하고, 힘을 주며, 진리를 깨닫게 하십니다. 신의 세계를 보게

하시고 대처하며 신답게 살게 하십니다. 믿음은 성령의 충만한 역사 속에서 이루어집니다.

6) 영원한 생명을 주시기 때문입니다. 예수 그리스도를 믿는 자는 영원한 생명을 주십니다(요 5:24). 세상의 것들은 결국 사라지지만, 예수 그리스도 안에서 영원한 생명은 우리의 궁극적인 소망입니다.

7) 영원한 진리 안에서 살아가기 때문입니다. 예수는 "나는 길이요 진리요 생명이다"라고 말씀하셨습니다(요14:6). 그를 믿는 것은 진리 안에서 살아가는 것이며, 세상의 거짓으로부터 자유로워지는 길입니다.

8) 고난 속에서도 영원한 동반자가 있기 때문입니다. 예수를 믿는 삶은 고난이 동반될 수 있지만(롬 8:17), 성령님은 우리의 고난을 함께 지고 가십니다. 고난 속에서 우리는 그의 위로와 힘을 경험하게 됩니다. 예수님은 믿으면 성령께서 인도하시면서 신적인 사람으로 바꾸는 일을 하십니다.

둘째, '성령 세례'를 받아야 합니다. 성령세례는 성령의 역사를 몸과 마음으로 느끼고 체험하는 실제적인 역사입니다. 필자는 성령세례는 자신 안에 주인으로 오신 성령께서 폭발하여 자신의 전 인격이 느끼고 체험하게 하시는 사건이라는 것입니다. 많은 사람들이 단지 예수님을 주인으로 영접하는 신앙을 고백한다는 사실 하나만으로 이미 성령을 받은 것이라고 자신 있게 주장합니다. 그러나 이러한 주장에는 성경 적인 근거가 전혀 없습니다. 진실한 믿음이 없어도 얼마든지 신앙을 고백을 할 수 있습니다. 마음의 진실은 오직 하나님만이 정확하게 판단하실 수 있으십니다.

첫째로 성령의 세례를 받아야 '거룩한 구원'을 받을 수 있다. 세례요한은 일찍이 예수님을 가리켜서 성령과 불로 '세례(洗:씻을 세, 禮:법식례)'를 주시는 분이라고 증거를 한 바 있습니다. 물세례(洗禮)를 준다는 것은 '물로 씻는다.'라는 뜻입니다. 모든 부정하고 더러운 것에서 깨끗하게 씻어준다는 의미입니다. 물세례는 사람에게 받습니다. 그러므로 물세례로는 자신이 바뀌지 못합니다. 고로 자신에게 역사하던 세상 신이 물러가지 않는 것입니다. 성령세례는 성령께서 마음이 열고 받아들이는 성도의 전인격을 성령의 불로 지배하고 장악하기 시작한다는 것으로 이해하면 됩니다. 그러므로 성령의 세례를 받으면 무엇보다도 영혼과 양심이 정결하게 됩니다. 성령님이 지배하고 장악하기 때문입니다. 성령의 세례를 받았다 하면서 여전히 죄와 욕심 가운데 행하고 있다면, 그 사람은 거짓말을 하고 있거나 심각한 착각 속에서 살고 있는 것입니다. 성령 세례란 영광의 성령께서 구원해 주시는 영으로서 한 영혼에게 '최초로 찾아오시는 사건'을 가리킵니다. 성령의 세례를 받아야 그 때부터 영혼이 온전히 거듭나고 구원받게 됩니다. 성령의 세례를 받지 못하면 하나님 나라에 들어갈 수 없습니다.

이 때에 예루살렘과 온 유대와 요단 강 사방에서 다 그에게 나아와 자기들의 죄를 자복하고 요단강에서 그에게 세례를 받더니 요한이 많은 바리새인과 사두개인이 세례 베푸는 데 오는 것을 보고 이르되 "독사의 자식들아, 누가 너희를 가르쳐 임박한 진노를 피하라 하더냐? 그러므로 회개에 합당한 열매를 맺고 속으로 아브라함이 우리 조상이라고 생각지 말라. 내가 너희에게 이르노니 하나님이 능히 이 돌들로도 아브라함의 자손이 되게 하시리라. 이미 도끼가 나무뿌리에 놓였으니 좋은 열매 맺지 아니하는 나무마다 찍어 불에 던지우리라."(마3:5~10). "나는 너희로 회개케 하기 위하여 물로 세례를 주거니와 내 뒤에 오시는 이는 나보다 능력이 많으시니 나는 그의 신을 들기도 감당치 못하겠노라 그는 성령과 불로 너희에게 세례를 주실 것이요, 손에 키를 들고 자기의 타작마당을 정하게 하사 알곡은 모아 곡간에 들이고 쭉정이는 꺼지지 않는 불에 태우시리라."(마3:11-12).

세례요한이 성령의 세례를 증거 할 때의 상황을 유심히 살펴보기 바랍니다. 세례요한은 '회개를 이루기 위하여' 물로 세례를 주지만, 예수님께서는 성령과 불로 세례를 주신다고 증거 하였습니다. 세례요한은 '세례의 목적'을 분명히 제시한 것입니다. 물세례 가지고는 이러한 목적을 온전히 성취할 수 없었습니다. 물세례는 지정된 사람이 집례 하는 것입니다. 물세례는 사람의 것만 씻는 것이기 때문입니다. 반대로 성령세례는 예수를 영접할 때 임재하신 예수님이 주시는 세례입니다. 그렇기 때문에 물세례와 성령세례는 전적으로 비교되지 않는 영적인 역사입니다. 예수님께서 성령으로 세례를 주실 때 하나님의 사람으로 거듭나는 다시 태어나는 것입니다.

둘째로 성령의 세례를 받아야 주님의 몸 된 교회의 참된 지체가 될 수 있다. 성령의 세례를 받아야만 죄와 마귀로부터 구원을 받을 수 있고 참된 하나님의 자녀가 될 수 있습니다. 마귀가 떠나가야 하나님의 사람으로 다시 태어나는 것입니다. 성령의 역사가 일어나야 자신 안에 역사하는 세상 신이 물러가기 시작하는 것입니다. 하나님께서 영이시며 초자연적으로 역사하시기 때문입니다. 성령 세례를 받음으로 영이신 하나님을 깨달아 알아가는 것입니다. 그렇다면 과연 누가 예수 그리스도의 몸 된 교회의 참된 일원이라 할 수 있겠습니까? 성령으로 세례를 받은 사람만이 교회의 참된 지체가 될 수 있습니다. "우리가 유대인이나 헬라인이나 종이나 자유자나 다 한 성령으로 세례를 받아 한 몸이 되었고 또 다 한 성령을 마시게 하셨느니라."(고전12:13). 교회란 어떤 곳입니까? 교회는 그리스도의 몸이요, 그리스도는 몸 된 교회의 머리가 되십니다. 그리고 이 교회는 성도 한 사람 한 사람을 말하며 살아계신 하나님의 성전이며 그리스도의 몸이며 교회의 각 지체들입니다.

그러므로 성도 한 사람 한 사람은 머리되신 그리스도의 뜻을 즐거이 순종하는 사람들이어야 합니다. 다시 말하면, 성도 한 사람 한 사람은 그리스도의 성품과 긴밀하게 일체화된 사람이 되어야 한다는 뜻입니다. 성도는 그리스도의 성품 속으로 일체화되어 들어 온 사람입니다. 이것이 가능할 수 있게 해주는 것이 무엇입니까? 그것이 바로 영이신 예수님이 행하시는 성령의 세례입니다.

성령의 세례를 받을 때에 진정으로 하나님의 뜻을 즐거워할 수 있게 되고, 하나님의 뜻을 실제로 온전히 이루는 삶을 살 수 있게 됩니다. 성령의 세례를 받을 때에 하나님 아버지의 본질 속으로 들어오게 되는 것입니다. 한 성령을 마신 성도들이 모인 교회야말로 참된 교회라 할 수 있는 것입니다.

셋째로 성령 세례는 신약의 성도에게 약속해 주신 하나님의 가장 크고 놀라운 선물이다. 예수께서 대답하여 가라사대 "이 물을 먹는 자마다 다시 목마르려니와 내가 주는 물을 먹는 자는 영원히 목마르지 아니하리니 나의 주는 물은 '그 속에서 영생하도록 솟아나는 샘물'이 되리라."(요4:13-14). 명절 끝 날 곧 큰 날에 예수께서 서서 외쳐 가라사대 "누구든지 목마르거든 내게로 와서 마시라! 나를 믿는 자는 성경에 이름과 같이 그 배에서 '생수의 강'이 흘러나리라!"하시니 이는 그를 믿는 자의 받을 성령을 가리켜 말씀하신 것이라(요7:37~39). 성령의 세례를 받아야 내면에서 성화(거룩함)가 일어나고 성령의 내주(內住)가 시작되고 인(印)침이 이루어집니다. 즉 지금까지 자신을 주장하던 세상 신이 떠나가기 시작하는 것입니다. 성령세례를 받을 때 귀신이 떠나가기 시작한다는 말입니다. 성령의 세례를 받음이 없이 그리스도와 연합할 수도 없으며 성령의 보증을 얻을 수도 없습니다. 예수님의 인격으로 변화될 수도 없는 것입니다. 마음의 상처나 질병이나 정신적인 문제가 성령 세례를 받음과 동시에 치유되기 시작하는 것입니다. 성령의 역사는 마음의 상처나 질병이나 정신적인 문제보다 한 차원 강한 역사이기 때문입니다. 성령의 세례를 이렇게 깨달을 수가 있습니다. 성령의 세례는 요한복음 4장 14절에서 예수님께서 말씀하신 "내가 주는 물을 마시는 자는 영원히 목마르지 아니하리니 내가 주는 물은 그 속에서 영생하도록 솟아나는 샘물이 되리라."가 실제적으로 체험적으로 이루어지는 체험입니다. 성령의 세례로 전인격이 성령의 지배로 예수님의 살아계심을 체험하는 것입니다. 자신 안에서 주인으로 살아계심을 체험하는 것입니다. 성령님께서 영적-정신적-육체에 주인으로 역사하심으로 하나님의 나라가 이루어지기 시작하는 것입니다. 신약 시대 최대의 선물이 되시는 성령께서는 구약 시대와 같이 특별한 사람에게만 약속되어진 것이 아닙니다. 오히려 '신약의 모든 보편적인 성도들을 위하여' 약속된 하나님의 가장 크고 놀라운 선물이십니다. 예수님께서는 '신약의 모든 성도에게' 이 귀하신 하나님의 선물을 받게 하시려고 십자가에서 피 흘려 죽으신 것입니다. 이 선물이 최초로 임하는 때가 언제입니까? 예수님을 믿고 예배하며 기도하다가 성령의 세례가 부어지는 때입니다. 성령의 세례를 받으면, 그 후로는 성령께서 '성도의 내면'에 주인으로 거하십니다. 이것은 놀라운 은혜가 아닐 수 없습니다. 천지를 창조하신 하나님께서 피조물인 인간 안에 친히 거처(居處)를 정하십니다. 성령님께서는 성도의 영혼 안에서 친히 영원하신 생명과 거룩의 원리로서 그 영혼을 인격적으로 장악하십니다. 우주보다 크신 하나님께서 우주 안의 티끌보다 더 작은 한 인간의 영혼 안에 거룩한 불을 불태우시면서 친히 영원한 거처를 삼으시다니요. 이것은 구약 시대에는 감히 상상하거나 생각해 보지도 못했던 놀라운 하나님의 은혜입니다. 성령의 세례를 받으면 성령께서 택자의 내면에 좌정하시고 그 시간 이후로 거처를 영원히 떠나지 않으십니다. 그는 그의 안에 계신 성령으로 말미암아 하나님의 도우심과 보호하심을 입어서 끝까지 믿음과 주님을 향한 정절을 지키게 됩니다.

신약 시대는 성령을 아주 풍성하게 부어주시는 '은혜의 때'입니다. 성령의 세례란 그저 손으로 물을 조금 묻혀서 부어주는 정도가 아니라 큰 은혜의 하수(河水)가 밀려들어옴 같이 자신 안에서 성령이 부어지는 것을 의미합니다. 예수님은 요한복음 7장 37-39절에서 "명절 끝날 곧 큰 날에 예수께서 서서 외쳐 이르시되 누구든지 목마르거든 내게로 와서 마시라 (38) 나를 믿는 자는 성경에 이름과 같이 그 배에서 생수의 강이 흘러나오리라 하시니 (39) 이는 그를 믿는 자들이 받을 성령을 가리켜 말씀하신 것이라." 예수님은 이렇게 말씀을 하셨습니다. "그러므로 너희는 가서 모든 민족을 제자로 삼아 아버지와 아들과 성령의 이름으로 세례를 베풀고 (20) 내가 너희에게 분부한 모든 것을 가르쳐 지키게 하라 볼지어다 내가 세상 끝날까지 너희와 항상 함께 있으리라 하시니라"(마 28:19-20). 예수님은 다시 당부하셨습니다. "사도와 함께 모이사 그들에게 분부하여 이르시되 예루살렘을 떠나지 말고 내게서 들은 바 아버지께서 약속하신 것을 기다리라 (5) 요한은 물로 세례를 베풀었으나 너희는 몇 날이 못되어 성령으로 세례를 받으리라 하셨느니라."(행 1:4-5). 이 말씀을 듣고 순종한 성도들이 성령세례를 받습니다. "홀연히 하늘로부터 급하고 강한 바람 같은 소리가 있어 그들이 앉은 온 집에 가득하며 (3) 마치 불의 혀처럼 갈라지는 것들이 그들에게 보여 각 사람 위에 하나씩 임하여 있더니 (4) 그들이 다 성령의 충만함을 받고 성령이 말하게 하심을 따라 다른 언어들로 말하기를 시작하니라."(행 2:2-4). 예루살렘을 떠나지 않고 일심으로 순종하며 기도하는 사람들에게 예수님께서 약속하신 대로 성령의 세례가 임합니다. 순종하는 사람만 성령세례를 받았습니다. 우리가 성령의 세례를 사모할 때에 이와 같이 풍성하고도 흡족히 부어주시는 은혜를 구해야 할 것입니다. 하지만 성령세례로 만족하지 말고 예수님으로부터 성령의 불세례를 받아야 합니다.

셋째, 성령 충만을 받아야 합니다. '성령 세례'는 택한자가 거듭날 때 최초로 한 번 받는 것입니다. 그러나 '성령 충만'은 성령의 세례를 이미 받은 성도가 그의 남은 일생동안 계속적으로 사모하면서 받아야 할 은혜입니다. 사도행전 2장을 보면 예수님 부활 후 첫 오순절에 제자들이 최초로 성령의 세례를 받는 장면이 나옵니다. 그리고 그 이후에 수많은 반대와 핍박에도 불구하고 담대히 복음을 전하고 기도하다가 성령의 충만을 받는 장면을 발견할 수 있습니다(행 4:23~31). 사도행전을 보면 제자들이 주로 기도와 찬송 중에 성령의 충만을 받는 모습을 발견할 수 있습니다(행 4:23~31). 성령세례를 받는 일이 없었는데도 불구하고 감히 성령 충만하다고 함부로 말하는 사람들을 (타 교회에서) 종종 볼 수 있었습니다. 이것 보고 관념적인 신앙생활을 하는 것이라고 할 수가 있습니다. 알기만 하는데 실제 체험이 없다는 것입니다. 단순히 기분이 좋다는 표현을 성령 충만하다는 식으로 농담으로 표현하는 사람도 있었습니다. 성령님은 삼위일체의 제3위가 되시는 하나님이십니다. 하나님의 거룩하신 이름이 들어가는 단어를 진지하고 신중하게 사용해야 합니다.

성령 충만하다는 것은 '그리스도의 영으로 충만해진 상태'를 말하는 것입니다. 그리스도의 거룩하심과 뜨거운 사랑으로 충만해지는 것입니다. 주님의 거룩하신 성품과 사랑과 말씀과 지혜와 능력으로 충만해지는 것을 말합니다. 성령 충만한 사람은 이기적 욕심이 완전히 죽고 성령님께서 인도하시는 이타적 삶으로 인도함을 받게 되어있습니다. 세상이 줄 수도 없고 알 수도 없는 평안과 기쁨이 충만합니다. 세상의 염려와 걱정을 하나님께 내어 맡기고 담대히 자신이 짊어져야 할 '십자가의 사명 (하나님께서 주신 이타적 사명)'을 지고 즐거이 주님을 따르는 삶을 살게 됩니다. 성도라고 한다면 예수님으로부터 성령의 불세례를 받아 성령이 차고 넘치는 충만함으로 성령의 기름부으심으로 살아야 합니다. 많은 성도들과 목회자들이 성령 체험, 성령세례, 성령 충만, 기름 부음을 혼용하고 정확하게 알고 있지 못합니다. 성령 체험은 성령님이 살아계시고 성령의 역사가 이런 것이구나 하고 단회적으로 체험하는 것입니다. 성령세례는 성령으로 온몸이 사로잡히는 것입니다. 자신도 온몸으로 알고 옆에 있는 다른 사람들도 알게 됩니다. 이 때 귀신이 정체를 폭로하기도 합니다. 성령 충만은 성령으로 세례를 받고 성령으로 온몸으로 깊은 기도를 할 때마다 성령께서 온몸을 충만하게 채우고 사로 잡는 것을 말합니다. 한 마디로 보이지 않지만 살아계시는 성령님이 차고 넘치게 역사하시는 것입니다. 성령의 기름부음은 성령 충만과 같은 것입니다. 성령에 대하여 바르게 알고 싶으신 분은 **[성령의 불받는 법]과 [성령의 불 받을 때 느낌 체험]** 책을 참고 하시기를 바랍니다.

30장 성령으로 깊은 기도를 하라.

신적인 세계를 보고 하나 되어 신답게 살아가려면 기도를 성령으로 깊은 기도를 해야 합니다. 우리가 깊은 기도의 단계에 들어가기 전에 통과해야 할 관문이 있습니다. 이는 부르짖는 기도의 단계입니다. 부르짖는 기도를 하지 못하는 성도가 깊은 기도를 하면 영이 막힐 수가 있습니다. 반드시 부르짖는 기도를 하여 자신 안의 하나님과 막힌 영의 통로를 연 다음에 깊은 기도의 단계에 들어가야 한다는 것을 강조하고 싶습니다. 부르짖는 기도를 너무나 어렵게 생각할 필요는 없습니다. 호흡을 배꼽 아래까지 들이쉬고 내쉬면서 주여! 하면서, 즉 복식호흡을 하면서 연속적으로 하면 영의 통로가 열리게 됩니다. 호흡을 배꼽 아래까지 들이쉬고 내쉬면서 주여! 주여! 주여! 를 연속적으로 하면 되는 것입니다.

깊은 기도는 "쏘다, 던지다, 또는 숨쉬다, 호흡하다."에서 나온 말로 하루에 몇 번이라도 화살을 쏘듯이 자신 안의 주인이신 하나님께 바쳐 올리는 짧은 영의 기도, 한 번 숨 쉬고, 두 번 숨 쉬는 가운데 호흡처럼 함께 계속적으로 자연스럽게 반복하여 성령 안에서 영으로 기도하는 것입니다. 깊은 영의 기도에 이르는 방법은 이렇습니다. 깊어져 가는 순서에 따라 3단계로 구분합니다. 깊은 영의 기도 첫 단계는 소리를 내며 기도하는 육의 기도입니다. 두 번째 단계는 마음으로 하는 마음의 기도 단계입니다. 세 번째 단계는 깊은 영의 기도의 마지막 단계로서 두 번째 단계 마음의 기도를 계속하여 마음의 기도에 몰입할 때 자신도 모르는 순간에 들어갈 수 있는 깊은 영의기도입니다.

첫째, 깊은 영의 기도 1단계: 깊은 영의 기도의 1단계는 소리내어 하는 기도입니다. 깊은 영의 기도의 첫 단계는 소리를 내어 또박또박 천천히 기도하는 것입니다. 이때 급하게 하지 말고 마음과 정신을 집중하여 기도 문장의 의미를 깊이 의식하면서 반복해야 합니다. 이 단계는 [영] [혼] [육]중에서 "육으로 기도하는 단계"입니다. [영] [혼] [육]이란, 사람을 삼등분(삼분)하여 표현한 말입니다. (살전 5:23)"평강의 하나님이 친히 너희를 온전히 거룩하게 하시고 또 너희의 온 영과 혼과 몸이 우리 주 예수 그리스도께서 강림하실 때에 흠 없게 보전되기를 원하노라."

이는 앞으로 깊은 영의기도를 숙달하는데 핵심적이고 가장 중요한 요소이며 구별하고 알기가 무척 어려운 부분입니다. 필자가 기도문을 깊은 영의기도를 숙달하기 위하여 훈련할 때 현실 수행에 맞게 효과적으로 만들어 사용한 기도문입니다. "하나님 사랑합니다." "하나님 도와주세요." "하나님 용서해 주세요." "하나님 감사합니다." "하나님! 어떻게 할까요?"

여러 문장을 가지고 기도해 보았으나, 너무 길어서 효율이 떨어지고 나중에 자동으로 반복할 시에도 장애가 됩니다. 한번 자신이 정한 문장을 자주 바꾸면 반복하는데 어려움과 습관화시키는데 오랜 시간이 걸리므로 한번 정할 때에 간단명료하게 정하고 자주 바꾸지 말아야 합니다. 즉 이성과 정신을 사용해야 함으로 영적인 상태에 들어가는데 지장이 있습니다. 나중에 이 "한번 기도하는데 걸리는 시간"이 "걸을 때에 오른발과 왼발을 한번 내딛는데 걸리는 시간"과 또는 "호흡을 들이쉬고 내쉬는 시간"과 잘 맞아야 합니다. 그래서 바로 전에 말씀드린 간단한 기도문이 적절하다고 생각합니다. 자기 나름대로 기도문을 만들어 사용해도 됩니다. 자주 바꾸지는 마세요. 나중에 힘들어집니다. 깊은 영적인 상태에 들어가기 어려워진다는 말입니다. 이 음성기도는 무의식에 심기어 자동으로 반복 되어지는 것을 경험할 때까지는 계속되어야 합니다. 나중에 2, 3단계 기도에 어려움이 생길 때에는 다시 1단계의 음성기도로 돌아와서 집중력을 길러 다시 올라가야 합니다.

둘째, 깊은 영의기도의 2단계. 깊은 영적인 단계에 들어가는 깊은 영의기도 2단계는 마음의 기도입니다. 깊은 영의기도 2단계 기도를 숙달 할 때 "복식 호흡법"을 기도와 연결하면 쉽게 습관화시킬 수 있습니다. 즉 숨을 들이쉬고 내쉬는 동작을 한 사이클로 해서 반복합니다. 조용하고 편안한 곳, 기도에 방해받지 않고 집중하여 기도할 수 있는 자세를 취하시기를 바랍니다. 의자 등거리에 등과 엉덩이를 밀착하여 앉거나, 무릎을 꿇고 하는 것도 좋습니다. 본인이 하기 좋고, 편안하고, 자기를 낮추어 겸손하게 만들고 오래할 수 있는 자세를 취하는 것이 좋습니다.

예를 들면, 숨을 들이쉬면서, "하나님" 하고, 숨을 내쉬면서

"사랑합니다." 하세요. 자연스럽게 호흡하는 속도로 하면 됩니다. 숨을 내쉴 때에 "사랑합니다."라고, 말한 뒤에도 계속 기도 내용에 집중하면 좋습니다. 또 다른 방법은 숨을 들이쉬고 내쉬면서, "하나님 도와주세요." 하고, 숨을 들이쉬고 천천히 내쉬면서 "하나님 용서해 주세요." 이렇게 하는 것은 특별한 왕도가 없고 본인이 편안하고 오래 습관적 집중적으로 할 수 있으면 됩니다.

    절대로 남이 그렇게 했다고 따라서 할 필요는 없다는 것입니다. 2단계는 목소리를 죽이고 우리 머리의 생각을 죽이고 마음에 고도로 집중하여 기도합니다. 즉 우리의 "마음"을 이용하여 하는 기도입니다. 1단계 음성기도가 깊어지면 2단계 마음의 기도는 자연스럽게 반복됩니다. 오랜 시간 기도할 때 소리 내어 기도하는 발성 기도로 오래하면 피곤하고 지치므로 1시간은 발성기도, 1시간은 마음의 기도를 하면 서로 조화를 이루는 기도가 됩니다.

    이 마음의 기도가 안 되고 정신이 산란해지면 발성 기도로 다시 돌아가야 합니다. 잘못하면 잡념에 사로잡히고 기도문이 막히는 경우도 생깁니다. 잡념을 해결하는 방법은 소리를 내어 발성 기도를 하든지, 계속적으로 예수님 사랑합니다. 예수님 도와주세요. 주여! 주여! 예수님을 찾응 등등으로 해결책을 찾아야 합니다. 절대로 잡념은 "떠나가라. 떠나가라." 하지 말고 지속적으로 예수님을 찾으면서 기도하면 자신 안에서 올라오는 성령의 권능으로 잡념이 떠나가고 사라지는 것입니다. 잡념의 원인은 내 안의 죄악과 세상에 대한 정욕과 상처 스트레스 들 때문입니다. 성령으로 충만한 상태에서 회개하고 용서하고 겸손해지면 잡념은 물러갑니다. 잡념에 관심을 두지 말고 지속적으로 기도를 하면 잡념은 사라집니다.

셋째, 깊은 영의기도의 3단계. 깊은 영적인 단계에 들어가는 깊은 영의기도 3단계는 가장 어려운 단계로 영으로 하는 기도입니다. "정신의 핵심"인 영이 거처하는 마음 안에 내려가 영과 하나가 되는 성령의 기도입니다. 즉 혼의 가장 깨끗한 핵심 부분인 "누스"(Nous)가 영과 결합하여 성령으로 드리는 영의기도입니다. 이 기도는 1,2단계 기도가 충분히 발전되어 자동으로 깊은 영의기도가 24시간 쉼 없이 이루어질 때에 일어납니다. 순간 한 단계 낮은 단계로 떨어져서 깊은 영으로 기도를 하게 됩니다. 쉬지 않고 하나님을 찾으며 기도하는 단계입니다. 저는 이를 마음 속으로 들어가는 기도라고 합니다. 이때 마음 속 영에서 무한한 능력이 올라오게 됩니다.

항상 성령의 임재 가운데 있는 상태입니다. 즉 회개와 겸손과 희생으로 영적-정신적-육체가 충분히 정화되고 성령의 조명을 받을 때에 일어납니다. 이 때에 하나님을 대면하며 그의 현존과 임재를 느끼며, 우리의 전인(全人)(영적.정신적.육체적)이 치유되고 통합되는 신비한 체험을 합니다. 쎄오리아(Theoria), 즉 하나님을 "바라봄"(Contemplation: 봄, 임재 하심을 느낌, 현존을 체험)이라는 최고의 단계에 이릅니다. 이것은 어떤 부정적 의미의 신비주의나 엑스타시가 아니라, 자신 안에서 올라오는 성령의 역사로 내

전인이 변화를 받아 지혜와 사랑을 얻기 위한 성령하나님의 은총의 체험입니다.

이 바라봄의 결과로 하나님이 주신 성령의 불과 능력이 흘러나오며, 하나님이 주시는 참 지혜가 생기며, 세상을 향해 베풀 수 있는 사랑을 하나님으로부터 받게 됩니다. 저는 이 기도를 통하여 저의 영적-정신적 육체의 치유와 깊은 영성을 유지하며 사역을 하고 있습니다. 이 깊은 영의기도 3단계에 의식적으로 들어가야 하겠다고 생각하면 절대 들어갈 수 없습니다. 2단계 마음의 기도를 집중적으로 몰입해서 계속하다가 보면 어느 순간에 한단계 깊은 영의기도에 들어갑니다. 영의 기도의 최고의 경지로서 여러 가지 영적 체험을 할 수 있습니다. 이 단계에 들어가려면 많은 훈련과 의지와 노력이 필요합니다. 마음과 같이 쉽게 되지 않습니다.

넷째, 깊은 영의기도를 숙달하는 여러 방법

1) 심장기도: 심장박동에 맞추어 깊은 영의기도를 하는 것입니다. "예수여~ 나를 도우소서"라는 기도문을 심장 박동에 맞춤으로 기도에 다른 생각이 들어가지 못하게 하는 것입니다. 심장박동에 맞춤으로 생각과 마음을 분리시키는 것입니다. 그리고 이 간단한 문장에 트럭에 짐을 실어 보내 듯 문제를 실어서 주님에게 보내시기 바랍니다.

① 자신의 심장박동에 정신을 집중하세요.
② 손을 심장 부분에 대어서 박동을 감지하세요.

③ 심장의 박동에 한 단어 또는 절반을 실어서 마음으로 기도문을 외우세요.

④ 기도문을 박동에 실어서 규칙적으로 기도하세요. 짧게 또는 길게 하여도 무방합니다.

2) 시계 초침 소리에 맞춰서: "예수님…. 사랑합니다." 반복하며 기도하는 것입니다. 먼저 십자가에 달리신 주님과 부활하신 주님을 생각하세요. 영광중에 다시 오실 예수님을 상상하세요. 모든 권세를 예수님은 지니고 계십니다. 그 분을 내 마음에 담고 내 마음에 충만히 거하시게 하며 예수님의 사랑을 마음에 가득히 소유하세요.

3) 복식 호흡기도: 기도문을 호흡을 할 때, 숨을 가만히 들어 마시면서 "예수님을…." 부릅니다. 다시 호흡을 내 쉬면서 "사랑합니다." 계속 반복하면 마음이 안정되며, 정신이 맑아지며, 마음이 평안해지며, 심령 깊은 곳에서 성령의 역사 주님의 임재가 시작됩니다. 계속하다가 보면 자신 안의 하나님의 보좌와 연결되는 영적인 상태가 되는 것입니다.

4) 걸으면서 기도: 한 발자국씩 걸을 때 '예수님' 다음 발자국에 '사랑합니다.' 이렇게 계속 걸어가면서 기도합니다.

5) 맥박 기도: 한 손을 가슴에 대거나 맥박을 느낄 수 있는 손목에 대거나 해서 한번 맥박이 뛸 때 '예수님….' 다음번에 '사랑합니다.' 를 반복하세요. 맥박에 집중하며 기도합니다.

6) 잠자기 전에 잠자면서 기도: 음악을 잔잔하게 틀어 놓는 것

이 좋습니다. 순수한 악기로만 연주된 찬양이 좋습니다. 미가엘 찬양반주기가 좋습니다. 가슴에 손을 얹고 "예수님 사랑합니다."를 반복하세요. 그러면서 잠을 자는 것입니다.

7) 전철에서 기도: 전철을 타면 기차 레일에서 반복적으로 나는 소리에 한 번에 '예수님' '사랑합니다.'를 반복하세요.

8) 일을 하면서 하는 기도: 마음으로 "예수님 사랑합니다.""예수님 도와주세요.""예수님 어떻게 할까요?" 우리의 모든 공간(생각, 마음, 영혼)을 거룩한 예수님의 이름으로 가득히 채워야 합니다. 우리 안에 예수님이 채워져 있으면 있을수록 혼돈, 무질서, 음란, 욕심, 불안함, 두려움, 좌절감과 같은 부정적이며 나에게 피해를 주는 나쁜 감정,생각들이 나에게 영향을 주지 못하게 되고 주님이 주시는 평안과 위로와 소망이 늘 나의 마음과 생각을 주장하게 됩니다. 처음에는 깊은 영의기도가 무료하게 느껴질 수 있습니다. 그러나 인내하며 계속하면 자신의 메마른 심령에서 맑은 물이 어디선가 흘러 들어오는 것을 느낄 수 있습니다. 내 영혼 깊은 곳에서 마치 새벽이 오는 것처럼 마음이 밝아오는 것을 내면에서 느껴집니다. 깊은 영의기도를 반복하여 자신의 영혼에 불을 피어나게 해야 합니다.

다섯째, 영성이 깊어지고 영이 깨어나는 깊은 영의기도의 실천.
성령님을 먼저 요청하세요. 손을 가슴에 얹고. 편안한 자세, 간편한 옷을 입고, 배가 고프지도 않고, 너무 부르지도 않은 상태에서,

조용한 시간으로 잠자기 직전, 직후의 1-2시간을 택해서 하면 좋습니다. 부부가 같이 하면서 서로 기도해 주면 더욱 좋습니다. 조용한 장소로서 소파 같은 곳, 약간 딱딱한 곳이 좋습니다. 찬양 음악이 있으면 좋습니다. 순수한 악기로만 연주된 찬양이 좋습니다. 시작 전에 조용한 찬양을 하거나 들으세요.

그러면서 성령님에게 집중하세요. 성령님을 자꾸 찾으세요. 단조롭게 성령님을 부르세요. 도움을 요청하세요. 감사와 사랑을 고백하세요. 그러면서 가만히 있으세요. 마음속에 성령님을 느끼세요. 호흡이 약간 빨라집니다. 긴장이 풀리면서 눈까풀이 떨거나 표정이 평안하게 됩니다. 불이 심령에서 올라오고, 약간 몽롱한 상태, 그러나 마음이 부풀어 오르는 것 같은 상태를 느낄 수 있게 됩니다. 포근함, 안락함, 짐을 내려놓은 느낌을 가지게 됩니다. 그러면서 계속 성령님을 찾으세요. '성령님, 임하소서' '성령님 사랑합니다.'하고 자꾸 성령님을 부르세요.

그러면서 시간의 개념으로부터 분리 되려고 해야 합니다. 외부적인 감각이 꺼지면서 내면의 활동이 강하게 됩니다. 그 자체가 이미 기쁨이 넘치며 많은 은혜가 임하게 됩니다. 깊은 영의기도는 우리에게 신비한 체험을 하게 합니다. 날마다 영으로 깊은 영의기도를 하여 신비한 체험을 하고 간증하는 모두가 되시기를 바랍니다.

여섯째, 깊은 영의기도 체험. 깊은 영의 기도는 처음에 막연하고, 허무하고, 공백상태 같고, 시간낭비, 게으름 같은 느낌을 가집니다. 그러나 그렇게 생각하지 말아야 됩니다. 자꾸 하면 할수록 자신의 영성과 성품의 변화와 영적-정신적-육체적인 건강을 체험적으로 느끼게 됩니다. 의지를 가지고 숙달하여 보시기를 바랍니다. 평소에 삶의 대부분을 정신 활동에 익숙해 왔기 때문에 마음의 활동이 무의미하거나, 이상하게 느껴질 수도 있습니다. 그러나 꾸준히 계속하면 놀라울 정도의 영적 발전을 하게 됩니다. 중요한 것은 불씨를 얼마나 귀하게 간직하고 키우는가 하는 것입니다. 지속적인 훈련이 중요합니다. 절대로 중간에 훈련을 놓치지 말아야 합니다. 깊은 영적 기도는 참으로 신앙생활의 보물이요 금맥입니다. 험악한 세상을 이기는 능력이 자신 안의 성령님으로부터 올라옵니다. 많은 것이 이 깊은 영적 기도를 통해 옵니다.

성령과 교제하는 깊은 영의 기도에서 중요한 것은 깊이 들어가는 것입니다. 깊이 들어가야 맑은 생수가 나오게 됩니다. 전에는 조금만 파도 되었으나, 이제는 오염되었으므로 깊이 파야 합니다. 깊이 파는 훈련을 게을리 하지 말아야 합니다.

문제는 지속적인 훈련입니다. 얼마나 계속하느냐 입니다. 이것이 바로 믿음입니다. 믿음으로 계속하는 것입니다. 익숙해질 때까지 의지를 동원하여 감각, 감정, 지성, 이성, 의지, 상상력을 최대한으로 중지한 상태에서 기도하다가 보면, 자신의 깊은 곳에서 무엇인가 새롭고 신비스러운 능력이 활동하며, 그러는 사이에 자신도 모르는 사이에 내적, 육체적 상처가 치유되며, 성품이 새로워지며, 삶의 소망과 기쁨이 넘치며, 영성이 발달되며 영감과 지혜가 발달되며, 신앙의 궁극적 목적인 하나님을 뜨겁게 사랑하게 됩니다. 지금 살아있으면서 천국을 체험할 수가 있습니다.

깊은 영의기도를 하려면 먼저 불같은 성령으로 세례를 받아야 합니다. 그리고 무의식 잠재의식의 마음의 상처를 치유해야 합니다. 내면을 다져야 합니다. 이것도 대충이 아니라 완전하게 치유되어야 합니다. 목회자라면 사모님과 같이 내적치유를 받는 것이 좋습니다. 필자가 이제 좀 영적인 눈을 뜨고 목회를 하다 보니 목회가 그렇게 말같이 쉬운 것이 아닙니다. 목사 안수 받았다고 목사가 되는 것도 목회하는 것도 아닙니다. 영육의 많은 준비가 중요합니다. 그것도 사모님하고 같이 준비해야 합니다. 그래서 저는 내적치유를 1년을 받고 깊은 영의기도 훈련을 받아, 깊은 영의기도에 대한 이론을 숙지하고 직접 깊은 영의기도를 숙달하는 개인훈련을 약 7개월 동안 주야를 불문하고 마치 미친 사람같이 내 안에 하나님을 찾으며 기도를 하고 다녔습니다.

그러다가 숙달하게 되었습니다. 성도나 목회자가 영적으로 바뀌는 것이 그렇게 대충 쉽게 되는 것이 아닙니다. 많은 목회자 분들이 대충해서 능력을 받으려고 하는데 마음부터 바꾸어야 합니다. 의지와 노력이 필요합니다. 깊은 영의 기도에 돌입하면 이런 현상이 나타납니다. 마음속에서 불이 올라오는 것을 느낍니다. 얼굴이 성령의 불로 화끈 거리기도 합니다. 손에서 불이 나오는 것을 느끼기도 합니다. 그러면서 마음에 참 평안이 찾아옵니다. 잠을 자는 것도 아니고 그렇다고 쉬는 것도 아닌 몽롱한 현상이 찾아옵니다. 너무너무 평안해집니다. 체험해야 이해가 됩니다.

그러면서 온몸을 성령께서 만져주십니다. 뭉친 근육도 풀어주시고, 관절과 관절 사이의 아드레날린도 풀어주시고, 허리 디스크 어긋난 곳도 허리를 돌리면서 흔들어 맞추어 주시고, 막힌 영의 통로도 뚫어 주시면서 재채기도 하게 하시고, 하품도 나오게 하시고, 입에서는 계속 불이 나오고, 얼굴은 성령의 불로 화끈 거리고, 몸은 가누지를 잘못합니다.

그러니까, 잘 모르는 성도는 목사님이 기도 안 하시고 주무신다고 할 정도로 몸을 가누기가 힘이 듭니다. 좌우지간 무아지경에 빠지게 됩니다. 이렇게 깊은 임재에 들어가 있을 때 누가 지나가면서 생각하고 말하는 것까지 다 느낄 수가 있습니다. 예를 들어 옆에 지나가는 성도가 목사님 기도 하신다더니 주무시고 있고만, 하는 성도의 생각까지 감지하게 됩니다.

이러한 현상을 말로 표현한다는 것이 좀 그렇습니다. 어찌하든지 체험해 보면 이해하게 됩니다. 그러면서 성품이 변하고 세상 욕심이 없어지고 영육의 건강이 회복됩니다. 뼈와 근육과 장기에 쌓여있는 염증과 독소가 녹아서 배출이 됩니다. 그러므로 깊은 영의기도를 하면 영육의 건강에도 무척 도움이 됩니다. 깊은 영의 기도를 숙달하여 보시기를 바랍니다. 더 상세한 것은 **[깊은 영의 기도 숙달하는 비결] [성령으로 온 몸기도 하는 법]** 책을 참고 하기를 바랍니다.

31장 하나님의 눈으로 자신과 세상을 보라.

신적인 세계를 보고 대처하며 신답게 살아가려면 자신을 정확하게 보는 눈이 열려야 합니다. 자신을 보는 눈은 성령께서 열어주십니다. 성령께서 자신을 보게 하실 때 자기 인생의 꼬이는 원인이 자기 안에 있다는 것을 깨닫게 됩니다. 깨달을 때 자기를 고치게 됩니다. "안약을 사서 발라 보게 하라." 이 말씀은 "나는 부자라 부요하여 부족한 것이 없다." 라는 말씀은, 오늘날 기독교인들의 영적 상태는 믿음으로 이미 구원을 받아 하나님을 아버지라 부르며 이미 하나님의 아들이 되어있기 때문에 부요하여 신적인 부자가 되어 있다는 말씀입니다. 그런데 위의 말씀은 오늘날 기독교인들에게 네가 가난한 것과 눈먼 것과 벌거벗은 것을 알지 못한다고 합니다. 가난이란 영적으로 빈곤한 상태를 말합니다.

오늘날 기독교인들은 이미 믿음으로 구원은 받은 상태라 신앙으로 부를 축적하였으니 영적으로는 하나님의 말씀과 그리스도의 복음을 받아들이는 길이 막히면서 심히 가난한 자들이 되어버린 것입니다(계2:9). 하나님께서는 생명의 말씀들을 저축하여 부요한 자들이 되라고 하시건만 오늘날 기독교인들은 생명의 말씀에 대해서는 전혀 관심이 없고 이미 믿음으로 구원을 받은 자들이기 때문에 성경을 모르는 영적으로 심히 가난한 자들이라는 것이요, 그들은 또한 영적으로 가난하다는 것조차도 알지 못하는 가련한 자들이었던 것입니다. 눈이 멀었다는 것은 신적인 진리에 대하여 소경들이라는 것입니다. 성령으로 세례를 받지 못하고 성령으로 충만하지 못하다는 말입니다. 그러므로 성령으로 거듭난 진리의 영이 없는 사람은 사도들과 선지자들이 말하는 것이 무엇인지도 모르고 장성한 자로 성장해야 된다는 것을 알지도 못하며, 하나님이 사람들과 함께 하시는 새 하늘과 새 땅을 볼 수 있는 눈이 전혀 없는 자들이라는 것입니다.

그리고 벌거벗었다는 것은 오늘날 기독교인들이 신학 교리와 교권과 직분과 직책의 옷은 입었으나 속빈강정으로 성령께서 깨닫게 하시는 말씀의 지식이 없는 예수님의 말씀의 옷을 입지 않았다는 것이요(갈3:27) 세마포 옷(진리)이 무엇인지 알지도 못한지라 자기가 입어야 하는 옷을 알지도 못하며(계19:8) 예복이 무엇인지도 모르는 벌거벗은 자들이라는 것입니다(계16:15). 예복을 입지 않고 벌거벗은 자가 천국에 들어가면 그 수족을 결박하여 바깥 어두움에 내어 던져 거기서 "슬피 울며 이를 가는 자"가 될 것입니다.

마태복음 22:12~13 친구여 어찌하여 예복을 입지 않고 여기 들어왔느냐 하니 저가 유구무언 이어 늘, 임금이 사환들에게 말하되 그 수족을 결박하여 바깥 어두움에 내어 던지라 거기서 슬피 울며 이를 갊이 있으리라, 임금은 큰 잔치를 배설하는데 수많은 하객 중에 예복을 입지 않은 한 사람을 발견하고, 마치 알곡 중에서 뉘를 골라내듯이 그 한 사람을 골라내어 밖에 내쳐서 불타는 지옥 불에 던져버렸다는 것입니다. 예복을 입지 않았다는 것은 예수님을 믿고 죽고 예수님으로 다시 태어나 성령의 인도를 받으며 예수님의 인생을 살지 못한 사람입니다. 한마디 육체의 사람들로서 율법을 따르는 사람을 말하는 것입니다..

　상기의 말씀이 하나님의 말씀이라면 이 말씀을 잘 이해를 해야 사후에 지옥문 앞에서 슬피 울지 않게 됩니다. 예복이 무엇을 비유하는지 이 말씀을 이해를 못하면 사후(死後)에 본인에게 해당이 되는 말씀입니다. 예복은 예수 믿고 죽고 예수로 태어나 성령으로 충만한 성도를 말합니다. 오늘날 기독인들의 신적인 실상은 이렇게 참으로 비참한 상태임에도 불구하고 그것을 인식하지도 못한 채 스스로 믿음으로 구원을 받았다고 착각하고 있었으니 하나님은 그들을 너무나 역겨워서 토하여 내치시겠다는 것입니다. 그리고 상기의 말씀에 금을 사서 부요하게 하라는 것은 금은 믿음을 비유하고 있습니다(벧전1:7). 믿음은 하나님의 말씀에서 나온다고 하였으며 믿음의 주인은 예수라 하였고 믿음은 바라는 것들의 실상이라 하였으니 믿음의 실상이란 하나님의 말씀이 사람들에게 모두 성취되어 말씀과 사람이 하나가 되고 하나님과 사람이 하나가 되면서 진리를 금(金)과 같다고 하신 것입니다. 그러므로 금을 사라는 것은 성령으로 하나님의 진리의 말씀을 사라는 것이요, 말씀을 매수하는 자는 말씀이 육신이 되신 예수처럼 예수 안에 있는 지혜와 지식의 모든 보화들을 소유하고 부요한 자들이 되는 것을 말합니다.

　그리고 안약을 사서 보게 하라는 말씀은, 성령으로 세례받고 성령 충만 받아 성령으로 말씀을 깨달아 알라는 것입니다. 오늘날 초등학문인 율법을 따라 사는 기독교인들은 모두 신적인 소경들이었습니다. 주님은 그들을 향하여 안약을 사서 눈에 바르고 하나님의 나라를 볼 수 있는 자들이 되라고 하십니다. 성령으로 거듭나 성령으로 말씀을 깨달으라는 것입니다. 성령으로 자신이 지금 어떤 상태에 있는지 보라는 것입니다. 안약을 사라는 것은 성령으로 거듭난 예수님의 눈을 가지라는 말씀이요, 예수의 눈은 일곱 눈이요 일곱 날의 빛이요 일곱 날의 영이니 예수가 가지고 있는 안약을 사서 바르고 사도들과 선지자들의 영과 눈으로 하나님의 나라를 보고 새 하늘과 새 땅을 볼 수 있는 자들이 되라는 말씀입니다. 오늘날 기독교인들도 예수님의 금(金)과 같은 믿음을 매수하여 예수님의 옷(흰옷)을 입고 예수의 눈 안약을 가지면 예수님의 보좌에 앉게 하여 주시겠다는 것입니다.

말씀의 실체 이신 하나님께서 육신을 입고 오시면서 하나님의 보좌에 앉아 은혜 시대를 창조하셨던 것처럼, 오늘날 아멘이요 충성된 증인이시오 창조의 근본이신 주님을 이기고 예수님의 보좌에 앉은 자들을 통하여 새 하늘과 새 땅을 창조하는 자들이 되게 하시겠다는 말씀입니다.

하나님께서 주신 좋은 것을 누리면서도 주를 섬기지 않고 악을 행하는 자기 자신을 보는 눈이 열려야 합니다. 눈이 열려서 자기 자신을 볼 때 진심으로 기도하게 됩니다. 사람의 열심은 하나님의 일을 방해하게 되고 또한 자기 자신을 해하게 만듭니다. 바울이 하나님을 위해서 얼마나 열심이었던 사람이었나요? 가말리엘 문하에서 배우기 위해 열심을 내었고 율법을 지키기 위해 열심을 내었고 예수님을 믿는 사람들을 잡아들이기 위해 열심을 내었습니다. 그러나 그것은 하나님의 음성을 들은 후에 열심을 내고 최선을 다하는 것이 아니었습니다. 하나님께 순종한 것이 아니라는 것입니다. 사람의 악한 생각들 뿐만 아니라 사람의 선한 생각들이 얼마나 하나님의 일을 방해하고 자신을 자해하는 일을 하는지를 볼 수 있어야 합니다. 이것을 볼 수 없으면 자신을 부인하는 일을 하지 못하고 자신을 부인하지 못하면 주님을 따를 수도 없게 됩니다. 주님을 따르지 못하면 그 마지막은 영원한 지옥형벌입니다.

자신을 부인하며 하나님과 동행하지 않는 것이 얼마나 큰 대가를 불러오는지를 깊이 생각해 보아야 합니다. 아브라함이 어떻게 믿는 자의 조상이 되었는가요? 자신을 부인하고 하나님께서 말씀하시는 대로 따랐기 때문입니다. 자신을 부인하지 않는데 이삭을 제물로 바칠 수 있었겠는가요? 자신을 부인하고 전적으로 하나님을 신뢰하니 이삭을 제물로 바칠 수 있는 것입니다. 우리가 삶에서 하나님을 전적으로 따르지 못하는 것은 자신을 부인하지 못했기 때문입니다. 자신의 생각들, 선한 것이든 악한 것이든 자신의 생각들을 부인하지 못했기 때문입니다. 바울이 왜 3일 동안 눈이 멀었을까요? 바울의 생각대로 할 수 없다는 것을 경험시켜 주신 것입니다. 그 3일 동안 누가 도와주지 않으면 아무것도 할 수 없는 자신을 보며 바울은 사람의 생각대로 사는 것이 아니라는 것을 깊게 경험했을 것입니다. 그리고 다시는 그렇게 살지 않겠다고 회개하며 하나님께 부르짖지 않았겠습니까? 성령 세례받은 아나니아를 통하여 회복한 뒤에 바울이 즉시 회당에서 예수님을 하나님의 아들이라고 선포할 수 있었던 것은 자신을 부인하였기 때문이고 하나님의 능력과 하나님의 증거하심을 경험하게 되어 하나님의 영으로 충만해졌기 때문입니다. "아나니아가 떠나 그 집에 들어가서 그에게 안수하여 이르되 형제 사울아 주 곧 네가 오는 길에서 나타나셨던 예수께서 나를 보내어 너로 다시 보게 하시고 성령으로 충만하게 하신다하니"(행 9:17). 하나님을 위한다는 사람의 생각이 얼마나 자신과 주변 사람들에게 피해를 주는지를 보아야 합니다. 성령으로 진리를 보는 눈이 열려야 합니다. 영안이 열렸다는 것은 진리를 보는 눈이 열렸다는 것입니다. "내 눈을 열어 주소서. 그리하시면 내가 주의 법의 경이로운 것들을 보리이다."(시 119:18). 진리를 보는 눈이 열려야 나 자신과 다른 사람들이 하나님을 위한다는 사람의 생각으로 행하는지, 정말 하나님의 뜻대로 행하는지, 자신의 유익을 위하여 행하는 지를 볼 수 있습니다. 성경의 기록과 같이 진리를 감각하는 장성한 믿음의 선배들은 감각적으로 알 수 있을 것입니다. 우리 역시 그렇게 장성한 사람들이 되어 그리스도의 충만하신 경지에까지 도달해야 합니다. 그러면 이후에는 주님 안에서 감각적으로 분별하게 될 것입니다. "단단한 음식은 장성한 사람들의 것이니, 그들은 그 말씀을 사용함으로 감각들을 단련하여 선과 악을 분별하는 사람들이라."(히

5:14). 하나님께서는 사람의 생각을 **빼기** 위해, 사람의 힘을 **빼기** 위해 사람을 광야로 보내시는 분입니다. 모세가 팔십 세가 될 때까지 하나님의 일을 하기 위해 자격증을 준비한 것이 아닙니다. 요셉이 애굽의 총리가 되기 위해 자격증을 준비한 것이 아니고 다니엘이 바빌론 전 지방의 치리자가 되기 위해 자격증을 준비한 것이 아닙니다. 모세는 애굽에서 도망가서 팔십 세가 될 때까지 장인 집의 양들을 치고 있었고, 요셉은 감옥에 있었고, 다니엘은 포로였습니다. 자신들이 무엇을 할 수 있는 사람들이 아니었습니다. 그들의 삶은 광야에 있는 것과 마찬가지였습니다. 그런 이들의 삶에서 하나님께서 일하셨을 때는 사람의 생각을 **빼고**, 사람의 힘을 **빼고** 온전히 하나님만 바라보았을 때였습니다. 하나님의 일을 하기 위해 무엇을 하려고 애쓰는 것도 아닙니다. 사람의 생각으로는 어떤 것도 하지 않고 가만히 있는 것 자체가 하나님의 일을 할 준비를 하는 것입니다.

자신의 생각들을 부인하기 위해, 자신의 힘을 **빼기** 위해 수많은 생각들 중에 그래서 그에 관한 하나님의 생각은 무엇인지를 비추어봐야 합니다. 빛이 비치면 어둠은 물러갑니다. 이 어두운 세상의 주관자들이 넣는 생각에 빛을 비추면 어둠의 세력들은 물러가게 되어있습니다. 빛은 진리, 곧 하나님의 말씀이고 주님이시기 때문입니다. 우리에게 들어오는 수많은 생각들에 관하여 빛을 비추면 진리가 드러나서 어두운 생각들이 사라지는 것을 경험하게 되는 것입니다. "주의 말씀을 열면 빛이 비치어 우둔한 사람들을 깨닫게 하나이다."(시 119:130). 성경은 "사람이 물과 성령으로 거듭나지 아니하면 하늘나라를 볼 수 없다"고 말씀하셨습니다.

　육으로 난 것은 육이요, 성령으로 난 것이 영입니다. 우리는 부정모혈로 육으로 태어나 육의 사람이 되었지만 이제 또다시 성령으로 태어나야 하는 것입니다. 우리는 성령으로 태어날 수밖에 없는 것입니다. 이러므로 유대인의 선생이요 율법사로서 윤리와 도덕적인 면에서 흠이 없는 사람이었던 니고데모가 주님을 찾아왔었을 때 예수님께서는 단도직입적으로 "내가 진실로 진실로 네게 이르노니 사람이 물과 성령으로 거듭나지 아니하면 하늘나라를 볼 수 없느니라"고 말씀하셨던 것입니다.

　이와 같이 거듭난다는 것은 하나님께로 부터 태어나는 것입니다. 이는 혈통으로나 육적으로나 사람의 뜻으로 나지 않고 아버지께로 부터 태어나야 하는 것입니다. 이렇게 거듭나게 하기 위해서 하나님께서 그 아들 예수님을 보내주신 것입니다. 하나님의 아들 예수님은 바로 우리의 생명나무요 생명의 씨앗인 것입니다. 예수께서 오셔서 우리의 거역한 모든 죄를 당신의 몸에 짊어지고 죄악을 다 책임지시고 십자가에서 몸 찢고 피 흘리시며 죽으심으로 말미암아 우리를 구하시고 죽은지 사흘 만에 부활하심으로 말미암아 생명의 원천이 되신 것입니다. 이러므로 예수 그리스도를 구주로 모시지 않고 거듭날 수 있는 사람은 한 사람도 없습니다. 예수님의 생명나무에 접붙임을 받지 않고 생명을 얻을 존재는 없습니다. 예수님의 생명의 씨앗을 받아야 우리가 영의 사람, 신령한 사람으로 태어나게 되는 것입니다.

저는 이런 이야기를 들었습니다. 이 사람은 가난한 집에서 태어나서 결심하고 뼈가 으스러지도록 일을 해서 48살에 거부가 되어 더 이상 일할 필요가 없어서 은퇴했다고 말했습니다. 그는 은퇴한 후 아들과 함께 산장을 지어놓고 사냥, 낚시를 해보고 해도 마음에 만족을 느낄 수가 없다고 했습니다. 뼈가 부러지게 일을 할 때는 가난을 면해보겠다고 일했으므로 인생의 권태를 몰랐는데 이제는 은퇴 후 시간과 돈이 있다가 보니 인생이 허무하기 짝이 없다는 것입니다. 왜 사는지 그 공허가 말할 수 없다는 것입니다. 그래서 예수를 믿으라고 했다는 것입니다. 그러니까, 예수를 믿는다고 공허감이 사라지느냐고 묻더랍니다. 그래서 예수를 믿고 성령으로 충만해지면 마음의 참 평안을 찾게 될 것이라고 예수를 믿을 것을 권면 했습니다. 그래서 예수를 믿고 교회에 나가기 시작하자 공허감이 사라졌다는 것입니다. 예수님을 믿고 구원을 받아야 비로소 우리 마음속의 공허와 허탈감이 사라지는 것입니다. 왜냐하면 하나님께서 사람을 지으셨을 때 하나님을 주인으로 모시며 살도록 만들어 놓으셨기 때문입니다. 하나님이 없으면 그 마음속에 영원한 공허감이 생기게 되는 것입니다. 사람은 신적인 존재이기 때문에 영의 만족을 누리지 않으면 공허할 수밖에 없는 것입니다.

신적인 공허함 그것은 돈, 지위, 명예, 권세로 절대 메울 수 없습니다. 오직 예수님을 모시고 거듭나면 마음속이 공허가 메워지는 것입니다. 그리고 삶의 참 목적과 가치와 기쁨을 체험하게 되는 것입니다. 이러므로 영의 사람, 신적인 사고를 하는 사람은 말씀과 성령으로 거듭난 사람을 말합니다. 예수님을 구주로 살아서 주인으로 역사하시는 분으로 믿는 사람을 말합니다.

신적인 사고를 하는 사람은 하나님의 자녀가 된 사람을 말합니다. 인본주의에서 벗어나 하나님을 중심에 모시고 섬기는 신본주의가 되어서 의와 거룩함의 열매를 맺게 되는 것입니다. 그러므로 우리 모두가 다 하나님의 자녀인 것입니다. 더 나아가서 신적인 사고를 하는 사람이란 하나님의 성령이 주인으로 계시는 사람입니다. 예수를 주인으로 영접하여 영의 사람이 되자마자 하나님은 거룩한 성령을 우리에게 보내주셔서 성령이 우리 속에 거하고 계시는 것입니다. 성경은 "너희가 하나님의 성전인 것과 하나님의 성령이 너희 안에 거하시는 것을 알지 못하느뇨" 라고 말씀하십니다. 육으로 있을 때는 육의 세계만 알지만 하나님이 성령이 오셔서 거하심으로 말미암아 3차원의 육의 세계를 떠나 영의 눈이 열려 신령한 세계의 시민이 되고, 신령한 세계와 대화하고 호흡하게 되는 것입니다.

육에 속한 사람은 하나님의 성령의 일을 받지도 아니하고 신령한 세계에 대해 전혀 알 수 없습니다. 그런 우리 속에는 성령이 오셔서 거하시게 되므로 신령한 세계와 대화가 이루어지고 호흡할 수 있게 되는 것입니다. 우리 속에 신령한 세계가 개발되어 들어오게 되는 것입니다. 이렇기 때문에 영의 눈이 렬려 신적인 사고를 하는 영에 속한 사람과 육에 속한 사람은 다릅니다.

그래서 하나님의 신적인 사고를 하는 성령의 사람은 기도와 말씀이 요구되는 것입니다. 그는 기도하지 않고는 살 수가 없습니다. 성령이 주인으로 들어와 계시므로 하나님과 교제하는 대화의 생활을 통해 신령한 하나님의 생명이 우리에게 공급되는 것입니다. 성령으로 기도하지 않으면 하늘나라의 신령한 생명이 우리에게 공급되지 않습니다. 신적인 사고를 할 수가 없습니다.

그러므로 교회에 아무리 왔다 갔다 하여도 성령으로 기도하지 않는 사람은 하나님의 생명(성령)을 받을 수가 없는 것입니다. 성령이 아니고는 신적인 사고를 할 수가 없습니다. 자신의 부족을 볼 수가 없습니다. 그리고 성령이 거하시며 신적인 사고를 하는 사람은 하나님의 성령이 주시는 영의 양식을 먹어야 합니다. 육의 양식을 먹지 않으면 살아날 천하장사가 없는 것처럼, 성령 안에서 영의 양식을 먹지 않고서 신적인 사고를 할 수 있는 영이 살아날 사람은 없는 것입니다. 그래서 우리는 하나님의 말씀을 열심히 먹고 싶은 욕구가 생기는 것입니다. 그리고 하나님의 성령이 거하시기 때문에 성령이 증거의 영으로서 우리로 하여금 육의 세계가 아닌 영의 세계가 있다는 것을 끊임없이 증거 하게 만드시는 것입니다.

이러므로 육신의 정욕, 안목의 정욕, 이생의 자랑을 따라 썩어질 것만 추구하는 사람들에게 '이 길로 가면 종국에는 멸망한다. 죽어 지옥에 떨어지게 되고 만다. 그러나 여기에 더 높은 길, 다른 길, 사는 길이 있다. 그리스도의 길이 있다'하고 성령께서는 우리를 통해 부모, 형제, 친지, 이웃 간에 지속적으로 전도하게 만들어 주시는 것입니다. 그리고 성령께서 속에 거하시기 때문에 폐일언하고 생활에서 신적인 사고를 하며 성령의 열매가 맺어집니다. 감나무에 감 열리고 밤나무에 밤 열리는 것처럼, 성령이 오시면 성령의 열매인 사랑, 희락, 화평, 오래 참음, 자비, 양선, 충성, 온유, 절제와 같은 열매가 맺어지게 되는 것입니다.

예수님을 믿어 교회를 10년 20년 다녔다고 해서 조금도 열매 없는 삶을 사는 것은 신적인 사고를 하지 않기 때문입니다. 그 사람 속에 성령이 주인이 되시지 않았다는 증거입니다. 또한 영의 사람이 되지 않았다는 증거입니다. 많은 사람이 '나는 카톨릭 교인이다. 나는 예수 믿고 교회에 다니는 성도다'하고 말하면서도 예수를 구주로 모시고, 성령으로 세례를 받고 성령이 내주 장악하는 체험을 하지 않아, 영의 사람이 되지 않았기 때문에 십 년을 믿어도 변화되지 않고 성령의 열매가 없습니다. 그래서 '예수 믿는 저 사람을 봐라 예수 믿는 사람이 저런 사람이냐?' 하는 지탄을 받게 됩니다. 그러나 영의 사람이 되어 신적인 사고를 하며 성령이 속에 거하시는 사람이 되면 성령께서 우리의 생활 속에 열매를 맺을 수 있도록 역사 하여 주시는 것입니다. 이러므로 영의 사람은 신적인 사고를 하며 성령의 열매를 맺게 되는 것입니다.

그리고 신적인 사고를 하는 영의 사람은 하나님 앞에 의롭다 함을 입은 사람입니다. 예수님께서 우리의 일체의 죄악을 짊어지셨기 때문에 죄에서 용서를 받고 이제는 죄를 한 번도 안 지은 사람처럼 하나님 앞에 부끄럼 없이 설 수 있는 자격자로서 의롭다 함을 입은 사람이 됩니다. 신적인 사고를 하며 영의 사람은 그리스도와 함께 그 영광과 고난에 참여하는 사람이 되는 것입니다. 영의 사람이기 때문에 예수께서 십자가에서 우리의 죄를 도말 하셔서 중생의 열매를 얻고 성령 충만의 열매를 맛봅니다. 치료의 열매를 맛보고, 저주에서 해방되는 축복의 열매를 맛보며, 영원한 천국의 영광의 열매를 맛볼 수 있는 것입니다. 신적인 사고를 하는 영의 사람은 영생천국의 상속자인 것입니다.

하나님께서 우리를 일으켜 세우신 것은 그리스도와 함께 신령한 세계와 온 물질적인 우주를 상속받게 하시기 위해서입니다. 그래서 오늘날 이 세상 사람들은 신적인 사고를 하는 영에 속한 사람이거나 육에 속한 사람인 것입니다. 영에 속한 사람, 육에 속한 사람, 그 종류 이외의 존재란 이 세상에 존재하지 않습니다. 교회가 존재하는 것은 육에 속한 사람에게 거듭나서 영의 사람이 되라고 외치기 위한 것입니다. 신적인 사고를 하여 영안을 열고 영에 속한 사람으로 변화되는 기간을 단축하시기를 바랍니다.

로마서 8잘 9절에 "만일 너희 속에 하나님의 영이 거하시면 너희가 육신에 있지 아니하고 영에 있나니 누구든지 그리스도의 영이 없으면 그리스도의 사람이 아니라"고 말씀하고 있는 것입니다. 오늘 예수를 나의 주인 구주로 믿으셨으면 '아멘' 하십시다. 그렇다면 성령으로 세례를 받아 성령의 지배를 받으며 신적인 사고로 생활하며 성령의 인도를 받아야 합니다. 그래야 하나님이 원하시는 대로 영안이 열리는 것입니다. 이 사람은 신적인 사고로 생활하며 말씀과 성령으로 사는 사람인 것입니다. 육신의 정욕을 따라 살지 아니하고, 인간의 혼의 교만과 인간의 지성으로 살지 아니하고, 말씀과 성령으로 사는 사람인 것입니다. TV를 보거나 컴퓨터를 하더라도 신적인 사고를 하며 사는 신령한 사람인 것입니다. 세상 모든 생활을 할 때 영적으로 사고하는 사람이 신령한 사람입니다. 하나님은 이런 신적인 사람을 들어서 사용하십니다. 하나님은 지금도 이런 사람을 찾고 있습니다. 이렇게 신적인 사고로 생활하며 변화된 사람이 되게 하기 위하여 성령으로 인도하며 훈련하시는 것입니다.

성경은 말하기를 사람이 떡으로만 살 것이 아니요, 하나님의 입으로 나오는 모든 말씀으로 살 것이라고 했는데, 이 말씀은 바로 하나님의 지식이요, 하나님의 지혜요, 하나님의 판단인 것입니다. 우리가 신적인 사고로 생활하며 영으로 사는 사람은 주야로 이 성경 말씀을 자기의 삶의 양식으로 삼아야 되는 것입니다. 우리가 육신의 떡을 먹고사는 것처럼, 우리의 이 신령한 영은 하나님의 영의 말씀을 먹고삽니다. 신적인 사고로 생활할 때 영이 깨어나기 때문에 영안이 열리는 것입니다. 이렇기 때문에 말씀을 등한히 하면서, 신령한 생활을 할 수 있다는 것은 절대로 거짓말인 것입니다. 말씀은 매일 먹어야 되고, 매주일 먹어야 되고, 묵상해야 되는 것입니다. 그리고 신적인 사고를 하며 생활을 해야 합니다. 그래야 영이 깨어나고 사고가 영적으로 변하니 영안이 밝아지는 것입니다. 영안은 영적으로 사고를 해야 열리는 것입니다. 예수를 믿고 말씀과 성령으로 거듭난 사람은 하루 빨리 육적인 사고를 탈피해야 합니다. 신적인 사고로 바꾸어야 합니다. 그러기 위해서 세상 생활을 하면서도 영적으로 사고를 해야 합니다.

더 상세한 것은 [영안열림의 혼동과 구별하는 법] [영안을 밝게 여는 비결] 책을 참고하시기를 바랍니다.

32장 자신에게 위임된 권능을 사용하라.

신적인 세계를 보고 예수님으로 하나되어 신답게 살아가려면 자신에게 위임된 권세와 능력과 권위를 사용하며 살아야 합니다. "내가 너희에게 뱀과 전갈을 밟으며 원수의 모든 능력을 제어할 권능을 주었으니 너희를 해칠 자가 결코 없으리라"(눅10:19) 라고 말씀하고 계십니다.

그러므로 그리스도 안에서 성도로서 우리가 가지고 있는 권세는 아담과 하와가 가졌던 것보다 훨씬 뛰어납니다. 우리는 아담이 잃어버렸던 모든 것을 되찾았으며, 그보다 더 많은 것들을 가지고 있습니다. 우리는 지금 마귀, 귀신의 영역에 대해서도 권세를 갖고 있습니다. 그래서 마10:1절에서 "예수께서 그의 열두 제자를 부르사 더러운 귀신을 쫓아내며 모든 병과 모든 약한 것을 고치는 권능을 주시니라"고 했습니다.

첫째, 구약 율법 시대의 사람들과 예수 믿는 우리의 차이점은 무엇입니까? 구약과 비교해 보면 신약시대는 사탄에 대한 언급에는 커다란 차이가 있습니다. 비록 구약은 사탄에 대하여 거의 언급하고 있지 않지만, 신약은 마귀, 귀신이 여러 종류의 질병, 간질, 경련, 눈을 멀게 함 등을 일으키는 자라고 그 정체를 드러내고 있습니다. 신약은 많은 것들이 마귀, 귀신으로부터 유래되었음을 말씀하고 있습니다.

왜 하나님께서 신약성경에서는 마귀, 귀신에 관한 정보와 지식을 많이 주셨는데 구약성경에서는 마귀, 귀신에 대해서 언급하지 않았을까요? 이유는 간단합니다. 구약의 성도들이 마귀, 귀신에 관한 것들을 알았다 할지라도 그들은 마귀, 귀신에게 할 수 있는 일은 아무 것도 없었기 때문입니다. 구약의 성도들은 마귀, 귀신을 꾸짖거나 결박하는 권세를 갖고 있지 않았기 때문에 사탄이 이런저런 것들의 배후라는 것을 알았다 할지라도 그들에게 아무런 소용이 없었습니다.

따라서 구약시대 사람들은 반드시 율법에 순종하라. 이것들을 행하고 다른 것들을 행하지 말라 라는 명령을 들었습니다. 왜냐하면 그들이 하나님께 순종할 때 그들의 삶 속에 능력이 나타났으며, 또한 사탄이 할 수 있는 것도 제한시켰습니다. 이것이 마귀에 대한 구약의 접근방법입니다. 그러나 신약에서는 마귀, 귀신에게 직접적으로 행사할 수 있는 권세를 주셨습니다. 우리는 귀신을 다스리는 권세를 가지고 있기 때문에 사람들의 배후에서 질병을 일으키고 그들로 하여금 어떤 행동을 하도록 하는 귀신의 세력을 다룰 수 있습니다. 구약시대 사람들이 결코 볼 수 없었던 놀라운 결과들을 우리는 볼 수 있습니다.

그러나 신약시대는 이런 뛰어난 권세와 함께 우리에게 책임이 주어졌습니다. 그것은 예수님께서 우리에게 이런 권세와 능력을 주셨기 때문에 만약 우리가 그것을 사용하지 않으면 우리는 하나님께서 우리의 삶에 개입하셔서 일하시는 것을 막는다는 것을 의미합니다. 권세를 사용하지 않으면 하나님께서 그 사람에게서 아무것도 할 수가 없다는 것입니다. 왜냐하면 신약시대에는 우리의 믿음의 말과 행동을 통해서만 하나님께서 일하시기 때문입니다. 우리가 믿음으로 성경 말씀과 일치하는 것을 말하고 행동할 때 하나님이 거기에 개입해서 일하십니다.

둘째, 우리 성도가 가지고 있는 권세와 능력은 하나님의 것입니다. 예수님께서는 제자들과 우리에게 마귀에 대한 권세와 능력을 주셨습니다. 눅9:1절에 "예수께서 열두 제자를 불러 모으사 모든 귀신을 제어하며 병을 고치는 능력과 권위를 주시고"라고 했습니다. 그렇습니다. 예수님은 제자들(믿는 자들)에게 귀신을 제어하며 병을 고치는 능력과 권위를 주셨습니다. 따라서 믿는 자들은 이미 능력과 힘을 가지고 있습니다. 그리고 우리가 가지고 있는 능력과 힘을 사용하는 권세도 가지고 있습니다. 그러나 그 권세에는 책임이 따라옵니다. 그래서 약4:7절에 "그런즉 너희는 하나님께 복종할지어다 마귀를 대적하라 그리하면 너희를 피하리라"고 했습니다. 이 말씀은 만약 우리가 마귀, 귀신을 향하여 대적하지 않으면 그가 우리에게서 도망가지 않는다는 것을 의미합니다. 이것이 매우 간단한 원리지만 믿는 자들이 거의 이해하지 못하고 있는 부분입니다.

많은 성도들이 하나님께서 자신들에게 주신 권세가 무엇인지 모르고 있을 뿐 아니라 그 권세를 사용하지도 않습니다. 그래서 사탄이 자신들을 괴롭힐 때 - 예를 들면 어떤 질병, 가난, 비극, 다른 귀신의 공격 등이 있을 때 - 사람들은 마치 자신에게는 어떤 권세나 능력도 없는 것처럼 하나님께 나아갑니다. 그리고는 오, 하나님, 너무 힘듭니다. 이 상황을 좀 바꿔 주세요. 나를 괴롭히는 귀신을 쫓아 주세요 라고 하나님께 애걸복걸합니다. 이런 사람들은 그것이 하나님의 권한이 아니란 것을 모릅니다. 하나님께서 귀신을 대적할 수 있는 권세를 이미 우리에게 주셨기 때문입니다.

성경은 이렇게 말하고 있습니다. 눅9:1절에 "예수께서 열두 제자를 불러 모으사 모든 귀신을 제어하며 병을 고치는 능력과 권위를 주시고"라고 했으며, 눅10:19절에 "내가 너희에게 뱀과 전갈을 밟으며 원수의 모든 능력을 제어할 권능을 주었으니 너희를 해칠 자가 결코 없으리라"고 했습니다. 그렇습니다. 우리에게는 모든 귀신들을 제어할 권세와 능력이 주어졌습니다. 예수님께서는 마귀, 귀신을 제압하고 쫓아내는 권세를 우리에게 주셨습니다. 권세와 능력을 사용해야 합니다. 만약 우리가 귀신의 세력과 싸우고 있다면 당시 그 상황을 처리할 권세는 우리에게 있지 하나님께 있지 않습니다. 이제 우리는 그 싸움의 근원을 영적으로 파악해야 합니다. 우리가 당하는 어려움이 신적인 문제입니까? 아니면 단순히 자연적인 것입니까? 만약 우리가 당하는 어려움이 귀신의 공격이라면 그 귀신을 제거하는 책임은 우리에게 있습니다. 마귀, 귀신과 싸울 때 하나님께서 우리에게 주신 권세와 능력을 사용하십시오. 그 능력은 우리가 가지고 있습니다. 만약 우리가 사용하지 않는다면 그것은 사용되지 않을 것입니다. 비록 그것이 하나님의 능력이지만 우리가 그것을 사용할 권세를 가지고 있기 때문에 예수님의 이름으로 사용할 때 능력이 나타납니다. 이것은 많은 성도들이 놓치는 부분입니다.

셋째, 우리가 권세와 능력을 사용해야 합니다. 제가 지난 25년간 치유 사역을 할 때 저에게 상담과 기도를 받으러 오는 많은 사람들은 정말 능력 없는 무지한 그리스도인들입니다. 그들은 권세와 능력을 가지고 있다는 것을 알지 못하고 있습니다. 그들은 저에게 찾아와서 "제발 이 병을 고쳐 주세요. 재정적으로 형통할 수 있게 해 주세요. 제발 이 사람을 정신질환에서 치료해주세요." 라고 간청합니다. 그들이 하나님께 해 달라고 기도하는 것들은 깨닫고 보면 하나님께서 말씀하시길 너희에게 권세가 있다고 말씀하신 것들입니다. 하나님께서 마귀를 대적하라 그리하면 너희를 피하리라고 말씀하셨을 때 그것은 만약 우리가 마귀를 대적하지 않으면 마귀, 귀신이 도망치지 않을 것이라는 것을 의미합니다. 하나님께서 우리를 대신하여 마귀, 귀신을 처리하지 않으십니다. 그분은 이미 사탄을 물리치셨고 그의 권세를 벗겨 버리셨습니다. 이제 하나님께서는 우리에게 권세를 주셨고, 만약 우리가 그것을 사용하지 않으면 그분이 오셔서 우리를 위해 마귀를 꾸짖지 않을 것입니다. 전쟁은 하나님과 마귀, 귀신이 하는 것이 아니라 마귀, 귀신과 우리 사이에서 일어나는 것입니다. 하나님께서 우리에게 권세와 능력으로 주셨기 때문에 우리가 권세와 능력을 사용해야만 합니다. 그래야 귀신이 떠나갑니다. 한번은 케네스 해긴 목사님이 영안이 열려서 예수님과 대화를 하고 있었습니다. 굉장히 중요한 이야기를 하고 있었습니다. 그런데 갑자기 귀신이 나타나서 예수님과 목사님 사이에 안개를 뿌렸습니다. 그래서 목사님은 예수님께서 말씀하시는 것을 볼 수가 없었습니다. 그래서 너무나 안타깝게 생각하면서 왜 예수님은 귀신을 꾸짖어서 쫓아내지 않으실까? 라는 의문을 품었습니다. 나중에 다시 예수님을 만날 기회가 있어서 예수님께 여쭈어 보았습니다. 예수님 왜 그 때 귀신을 쫓아내지 않으셨습니까? 라고 하니까 귀신을 쫓아내는 것은 네가 해야 할 일이지 나의 일이 아니라고 말씀하셨습니다. 그렇습니다. 귀신을 쫓아내는 권세와 능력은 우리에게 있지 예수님께 있지 않습니다. 많은 성도들이 이것을 모릅니다.

그래서 많은 성도들이 글쎄요. 만약 우리가 낫게 되는 것이 하나님의 뜻이라면 왜 이 사람이 죽습니까? 라고 의아해 할지도 모릅니다. 그러나 하나님께서는 치유하는 권세를 우리에게 주셨습니다. 그것은 우리의 능력이 아니라 하나님의 능력이지만, 우리의 권세 아래에 있습니다. 예수님께서는 우리에게 결코 하나님께 사람들을 고쳐 달라고 기도하고 구하라고 말씀하시지 않았습니다. 그분은 너희가 가서 병든 자를 고치라고 말씀하셨습니다. 그래서 마10:7-8에 "가면서 전파하여 말하되 천국이 가까이 왔다 하고 (8) 병든 자를 고치며 죽은 자를 살리며 나병환자를 깨끗하게 하며 귀신을 쫓아내되 너희가 거저 받았으니 거저 주어라"고 했습니다.

복음서에서 예수님은 그의 제자들에게 병든 자를 위해 기도하라고 명령하신 적이 결코 없습니다. 그분은 병든 자를 고치라고 명령하셨습니다(눅9:2,10:9). 오늘날 교회에서는 이렇게 기도합니다. 오, 하나님, 당신께서 이 사람을 고칠 수 있음을 압니다. 만약 이것이 하나님의 뜻이라면 제발, 이 사람을 고쳐 주세요. 사람들은 거지처럼 하나님께 구합니다. 그리고 만약 우리가 무언가 결과가 나타나는 것을 보지 못하거나 즉각적인 결과를 보지 못하면 왜 하나님께서 그들을 치료하지 않으셨을까? 하고 의아해 합니다. 그렇지 않습니다. 하나님께서는 지구상의 모든 사람이 모든 약함과 질병으로부터 고침을 받는데 필요한 모든 능력을 이미 우리에게 주셨습니다. 예수님께서 우리가 나음을 입도록 등에 채찍을 맞으셨습니다. 그리고 그분은 우리에게 병든 자를 고치는 권세를 주셨습니다. 그분은 모든 귀신을 쫓아내고 병을 고치는 권세와 능력을 우리에게 주셨습니다. 그것을 사용하는 문제는 이제 우리에게 달렸습니다.

넷째, 예수 이름으로 명령할 때 앉은뱅이가 걷고, 뛰고, 하나님을 찬송하면서 성전으로 들어갔습니다. 성전 미문에서의 베드로와 요한을 생각해 보겠습니다(행3:1-8).

행3:6절을 보시면 "내가 가진 이것을 네게 주노니" 라고 베드로가 말했던 것에 주목하십시오. 만약 내가 당신을 고칠 권세를 갖고 있습니다. 라고 베드로와 요한이 오늘날의 교회에서 말했다면 그들은 교회에서 쫓겨났을 것입니다. 오, 저는 그럴 능력이 없습니다. 저는 하루살이 한 마리도 치유할 수 없습니다. 라고 말하는 것이 오늘날의 유행이 되었습니다. 글쎄요, 우리 중 누구도 자신의 능력으로 하루살이 한 마리도 치유할 수 없는 것이 사실입니다. 그러나 우리는 단순한 사람이 아닙니다. 우리는 거듭난 사람입니다! 하나님께서 우리에게 그 능력을 주셨습니다. 그래서 베드로가 내게 있는 이것을 네게 주노니 라고 말했을 때 그는 확실히 옳았습니다.

그 때 베드로가 결코 기도하지 않았다는 것에 주목하십시오. 대부분의 사람들은 그것은 터무니없다고 생각합니다. 어떻게 감히 하나님께 기도하며 구하지 않고 누군가를 고친단 말입니까? 믿음이 없는 사람에게는 어떤지 모르지만 저에게는 치유를 얻는 것이 중요합니다. 그리고 베드로도 치유를 얻었습니다. 그가 접근했던 방법은 매우 적절했습니다. 베드로는 내게 있는 것을 네게 주노니 라고 말했습니다. 베드로는 그가 능력을 갖고 있다는 것과 그 능력을 사용할 권세가 그에게 있다는 것을 알았습니다. 그래서 책임감을 가지고 그 권세를 사용했습니다. 그 결과 병든 자들이 나음을 입었습니다. 이것이 바로 오늘날 많은 사람들이 치유를 보지 못하는 이유입니다. 사람들은 하나님께 간청합니다. 그들은 권세가 하늘에 있지 않다는 것을 알지 못합니다. 하나님께서 치유하는 능력을 거듭난 모든 자들에게 주셨습니다. 또한 그 능력을 사용하는 권세도 우리에게 주셨습니다. 책임은 우리에게 있습니다. 만약 누군가가 나음을 입지 못했다면 그것은 하나님께서 그들을 안 고치신 것이 아니라 우리가 우리의 권세와 능력을 사용하지 않는 것입니다.

다섯째, 우리가 권세와 능력을 사용해야 합니다. 기도 응답을 받지 못한 것이 늘 개인의 잘못은 아닙니다. 우리 주변에 있는 다른 사람들의 실수일 수도 있습니다. 예수님께서도 확실한 믿음으로 일하셨지만 자신을 조롱하는 사람과 믿지 않는 사람을 내쫓지 않으면 안 되었습니다. "예수님께서는 완벽하게 믿음으로 일하셨지만 거기서는(그의 고향) 아무 권능도 행하실 수 없었으며... 그들이 믿지 않음을 이상히 여기셨더라(막6:5-6)"라고 성경은 말합니다.

예수님 안에는 어떤 제한도 없었지만 주변 사람들에게는 제한이 있었습니다. 제한은 항상 고침을 받는 사람에게만 있는 것이 아닙니다. 주변의 다른 요소들에도 있을 수 있습니다. 그러나 사람들이 하나님께서 주신 권세를 취하여 사용하지 않아 하나님을 제한시키는 것이 주요 요인입니다. 우리는 책임을 회피하려 하며 그 사람이 구원을 받든지 안 받든지 나음을 입든지 말든지 형통케 되든지 그렇지 않든지 간에 그것은 하나님의 잘못이라고 말하면서 하나님께 모든 책임을 두려고 합니다. 그렇게 하는 것은 완전히 잘못된 것입니다. 하나님께서 병을 고치실 차례가 아니라 하나님께서 이미 고치셨다는 것을 우리가 믿을 차례라는 것을 이해하고 깨달아야 합니다. 우리는 그 능력을 받아들이고 권세를 취하여 그것을 사용해야 합니다. 문제에게 말하고 그것들을 바뀌도록 선포하고 명령해야 합니다.

만약 우리들이 이 진리를 깨달을 수만 있다면 세상에 커다란 변화를 가져올 것입니다. 그리스도의 몸 된 교회의 대부분이 하나님께서 그가 원하시는 것은 무엇이든지 할 수 있다는 것은 믿지만 그가 이미 이루었다는 것을 믿지 않습니다. 사람들은 하나님께서 우리에게 권세를 주었다는 것을 믿지 않습니다. 그래서 사람들은 그들의 권위를 취하여 사용할 책임을 느끼지 않습니다. 이것이 문제점입니다. 하나님께서는 이미 그분의 역할을 다 하셨습니다. 그리고 권세와 책임을 지는 권위를 우리 안에 두셨습니다.

여섯째. 권세와 능력을 주장할 때 우리는 나음을 입었습니다.
주 예수 그리스도께서 십자가에서 죽으시고 장사지낸 바 되시고 부활을 통해서 하나님께서는 이미 그분이 하실 일을 다 하셨습니다. 이제 믿음으로 반응을 보여 그분의 공급하심을 받는 것은 우리에게 달렸습니다. 나음을 입고, 형통케 되며, 악의 세력에서 건짐을 받는 것은 완전히 우리의 책임입니다. 그것은 하나님의 능력이지만 우리의 권세 아래에 두셨습니다.

어떤 사람은 내가 이 모든 일들이 일어나게 만들어야 합니까?

라고 물으실 수도 있습니다. 그러나 우리의 인간적인 능력 즉, 우리 자신으로부터 나오는 능력으로는 일하지 않습니다. 우리의 거듭난 부분인 우리의 영안에 하나님의 권세가 있습니다. 믿는 자들에게는 모든 것이 가능합니다. 그래서 막9:23절에 "예수께서 이르시되 할 수 있거든이 무슨 말이냐 믿는 자에게는 능히 하지 못할 일이 없느니라 하시니"라고 했습니다. 하나님께서 그분이 하실 일을 이미 하셨다는 것을 이해하고 믿고 우리의 권세를 사용하면 우리는 일이 일어나게 할 수 있을 것입니다.

모든 믿는 자들에게는 예수 이름의 권세가 주어졌습니다. 왜 주님께서 우리에게 예수 이름의 권세를 주셨을까요? "너희 힘으로 이 세상에 살 동안 루시퍼의 세력들과 싸워 이길 수 없으니 예수 이름으로 싸워 이기고 천국오라!"는 것입니다.

수십억을 지옥으로 끌고가는 영물, 지혜자 루시퍼의 세력을 어떻게 한낱 인간의 힘으로 이길 수 있겠습니까? 오직 전능자, 창조주 되시는 예수 이름의 권세로만 이길 수가 있는 것입니다.

예수 이름이 **빠진** 인간과 루시퍼의 싸움은 마치 갑옷입지 않은 소년 다윗과 중무장한 거대한 골리앗과의 싸움입니다. 하지만 다윗은 '만군의 여호와의 이름'으로 나아가서 골리앗을 쓰러뜨렸던 것입니다. 루시퍼의 칼과 창을 이길 수 있는 건 '오직 예수 이름'인 것입니다.

삼상 17:45 "다윗이 블레셋 사람에게 이르되 너는 칼과 창과 단창으로 내게 오거니와 나는 만군의 여호와의 이름 곧 네가 모욕

하는 이스라엘 군대의 하나님의 이름으로 네게 가노라"

그런데 우리가 얼마나 우리에게 주신 예수 이름을 부르고, 그 이름의 권세를 믿고 사용하고 있습니까? 날마다 마음으로 생각으로 귀신이 생각을 줄 때, 가난과 질병과 저주가 올 때마다 예수 이름을 부르고, 예수 이름으로 귀신들을 내어쫓고 있습니까? 그냥 귀신이 주는 생각대로 움직이고, 그저 우왕좌왕하고 당황하지는 않습니까? 이것은 마치 손에 강력한 무기를 들고도 적이 덤벼들 때 무기를 한번 사용해 보지도 못하고 고스란히 당하는 격입니다.

우리 손에는 세상에서 가장 강력한 영적 병기, 무기인 예수 이름이 들려져 있습니다. 모든 것 위에 뛰어난 이름이 전능자 예수 이름의 권세임을 믿고 사용할 때마다 권세와 능력이 나타나게 될 것입니다. 예수 외에는 모든 것이 다 피조물에 불과하다는 것을 깨달아야 합니다. 피조물이 창조주 앞에 어떤 힘을 발휘할 수 있겠습니까? 예수 이름으로 명령할 때 다 꼬꾸라져 복종할 수 밖에 없는 것입니다. 시 3:6 "천만인이 나를 둘러치려 하여도 나는 두려워 아니하리이다."

이 예수 이름의 권세(아버지의 권세)를 모든 믿는 자들, 그의 자녀들에게 주셨는데 믿지 못하고, 사용하지 못해서 늘 루시퍼에게 미혹 당하고 패배하고 마는 것입니다. 주님은 우리가 그의 이름의 권세를 믿고 사용할 때 얼마나 기뻐하시는지 모릅니다. 예수 이름의 권세로 그의 자녀들이 세상을 이기고 죄를 이기고 귀신들을 이길 수 있기 때문입니다.

이제는 무덤 속에 갇힌 죽은 예수를 믿지 말고 부활 하셔셔 보좌에 앉으셔서 만물을 통치하시는 살아있는 예수를 믿기를 바랍니다. 매 순간 순간 어려움과 사단의 공격이 있을 때마다 무조건 예수 이름으로 뛰어넘고 내쫓고 박살내 버리기를 바랍니다.

이처럼 놀랍고 위대한 힘이 예수이름에 있고, 이 이름의 권세를 우리에게 주셨는데 무엇이 무섭고 두렵겠습니까? 무엇을 붙들고 의지하겠습니까? 오직 예수!면 다 끝나는 것입니다. 오직 예수 이름만 외치면 되는 것입니다.

이 예수 이름의 권세를 믿지 않고 모르기에, 예수 아닌 다른 것을 붙들고 전하다가 루시퍼에게 미혹 당하여 멸망당하는 것입니다. 다른 것을 붙잡고 섞고 전하는 자체가 예수 이름을 흐리게 만드는 사단의 작전인 것입니다. 원 엑기스에 다른 것을 섞고 타는 순간 맛이 변하게 되는 것입니다. "예수 이름안에 모든 것, 모든 권세가 있음을 알고 그 이름의 권세를 믿음으로 마음껏 사용하세요. 삶 속에서 예수 이름의 권세와 능력이 드러나게 될 것입니다"

행 16:18 "이같이 여러 날을 하는지라 바울이 심히 괴로와하여 돌이켜 그 귀신에게 이르되 예수 그리스도의 이름으로 내가 네게 명하노니 그에게서 나오라 하니 귀신이 즉시 나오니라." 더 상세한 것은 [예수 이름의 권능을 사용하는 법] [보혈의 권능을 사용하는 법] 책을 참고하시기를 바랍니다.

이 책을 통해 예수님이 땅끝까지 전파 되기를 소원합니다.
(출판으로 인한 이익금은 문서선교와 개척교회 선교에 사용합니다.)

신의 세계를 보고 하나되야 신답게 산다.

발 행 일 ㅣ 2025. 7 10초판 1쇄 발행

지 은 이 ㅣ 강요셉

펴 낸 이 ㅣ 강무신

편집담당 ㅣ 강무신

디 자 인 ㅣ 강요셉

교정담당 ㅣ 강무신

펴 낸 곳 ㅣ 도서출판 성령

신고번호 ㅣ 제22-3134호(2007.5.25)

등록번호 ㅣ 114-90-70539

주   소 ㅣ 서울 서초구 방배천로 2길 53(방배동)

전   화 ㅣ 02)3474-0675/ 3472-0191

E-mail ㅣ kangms113@hanmail.net

유   통 ㅣ 하늘유통. 031)947-7777

ISBN ㅣ 978-89-97999-99-6 부가기호 ㅣ 03230

가   격 ㅣ 18,000원

이 책의 내용은 저자의 저작물로 복제,복사가 불가합니다.
복제와 복사시 관련법에 의해 처벌을 받게 됩니다.